Knut Stang

Die blutigen Hähne

Beiträge zu Herrschaft, Legitimation und Kooperation

Dilettantenvorträge, gehalten auf der 43. Tagung der Akademie zu Bad Meinungen an der Glaubste

Band 2

Der lange Arm des 18. Jahrhunderts

Part 1

Bärenbücher

Bibliografische Information der Deutschen Nationalbibliothek: Die Deutsche Nationalbibliothek verzeichnet diese Publikation in der Deutschen Nationalbibliografie;
detaillierte bibliografische Daten sind im Internet über dnb.dnb.de abrufbar.
© 2025 Knut Stang
Verlag: BoD · Books on Demand GmbH, Überseering 33, 22297 Hamburg,
bod@bod.de
Druck: Libri Plureos GmbH, Friedensallee 273, 22763 Hamburg
ISBN: 978-3-8192-1020-4

Inhalt

1.   Jean-Claude Bondrit: Einleitung dieses Teilbands

Jean-Claude Bondrit ist seit vielen Jahren Mitglieder der Akademie, auch wenn seine Verpflichtungen als EU-Kommissar für Menschenrechte ihn in den vergangenen zwölf Jahren immer wieder stark anderweitig beansprucht haben. Nun aber verdienstvollerweise in den Ruhestand getreten, hat er die schwierige Aufgabe übernommen, die nachfolgenden Beiträge zu einer unkonventionellen Sicht auf das 18. und 19. Jahrhundert mit einer Einleitung zu versehen, die vielleicht helfen kann, den Gesamtzusammenhang dieser hier nur scheinbar zufällig zusammengekommenen Beiträge besser zu verstehen.

In den nachfolgenden Ausführungen geht es um Barbarei. Barbarei, genauer gesagt, auf höchstem, auf staatlichem Niveau. Dass man das nur selten so bezeichnet, ändert nichts an der Tatsache, dass es sich um genau dies handelt.

Barbaros heißt auf Griechisch "Stotterer". Das ist hier nicht gemeint. Gemeint sind auch nicht Leute, die Kartoffeln mit dem Messer schneiden, bei Jazzkonzerten im Takt mitklatschen wollen oder den BigMac für den Höhepunkt westeuropäischer Kochkunst halten.

Die griechische Antike bezeichnete als Barbaren jene, welche die Regeln der Sprache nicht oder nur rudimentär kannten, im weiteren Sinne aber auch jene, denen diese Regeln einfach nur egal waren und die nach Gutdünken mit der Sprache, aber dann auch mit anderen Kulturgütern verfuhren. Entsprechend gemeint sind nachfolgend Leute, Politiker, Staaten, die kurzerhand das Völkerrecht, welches sich fragil und mühselig über zweihundert Jahre in Europa etabliert hat, auf den Müllhaufen der Geschichte werfen und stattdessen den Primat der Gewalt vor allen anderen Legitimationen durchsetzen wollen. Das sind Menschen, die man zu Recht als Barbaren bezeichnen darf, da ihre Unkenntnis oder Gleichgültigkeit gegenüber diesen gegen viele Widerstände errungenen internationalen Konventionen keinen anderen Begriff verdient.

An solchen unverhohlen gewalthaften Exzessen ist die Geschichte, darunter auch die europäische Geschichte, natürlich ausgesprochen reich. Aber spätestens nach dem Zweiten Weltkrieg haben viele Menschen in Europa geglaubt, mindestens in ihrem eigenen behüteten Lebensbereich seien diese Zeiten ein- für allemal vorbei, dass jemand einfach losgeht und andere Staaten überfällt. Überfällt mit dem klaren Ziel, sich einen Teil des überfallenen Staats oder sogar die Gesamtheit desselben einzuverleiben.

Insofern markiert der russische Überfall auf die Ukraine, offiziell beginnend am 24.02.2022, eine erhebliche Zäsur der europäischen Geschichte. Dies wird umso deutlicher, wenn man sich noch einmal vor Augen führt, dass ein dem Völkerrecht so gleichgültiges Verhalten jedenfalls in Europa inzwischen eher selten vorkommt und sich häufig mit bestimmten Personen verbinden lässt. Hier fällt den meisten natürlich zunächst Adolf Hitler und die deutsche Außenpolitik seit dem Einmarsch ins Rheinland am 07.03.1936 ein. Man könnte aber bis in die Antike oder dann zu Hunnen, Franken, Arabern und Mongolen zurückgehen. Vielleicht genügt es jedoch, im 18. Jahrhundert anzusetzen, als das heute geltende Völkerrecht in wesentlichen Teilen bereits formuliert war.

Dabei sind Konflikte nicht von Interesse, die nicht von vornherein mit einem unverblümten Eroberungsziel begonnen wurden. Der Krieg Brandenburg-Preußens und seiner Verbündeten gegen Frankreich von 1870, der mit der Okkupation des Elsass und Lothringens endete, gehört hierher also ebenso wenig wie der Erste Weltkrieg mit seinen umfangreichen Gebietsverlusten seitens Deutschlands, Österreichs und der Türkei. Denn diese Kriege wie viele andere begannen aus einer anderen Motivation heraus. Die Okkupationen an ihrem Ende waren eher Teil des Versuchs, eine neue Friedensordnung herzustellen und zugleich eine gewisse Kompensation der Kriegskosten wenigstens auf Seiten der Sieger zu erreichen.

Es gab aber, beginnend im 18. Jahrhundert, eine deutlich längere Phase der europäischen Geschichte, welche von einer weitgehenden Gleichgültigkeit der europäischen Mächte gegenüber dem Völkerrecht und einem danach erst wieder von Hitler an den Tag gelegten Willen zur Eroberung ganzer Staaten gekennzeichnet war. Es war dies jene Epoche, die mit dem Überfall Friedrichs II. auf Schlesien begann und mit der endgültigen Niederlage Napoleons bei Waterloo endete. Und diese Phase lehrt bei genauerem Hinsehen, dass es letztlich nur zwei Alternativen gibt: Beachtung des Völkerrechts oder Rückkehr zu einer Epoche, in der nur das Recht des Stärkeren entscheidet. Den Preis für Letzteres zahlen nicht nur die kleinen und mittleren Staaten, nicht nur die Menschen, die auf den dann unausweichlichen Schlachtfeldern zugrunde gehen. Den Preis zahlen am Ende alle, und auch für die Sieger ist dieser in der Regel zu hoch. Vor allem aber legt jeder Krieg schon die Saat des nächsten, und wer heute Sieger ist, wird im nächsten Krieg annähernd unausweichlich der Verlierer sein.

Die folgenden Beiträge werden zeigen, dass viel von dem, was das 18. Jahrhundert auf weite Strecken geprägt hat, nicht nur einfach noch in unseren Tagen wieder und wieder kopiert wird. Sondern besonders die vier Beiträge zur Geschichte der USA werden deutlich machen, dass aus den im 18. Jahrhundert erfolgten Setzungen eine fast bruchlose Evolution bis zu den Problemen unserer Tage rekonstruiert werden kann. Das heißt zwar nicht, dass man eine Zeitreise unternehmen müsste, um diese Probleme zu lösen. Aber man versteht sie deutlich besser, wenn man ihre Herkunft aus Ereignissen schon des 18. Jahrhunderts begreift.

Nachbemerkung vor der Drucklegung:
Barbarei ist selten geworden, sagt man. Das ist jedenfalls mit Blick auf die Beiträge dieses Teilbands, erst recht aber auch unsere Gegenwart eine zweifelhafte Haltung. Mindestens an diesem zweiten Tag unserer Tagung sind so viele interessante Themen zusammengekommen, dass Verlag und Herausgeber sich zu einer weiteren Aufteilung genötigt sahen. Dies wurde auch deshalb nötig, weil mehrere Beiträge im Nachgang und vor allem aufgrund der sich an sie anschließenden Diskussion noch einmal deutlich erweitert worden sind. Das ist der Grund, warum z.B. der Beitrag von Karsten Ahldner in seiner jetzigen Form mit Sicherheit ganz allein einen Tagungstag problemlos hätte füllen können, ebenso die Ausführungen von Sully Lanskin. Aber beide Beiträge beinhalten auch und gerade in ihrer erweiterten Form so wichtige Anregungen zu einem veränderten Verständnis der polnisch-litauischen bzw. der irischen Geschichte im 18. und 19. Jahrhundert, dass wir sie für unverzichtbar gehalten haben. Wir bitten Sie also, liebe Leser, uns die Länge dieser und einiger der folgenden Beiträge nachzusehen. Um Nachsicht für mangelnden Relevanz und Kurzweiligkeit an dieser Stelle zu bitten, sehen wir jedenfalls aus unserer Perspektive hingegen keine Notwendigkeit.

2.   Tirzia Ehlen: Friedrich II. und der Diebstahl von Schlesien

Tirzia Ehlen hat lange in Brüssel und Straßburg an der Seite von Jean-Claude Bondrit gearbeitet. Als er sie daher gebeten hat, hier einen Blick auf Friedrich II. und seine Wegnahme Schlesiens zu richten, hat sie gleich zugestimmt. Sie hat dafür sogar das sonnige Barcelona, wo sie aktuell für Amnesty International tätig ist, für ein paar Tage gegen Bad Meinungen eingetauscht. Ihr Blick auf den Preußenkönig ist vor allem deswegen so erfrischend wie erhellend, weil sie gänzlich unbekümmert all die Weihrauchschwaden wegpustet, mit denen man insbesondere in Deutschland eine nüchterne, klare Sicht auf Friedrich II. unmöglich zu machen versucht.

2.1.   Ein jugendlicher Dieb, ein greiser Räuberhauptmann

Als Friedrich II. am 08.11.1740 seine Armee gegen Schlesien in Marsch setzte, berief er sich auf eine mehr oder weniger windige Rechtfertigung, indem er auf die zweihundert Jahre alte Liegnitzer Erbverbrüderung zurückgriff.[1] Es gab auch Bündnisse mit diversen Staaten, denen ebenfalls an einer Schwächung der Habsburger gelegen war. Aber im Grunde war Friedrich schlicht ausgezogen, um ein schönes Stück Land aus dem österreichischen Kuchen herauszusäbeln, welches zudem formidabel zu Preußen gelegen war. Er tat dies in der festen Überzeugung, dass Österreich-Ungarn zu geschwächt

---

[1]   Die Erbverbrüderung hatte Friedrichs Namensvetter, Friedrich II. von Liegnitz, 1537 mit seinen brandenburgischen Verwandten geschlossen. Sie machte diese erbberechtigt, sollten Friedrichs Nachkommen in der männlichen Linie aussterben. Der Familienvertrag war aber bereits 1546 auf dem Breslauer Fürstentag von den schlesischen Ständen und dem böhmischen König und späteren Kaiser Ferdinand I. annulliert worden.

13

war, um ihm hinreichenden Widerstand entgegen zu setzen. Ganz falsch war das nicht, da nach dem Tod Karls VI. am 20.10.1740 die Pragmatische Sanktion von 1713 von einigen Staaten, vor allem von Bayern und Sachsen in Frage gestellt wurde. Jene hatte primär festgelegt, dass die habsburgischen Erbkönigreiche unteilbar zu vererben seien. Zudem hatte man hier, lange bevor Karl VI. die Hoffnung auf einen männlichen Erben aufgeben musste, festgelegt, dass nach Aussterben aller männlichen Nachfahren auch eine Nachfahrin erbberechtigt sei. Dies entsprach dem Bemühen, den spätmittelalterlichen imperialen Anspruch und die moderne Territorialstaatlichkeit noch einmal zu verklammern, auch wenn allen klar war, dass ein so anachronistisches Konstrukt nicht mehr ewig würde überdauern können.[2]

Friedrich II. bestritt die Gültigkeit der Pragmatischen Sanktion nicht, obgleich diese natürlich seinem Rückgriff auf die Liegnitzer Erbverbrüderung widersprach. Sein Vater hatte aber bereits 1726 die Pragmatische Sanktion anerkannt. Friedrich II. hoffte nun, dass Maria Theresia durch den Konflikt um ihre Erbberechtigung sich als hinreichend gebunden erweisen würde.

Was Friedrich sich im Ersten Schlesischen Krieg gestohlen hatte, musste er freilich in zwei weiteren Kriegen behaupten. Den Zweiten Schlesischen Krieg betrachtete er als Präventivkrieg, um einer drohenden Offensive Maria Theresias zuvorzukommen. Daher rückte er durch Sachsen ab dem 10.08.1744 gegen Böhmen vor. Nach der Einnahme von Prag am 16.09.1744 fand sich Friedrich aber einer hinhaltenden Kriegführung Österreich-Ungarns ausgesetzt. Nachdem Österreich-Ungarn am 08.01.1745 mit Großbritannien, Sachsen und den

---

[2]   Evans: Communicating Empire, S. 119.

Niederlanden die Quadrupelallianz geschlossen hatte, war Friedrich zum Rückzug nach Schlesien gezwungen.

In den nächsten Monaten vermochte er aber infolge mehrerer unerwartet gewonnener Schlachten, vor allem bei Hohenfriedberg am 04.06.1745 und bei Kesselsdorf am 15.12.1745, seine Beute aus dem Frieden von Berlin vom Juli 1742 zu behaupten. Dies wurde am 25.12.1745 durch den Dresdener Frieden bestätigt.

In der Folgezeit kam es aber zur Verlagerung der Bündnislage in Europa, was vorwiegend mit dem sich verschärfenden Konflikt zwischen Frankreich und Großbritannien um die Vorherrschaft in Indien und in Nordamerika erklärt werden kann. In diesem „Renversement des alliances" wendete Friedrich sich gegen seine bisherige Politik der britischen Seite zu, während Frankreich die traditionelle Konkurrenz mit Österreich-Ungarn überwand.

Das änderte die Ausgangslage des dritten Krieges um den Besitz von Schlesien, den Siebenjährigen Krieg. Friedrich begann diesen Krieg am 17.08.1756. Wieder unternahm er einen Angriff auf Österreich-Ungarn, nach eigenem Verständnis, um einer von dort geführten Offensive zuvorzukommen. Er zahlte aber in der Folge für diese erneute Verteidigung seiner Beute einen immensen Preis: die Verwüstung eines großen Teils seines Landes, wenigstens eine halbe Million Tote, darunter 130.000 Soldaten und 320.000 Zivilisten, eine unbekannte Zahl von Verkrüppelten, Traumatisierten usw., eine massive Wirtschaftskrise und ein lange anhaltender Vertrauensverlust in die heimische Währung aufgrund der von Friedrich hemmungslos praktizierten Münzverschlechterung. Und das alles in einem Krieg, der eigentlich nur ein Nebenkriegsschauplatz der Auseinandersetzungen zwischen Frankreich und Großbritannien um ihre Territorien in Indien und Nordamerika war. Doch für Brandenburg-Preußen bedeutete er beinah die völlige Vernichtung.

Dennoch war Friedrichs Raubzug vom November 1740 insgesamt eine Erfolgsgeschichte. Brandenburg-Preußen wurde jetzt zu den europäischen Großmächten gerechnet. Friedrich war infolgedessen einer derjenigen, die von der Polnischen Teilung, dem nächsten gänzlich rechtswidrigen Beutezug, in erheblichem Umfang profitierte. Bis dahin konnte er sich auf seiner Beute ausruhen und das Land wieder aufbauen, das er fast in den Ruin geführt hatte. Dieses „Rétablissement" griff auf die Wiederaufbaupolitik zurück, mit welcher Friedrichs Vater die Folgen des Großen Nordischen Kriegs vor allem im preußischen Teil Litauens und in Ostpreußen nach 1721 zu überwinden versucht hatte. Friedrich stellte nun 60.000 Mann seiner Armee auf fünf Jahre für die Landarbeit ab, auch intensivierte er die Wirtschaftskraft seiner Länder durch Straßen- und Kanalbau. Vor allem reduzierte er die Folgen seiner Münzverschlechterung der Kriegsjahre, sodass das Vertrauen in die brandenburgische Münze wieder wuchs. Er zwang die zögernden Bauern, den Kartoffelanbau aufzunehmen, und nicht zuletzt errichtete er eine staatliche Kontrolle des Getreidehandels. Das half Preußen auch, die Hungersnot von 1771 halbwegs zu überstehen. Zugleich aber sah Friedrich sich zu keinem Zeitpunkt genötigt, die durch seine Raubzüge ebenfalls erheblich verwüsteten anderen Staaten auch nur innerhalb des Reichs, vor allem Sachsen, in irgendeiner Weise schadlos zu halten.[3] Ein wirkliches Unrechtsbewusstsein kann man hier insgesamt also ausschließen, einigen launigen Bemerkungen des Königs zum Trotz.

---

[3] Walther: Staatenkonkurrenz, S. 231-232.

2.2. Auf dem Weg zur Großmacht: Brandenburg-Preußen nach dem Ende des Siebenjährigen Kriegs

Das Ende des Siebenjährigen Kriegs hatte das Gleichgewicht in ganz Europa auf Dauer verschoben. Großbritannien hatte Frankreich besiegt und ihm wesentliche Teile seines Kolonialreichs abgenommen, was Frankreichs Einfluss auch innerhalb Europas reduzierte. Zudem stand Frankreich am Rand eines Staatsbankrotts, was knapp drei Jahrzehnte später eine der wesentlichen Ursachen für die Französische Revolution werden sollte. Großbritannien wiederum sperrte große Teile der von ihm kontrollierten Regionen Nordamerikas für die Besiedlung durch Europäer, was in Teilen der Kolonien zu erheblichem Unmut führte. Als man dann versuchte, die Kosten des Krieges wenigstens teilweise über Steuern in diesen Kolonien gegenzufinanzieren, war dies der Auslöser der Abspaltung von dreizehn dieser Kolonien vom britischen Mutterland.

Brandenburg-Preußen hingegen wurde jetzt allgemein als Großmacht akzeptiert, was zum einen eine innerdeutsche Konkurrenz mit Österreich-Ungarn beförderte. Zugleich aber sorgte das auch dafür, dass Brandenburg-Preußen sich ein gutes Stück aus der polnisch-litauischen Beute sichern konnte, als 1772 die vor allem von Friedrich II. und der katholischen Kirche betriebene erste Teilung Polen-Litauens gegen alles Völkerrecht vollzogen wurde. Auch bei der zweiten Teilung 1793 und der dritten Teilung 1795 war Brandenburg-Preußen neben Russland und Österreich-Ungarn einer der Nutznießer. Zwar kam es bald darauf zu den Niederlagen gegen das napoleonische Frankreich und einen zeitweiligen Niedergang Brandenburg-Preußens. Aber letztlich schufen Friedrichs II. Erfolgs in den drei Kriegen um Gewinn und Erhalt Schlesiens die Basis einer Dominanz in Deutschland. Als 1871 Preußen Teil des neu gegründeten Deutschen Reichs wurde, hatte es 1866 in Königgrätz und 1871 bei Sedan eindrucksvoll unter Beweis gestellt, dass es im Geiste Friedrichs II. das Völkerrecht ignorieren und glänzende militärische Erfolge zu erzielen mochte.

2.3. Friedrich II. als gesamtdeutscher Mythos

Dass man einen skrupellosen Raubritter und Hasardeur wie Friedrich in den Jahrzehnten nach seinem Tod vor allem in Deutschland zunehmend glorifizierte, zeigt, dass in weiten Kreisen völkerrechtliche Bedenken keine nennenswerte Rolle spielten.[4] Natürlich sind Sieger immer deutlich populärer als Verlierer. Und die deutsche, vor allem aber die preußische Seele konnte nach den katastrophalen Feldzügen gegen Frankreich seit 1792 sicher auch ein wenig Trost mit Blick auf frühere, glorreiche Zeiten vertragen. Dazu gehörte auch die ermutigende Einsicht, dass gelegentlich in vollkommen aussichtsloser Lage höchst unvorhergesehene Ereignisse dann doch noch eine Wendung herbeiführen können. So wie 1762 der bereits am Boden liegende brandenburgisch-preußische Aggressor nur dadurch noch gerettet wurde, dass die russische Kaiserin Elisabeth Ende 1761 starb und ihr Nachfolger, ihr in Kiel aufgewachsener Neffe Pjotr III (Peter III.), zu den Verehrern des Preußenkönigs gehörte und daher den Krieg umgehend beendete.[5] Schon kurz darauf ließ seine Frau ihn entmachten und

---

[4] Ähnlich die Einschätzung bei vielen jüngeren Biografen; grundlegend vor allem Aretin: Friedrich der Große, S. 150-152. Vgl. auch Barsewisch: Friedrich-Verehrung, S. 11.

[5] Es ist üblich, die russischen Herrscher als Zaren zu bezeichnen. Pjotr I hatte diesen Titel allerdings durch „Imperator" ersetzt, was als „Kaiser" übersetzt werden sollte. Dass man in Westeuropa weiterhin den traditionellen, religiös befrachteten Titel verwendete, ist ein Hinweis darauf, dass man den mit Pjotr I verbundenen politischen und kulturellen Umbruch so weit wie möglich zu ignorieren gesonnen war; Wittram: Imperium, S. 569. Das machte es

18

wahrscheinlich auch umbringen, um als Jekaterina II (Katherina II.) die Herrschaft zu übernehmen. Da hätte es trotz aller Sympathien, welche auch die neue Kaiserin für ihn empfand, für Friedrich II. wahrscheinlich keine Rettung mehr gegeben. Seine Raubzüge, das anschließende Rétablissement und die Okkupation eines wesentlichen Teil Polen-Litauens wurden als seine persönlichen Erfolge deklariert. Hinzu kamen die wohlfeilen Legenden um den Philosophen, den Künstler, den Aufklärer auf dem Königsthron. Dies alles zusammen machte ihn zum bis heute populärsten Preußenkönig und zu einem der beliebtesten Fürsten der deutschen Geschichte überhaupt.

2.4. Literatur

Aretin, Karl Otmar von: Friedrich der Große: Größe und Grenzen des Preussenkönigs: Bilder und Gegenbilder, Freiburg im Breisgau (Herder) 1985

Barsewisch, Bernhard von: Die frühe Friedrich-Verehrung, Wolfhagen (Selbstverlag) 2012

Evans, Robert John Weston: Communicating Empire: The Habsburgs and Their Critics, 1700-1919, in: Transactions of the Royal Historical Society, Sixth Series, Vol. 19/2009, S. 117-138

Walther, Gerrit: Staatenkonkurrenz und Vernunft: Europa 1648 - 1789, München (C. H. Beck) 2021, S. 231-232

---

leichter, Russland weiterhin als Hort westasiatischer Rückständigkeit darzustellen. Etwaige Vergleiche zu deutschen, österreichischen, britischen oder französischen Imperatoren wurden so vermieden. Im Folgenden wird hingegen für die russischen Herrscher des 18. Jahrhunderts der Titel „Kaiser" bzw. „Kaiserin" verwendet. Pjotr I selbst, der zunächst noch als „Zar" figurierte, wird ebenfalls als „Kaiser" bezeichnet.

Wittram, Reinhard: Das russische Imperium und sein Gestaltwandel, in: Historische Zeitschrift, Nr. 187.3/1959, S. 568–593

3. Karsten Ahldner: Ein Fest für Raubritter: Die Zerteilung Polen-Litauens ab 1791

Karsten Ahldner hat in jungen Jahren Deutsch und Geschichte studiert. Ganz fachfremd ist er also nicht, wenn er im Folgenden einige Gedanken zur Geschichte der Wende vom 18. zum 19. Jahrhundert darlegt. Aber da er wie viele von Ihnen sicher hier und da schon einmal erlebt haben, seit mehreren Jahrzehnten als Kabarettist und Bauchredner seine Erfolge feiert, hat es uns umso mehr gefreut, dass er sich im Rahmen der Akademie-Tagung einmal wieder in die Gewässer der nüchternen Geschichtswissenschaft begeben hat. Ob dabei seine satirische Zunge gelegentlich durchklingt, bitten wir demgemäß jeden Leser selbst zu beurteilen. Die seinem Vortrag folgende Diskussion hat jedenfalls gezeigt, dass insbesondere seine Anmerkungen zu Friedrich II. und seine Beschreibung der Ersten Polnischen Teilung nicht gänzlich ohne Widerspruch geblieben sind.

Meine sehr verehrten Damen und Herren, werte Kolleg_Innen,
Tirzia Ehlen hat soeben knapp, aber sehr treffend über Friedrich II. als vollkommen rechtswidrigen Nutznießer der Zerteilungen Polen-Litauens gesprochen. Ich möchte dies zum Anlass nehmen, Vorgeschichte, Gründe und Verlauf dieses vielleicht größten Bruchs des Völkerrechts in der jüngeren europäischen Geschichte ein wenig näher zu beleuchten.

3.1. Die Entstehung der polnisch-litauischen Adelsdemokratie

Die eben erwähnte Zerteilung Polen-Litauens stellte einen weiteren eklatanten Bruch des ohnehin fragilen völkerrechtlichen Grundkonsens des 18. Jahrhunderts dar. Ein Bruch freilich, der anders als Friedrichs Überfall auf Schlesien schon den Zeitgenossen offensichtlich so ungeheuerlich erschien, dass sie ihn mit allerlei Mythen und Legenden zu rechtfertigen suchten. Legenden zudem, die immer noch, selbst heute, etwa 250 Jahre später, einen fast durchgehenden Konsens bei Laien wie bei Historikern und Völkerrechtlern bilden. Ein Konsens, der sich auf eingängige verfassungsrechtliche Argumentationen beruft, aber dabei die historische Wirklichkeit angesichts ihrer Komplexität und Dynamik gern ignoriert.

Polens ursprüngliche Herrscherdynastie, die Piasten, war mit dem Tod Kazimierz III Wielki (Kasimir III. der Große) 1370 erloschen.[1] Sein Nachfolger wurde zunächst Ludwik Węgierski (Ludwig I.), der bereits König von Ungarn war. Dieser vereinbarte mit den polnischen Baronen, dass seine Tochter Maria ihm auf dem polnischen Thron folgen sollte, da er keine Söhne besaß. Nach seinem Tod 1382 kam es darüber zu heftigen Auseinandersetzungen, zumal mit Ziemovit IV, Herzog von Masowien, eine Nebenlinie der Piasten Anspruch auf den Thron erhob. Als Kompromiss erhielt daher Maria den ungarischen Thron, ihre jüngere Schwester Jadwiga Andegaweńska (Hedwig von Anjou) wurde Königin von Polen. Die Union mit Ungarn wurde in diesem Zuge wieder aufgelöst.

Jadwiga war zu diesem Zeitpunkt erst elf Jahre alt, wurde aber in offiziellen Dokumenten als König, nicht etwa als Königin, bezeichnet. Zugleich wurde ihre bereits vollzogene Verlobung mit dem österreichischen Thronfolger Wilhelm gegen eine erhebliche monetäre Entschädigung gelöst. Stattdessen setzte der polnische Adel eine Vermählung

---

[1] Im folgenden Abschnitt werden möglichst die polnischen Herrschernamen verwendet und ihre Eindeutschungen zur besseren Orientierung lediglich in Klammern beim ersten Auftauchen genannt. Die auch in Polen übliche Ordinalzahl bei mehreren Herrschern gleichen Namens hat in der polnischen Schreibweise keinen Punkt, was hier ebenfalls entsprechend ausgeführt wird, wie hier beim Namen von Kazimierz III Wielki.

der Königin mit dem litauischen Großfürsten Jogaila durch, der zum Zeitpunkt der Heirat ca. 24 Jahre alt war und damit als Erwachsener von Beginn an einen erheblichen Anteil der Herrschaftsaufgaben übernahm.

Polen und Litauen waren ursprünglich konkurrierende Mächte, was sich vor allem im Konflikt um das Erbe der 1323 im Mannesstamm ausgestorbenen Rurikiden in Halytsch-Wolodymyr (Galizien-Wolhynien) niederschlug.[2] Zugleich stritt Polen sich mit dem Deutschen Orden bis zum 1343 geschlossenen Vertrag von Kalisch um Pommerellen. 1343 opferte Polen zwar seine Ansprüche im Nordwesten, konnte aber dadurch seine Kräfte im Südosten konzentrieren. Infolgedessen okkupierte Polen Galizien und das westliche Wolhynien, während Litauen sich mit dem östlichen Wolhynien begnügen musste und Ungarn ganz verdrängt werden konnte.

Dass sich Polen und Litauen nun auf eine Eheschließung einigten, verwundert daher vielleicht, zumal beide Länder kulturell, historisch und auch in Glaubensfragen kaum Gemeinsamkeiten aufwiesen. Doch war hier die Möglichkeit gegeben, die aktuelle Schwäche Polens in die Schaffung des stärksten Machtfaktors in dieser Region zu wandeln und zudem ein Gegengewicht gegen die ungarischen Expansionsversuche und die entsprechenden Bestrebungen des Deutschen Ordens zu schaffen.

Jogaila ließ sich zum Zweck der Eheschließung taufen, was auch die katholische Kirche Polens zu Unterstützern der Heiratspläne machte.

---

[2] Den Übergang markierte nach dem Tod der letzten beiden Rurikiden die Herrschaft des Piasten Juri II Boleslaw, der aber 1340 wegen seiner pro-katholischen Politik von einer Verschwörung der lokalen Adligen vergiftet wurde. Das wiederum bestärkte die katholische Kirche darin, die polnische Expansion nach Galizien zu unterstützen.

Denn in Litauen gab es zu diesem Zeitpunkt kaum Katholiken, statt-dessen die litauische Kernbevölkerung, die noch heidnischen Glau-bens war, sowie die vor allem durch Eroberungen in Belarus hinzuge-kommene orthodoxe Bevölkerungsmehrheit Litauens. Die katholische Kirche in Polen war dringend interessiert, das weitere Vorrücken der ungeliebten Konfession nach Westen zu stoppen und die litauischen Heiden zu missionieren.

Durch die Union von Krewo 1385 und seine Krönung wurde Jogaila als Władysław II Jagiełło gleichberechtigt mit Jadwiga Herrscher über die zunächst als Personalunion betrachteten zwei Länder. Aber bereits ein Jahr später entstand durch die Union von Lublin eine unbefristete Vereinigung beider Reiche zu Polen-Litauen. Mit Jadwigas frühem Tod 1399 war Władysław II Jagiełło dann Alleinherrscher von Polen-Li-tauen und Begründer der Jagiellonen-Dynastie.[3] Als diese mit Zygmunt II August (Sigismund II. August) 1572 im Mannesstamm ausstarb, erfolgte in Polen-Litauen der Übergang zu einer Adelsrepub-lik. Die Erbmonarchie wurde ersetzt durch eine Wahlmonarchie, wodurch die beiden bisher noch teilweise autonom verstandenen Teile Polen und Litauen mindestens verfassungsrechtlich zur „Rzeczpospo-lita" verschmolzen, auch wenn insbesondere in Litauen immer wieder auch die Unterschiede in Sprache und Kultur betont wurden.

Die Wahlmonarchie war signifikant für die starke Stellung des Adels in Polen. Aber die Ursache hierfür war sie – verbreiteten Ansichten zum Trotz – nicht. Der Niedergang des Ritterstandes, wie ihn die meis-ten europäischen Staaten in der Endphase des Mittelalters erlebt hat-ten, war in den beiden Staaten nicht eingetreten. Dazu war in dieser

---

[3] Zum monarchischen Selbstverständnis des Königs Chrubasik: Grabmal, S. 113-114. Zum späteren Geschichtsbild Zuchowski: Jagiello-Denkmal, S. 256-258.

Zeit die Bedeutung des Adels für Polen-Litauen zu groß, einerseits im Zuge der Expansion des Landes bis zur Mitte des 17. Jahrhunderts, danach vor allem in der Verteidigung und Verwaltung der so erreichten territorialen Ausdehnung. Entsprechend groß war auch der Bevölkerungsanteil des Adels, der bei allen regionalen Unterschieden bei etwa 14%, im 18. Jahrhundert sogar bei 20% der Bevölkerung lag. Denn Polen-Litauen war zu dieser Zeit nach Russland immerhin der zweitgrößte europäische Flächenstaat. Es reichte von der Ostsee bis weit in die Ukraine und Galizien, wobei die beherrschten Regionen deutliche Heterogenität aufwiesen. Bei nur etwa 40% polnischer Bevölkerung entstand ein buntes Gemisch, was Lebensweise, Bevölkerungsdichte, Infrastruktur usw. betraf. Das verstärkte die tragende Funktion des Adels als Klammer für das gesamte Land.

Polens Adel wies einige Besonderheiten auf, verglichen mit der Mehrheit der anderen Staaten Europas. Neben dem großen Bevölkerungsanteil war dies vor allem seine Heterogenität. Polen, Litauer, Ukrainer, Ruthenen usw. brachten jeweils ihre eigene Kultur in die Welt des Adels. Weiterhin gab es hier bis 1596 keine erblichen Titel. Alle Adelstitel bis zum Herrscher wurden eher als reine Verwaltungsbegriffe verstanden, welche die nächste Generation nur übernahm, wenn der entsprechende Sohn durch den König auch mit derselben oder einer gleichrangigen Aufgabe betraut wurde.

Die Ausdruck für die Gesamtheit des Adels war in der polnischen Sprache eigentlich „Szlachta", doch wurde dieser zunehmend nur auf die untere Adelsschicht bezogen, also auf die Kleinadligen. Die einflussreichen Magnatenfamilien gehörten aber ebenso zur Szlachta, auch wenn sie auf diese Zuordnung oft nur wenig Wert legten.

Während etwa im Deutschen Reich ein großer Teil des niederen Adels von ursprünglich unfreien Ministerialen abstammte, war in Polen die Adelszugehörigkeit meist bereits bei der Okkupation neuer Regionen bestätigt worden. Das verringerte in der Zeit der polnischen Expansion das Risiko lokaler Insurrektionen. Entsprechend lebte aber die Mehrheit dieser Kleinadligen von unscheinbaren Grundherrschaften, die im Zuge der Erbteilung immer wieder auch einfach zu klein wurden, um ihren Eigner noch zu ernähren. Daher gaben immer mehr Kleinadlige ihre Unabhängigkeit auf und schlossen sich stattdessen einer der Magnatenfamilien an. So entstanden eigentlich drei Adelsschichten, nämlich die Magnaten, die Kleinadeligen mit eigenem Landbesitz, und die adligen Diener einer Magnatenfamilie, die oft nicht mehr besaßen als ihre Waffen, ihre Rüstung und meist noch ein bis zwei Pferde. Auch das Wappen und der Familienname standen oft in direktem Zusammenhang mit der jeweiligen Magnatenfamilie.[4]

Wenn man zu verstehen versucht, von wo die Entwicklung Polens zur Adelsdemokratie des 17. Jahrhunderts ihren Anfang nahm, so muss man einige Vorstufen berücksichtigen, wie sie allerdings in ähnlicher Weise auch andere europäische Staaten kannten, ohne dass sich daraus eine der polnischen vergleichbare Entwicklung ergeben hätte.

Wahrscheinlich markiert das Statut von Wiślica, das Kazimierz III Wielki (Kasimir III. der Große) 1334 erlassen hatte, den Beginn der polnischen Verfassungsgeschichte. Hier stärkte der König die Rechte der Bauern gegenüber dem Adel, führte westliche Rechtsprinzipien ein wie den Gesetzlichkeitsgrundsatz „nulla poena sine lege", das Mehrfachbestrafungsverbot („ne bis in idem"), die Unabhängigkeit der Gerichte und ein allen Menschen zustehendes Selbstverteidigungsrecht.

---

4   Mit Ausnahme der Magnatenfamilien führte kaum eine Adelsfamilie ein eigenes Wappen. Stattdessen waren die meisten Familien Mitglieder von Wappengemeinschaften, sodass es im Spätmittelalter zwar tausende polnischer Adelsfamilien gab, aber weniger als dreihundert Wappen.

Festgelegt wurde eine Gefolgschaftspflicht des Adels, insbesondere für Kriegsfälle, und ein allgemeines Plünderungsverbot. Zudem bestätigte das Statut das von Bolesław Pobożny (Bolesław VI. der Fromme) 1264 erlassene Statut von Kalisz, das Juden in Polen Rechtssicherheit garantierte.

Diese Regelungen stießen natürlich vor allem im Adel und seitens der Kirche auf Unmut, sodass es in den folgenden Jahrzehnten immer wieder Bestrebungen gab, die Privilegien des Adels zu stärken und die Gleichheit und Rechtssicherheit der jüdischen Bevölkerungsgruppe zu beseitigen.

1374 stand Ludwik Węgierski, der keine Söhne besaß, vor der Herausforderung, den Adel um Zustimmung zu einer weiblichen Thronfolge zu ersuchen. Im Gegenzug machte er mit dem Privileg von Koszyce (Kaschau) dem Adel erhebliche Zugeständnisse, darunter vor allem, dass jede Steuererhebung oder Verpflichtung von Adligen zu sonstigen Diensten an der Krone einer Zustimmung des Regionalparlaments, des Sejmik, bedurfte.[5]

Die Rzeczpospolita entstand vor allem durch das 1454 erlassene Statut von Nieszawa (Nessau). Man kann dieses Dokument durchaus mit der Magna Charta vergleichen, da hier wie dort ein Herrscher aufgrund einer tagespolitischen Notlage ein Dokument zu unterzeichnen bereit war, das weit über seine Herrschaftszeit hinaus prägend für das ganze Land werden sollte. In diesem Fall ging es um einen weiteren Krieg, den Polen-Litauen gegen den Deutschen Orden führen wollte. Kazimierz IV Andrzej (Kasimir IV. Andreas) benötigte hierfür die Unterstützung des Adels, der dies nutzte, um das Statut zu erlangen. In zwei Teilen für Wielkopolska (Großpolen) und Małopolska (Kleinpolen)

---

[5] Ausgenommen war nur der Burgenbau an der Ostgrenze Polens, um die Sicherheit der Grenze zu Russland nicht zu gefährden.

verfasst, verpflichtete sich die Krone, zukünftig Gesetze nur noch mit Zustimmung der regionalen Adelsparlamente, der Sejmiki, zu erlassen. Damit wurde das Privileg von 1374 nicht revidiert, sondern deutlich erweitert. Auch die Einberufung des Ritterheers, also quasi eine Generalmobilmachung, wurde jetzt zustimmungspflichtig. Das bedeutete auch eine Stärkung des Kleinadels gegenüber den Magnatenfamilien, die aber mit ihren Privatarmeen trotzdem wesentlicher Träger der polnischen Grenzsicherung blieben. Die Flucht leibeigener Bauern, vorwiegend in die wachsenden Städte oder über die Ostgrenze Polens, sollte künftig deutlich härter bestraft werden, und die Kirche erreichte eine weitgehende Aufhebung der 1334 erlassenen Regelungen zur Rechtsgleichheit und Rechtssicherheit der jüdischen Bevölkerungsgruppe.

Nachdem Kazimierz IV Andrzej 1492 gestorben war, folgten ihm nacheinander drei seiner Söhne auf dem polnisch-litauischen Thron. Direkter Nachfolger war Jan I Olbracht (Johann I. Albrecht), unter dem sich das Nationalparlament, der Sejm, als Zweikammerparlament etablierte, mit einem Senat als beratendem Honoratiorenkreis und der eigentlich die Macht innehabenden Ständeversammlung, zu der jetzt aber nur noch Adlige Zugang hatten.

Jan I Olbracht war es auch, der das Statut von Nieszawa zu einem einheitlichen Dokument weiterentwickelte. Er musste mit Blick auf seine außenpolitischen Ambitionen dem Adel weitere Zugeständnisse machen. Fortan sollten alle höheren Kirchenämter, insbesondere die Bischofssitze, Adligen vorbehalten bleiben. Dem Bürgertum war der Erwerb von Landbesitz untersagt, was vor allem dazu dienen sollte, eine Verschmelzung des traditionellen Adels mit dem im Spätmittelalter aufstrebenden Bürgertum der Städte zu verhindern. Entsprechend wurde dem Adel jede Erwerbsform außer Ackerbau und Waffendienst verboten, was vor allem Kaufleuten den Adelsstand unattraktiv

28

machen sollte. Um eine weitere Verarmung der Kleinadligen zu verhindern, wurde zudem ein Teil der Königsgüter parzelliert und Kleinadligen überlassen. Das führte zur Entstehung der „Adelsdörfer", polnisch „zaścianki" oder „okolice", in denen ausschließlich meist mehrere Dutzend Adelsfamilien zusammen lebten, es aber keine anderen Grundeigner gab.

Offensichtlich empfanden die Kleinadeligen einen Druck von drei Seiten, nämlich einerseits durch die ihre Macht kontinuierlich ausweitenden Magnatenfamilien, andererseits durch das aufstrebende Bürgertum in den Städten.[6] Die dritte Macht war die katholische Kirche, welche auch in Polen wie in den meisten europäischen Staaten ein mächtiger Feudalherr war. Immer wieder wurde der Kirche vorgeworfen, nicht das Wohl Polens zu priorisieren, sondern die Macht der Kirche und des Papstes. Entsprechend traten viele Adlige mit Auftauchen der protestantischen Konfession zu dieser über, bis in einigen Regionen fast die Hälfte der Adligen, aber ein deutlich kleinerer Teil der Bevölkerung, lutherisch geworden war.[7]

Ähnliche Situationen gab es mehr oder weniger zeitgleich in vielen europäischen Staaten. Aber während dieser zweiseitige Druck andernorts – in Deutschland etwa durch den Zusammenbruch des Ritteraufstands von 1522/23 – zu einem Niedergang dieses ursprünglichen Ministerialen-Adels führte, gelang es vor allem dem grundbesitzenden Teil des polnischen Kleinadels, seine Stellung zu festigen. Der Preis war allerdings eine konservative Haltung, die in jeder Neuerung zunächst vor allem eine Bedrohung insbesondere der 1454 erreichten Privilegien sah.

---

6   Maczak: Staat, S. 10.
7   Hein: Italienische Protestanten, S. 10-13.

Diese besondere Stellung des Adels wurde vor allem in der Aufklärung als Anachronismus und Hindernis jeglichen Fortschritts kritisiert. Der Adel formulierte dagegen eine proto-rassistische Haltung, demzufolge er – anders als der Rest des polnischen Volks – direkt von den Sarmaten abstamme.[8] Dieser Sarmatismus diente nicht nur als Rechtfertigung der aktuellen Privilegien, sondern normierte auch die Kultur des Adels in Sprache, Kleidung, Lebensweise, Literatur und Architektur, steigerte also durch eine solche Uniformierung die fragile Gruppenidentität dieser Schicht.[9]

Die Wichtigkeit des Adels spiegelte sich in einem weiteren wichtigen Baustein der polnischen Verfassung, dem „Nihil Novi" von 1505. Hierdurch wurde die Macht des Sejm als polnischem Reichstag noch einmal deutlich erhöht. Neben der Bestätigung der Organisation des Sejm in zwei Kammern wurde ein Widerstandsrecht des Adels gegen Versuche der Krone, die Verfassung zu verändern, dauerhaft festgelegt. Dieses eigentlich durch das Statut von Wiślica 1334 abgeschaffte Widerstandsrecht konnte dann zu einem „Rokosz" führen, einem auf dem mittelalterlichen Verweigerungsrecht beruhenden Aufstand von Teilen des Adels, mithin eine rechtskonforme Rebellion. Damit aber war die polnische Verfassung zugleich sehr rückwärtsgewandt und doch ausgesprochen fortschrittlich, da noch für die nächsten Jahrhunderte ein allgemeines Widerstandsrecht – oder auch eins in der hier auf eine Schicht beschränkten Form – zwar von diversen Philosophen diskutiert, aber nicht im Verfassungsrecht verankert wurde.[10] Hingegen

---

8   Faber: Sarmatismus, S. 211-212.
9   Zur historischen Entwicklung und zur Frage, ob die Sarmaten Vorfahren aller Polen oder nur des Adels seien, vgl. Zmuda: Identität, S. 67-71.
10   Bielefeldt: Right, S. 1097. Ein allgemeines Widerstandsrecht im Falle von Versuchen, die freiheitlich-demokratische

stand die polnische Verfassung bereits zu diesem Zeitpunkt jeder absolutistischen Ausrichtung der Herrschaft diametral entgegen. Auch der Herrscher konnte nach dieser Rechtsauffassung falsch handeln, was seinen Untertanen oder jedenfalls dem Adel das Recht auch zu gewaltsamem Widerstand einräumte.

Die wesentlichen Regeln für die Rolle des Königs fanden sich in den Articuli Henriciani von 1573.[11] Diese wurden nach der Wahl von Henryk Walezy (Heinrich von Valois) zum König beschlossen und verpflichteten den König, nichts zu unternehmen, um seinen Nachfolger zu bestimmen. Ferner verzichtete er darauf, ohne Zustimmung des Sejm Steuern zu erlassen oder im Rahmen eines allgemeinen Aufgebots das Volk zu den Waffen zu rufen.

Die Articuli Henriciani legten auch fest, dass der Sejm ab jetzt alle zwei Jahre für jeweils etwa sechs Wochen tagen solle. Im Sejm waren alle Adligen unabhängig ihres Wohlstands gleichberechtigt, verfügten also jeweils nur über eine Stimme. Aufgrund des hohen Anteils von Adligen an der Bevölkerung war der Sejm extrem groß. Zeitweise erreichte er eine Kopfzahl von über 5.700 Mitgliedern. Hier gelang es, durch die Zustimmungspflichtigkeit aller Steuergesetze den Adel frei von allen direkten Abgaben zu halten.

Diese als „Goldene Freiheit" bezeichnete Ordnung des Polnisch-Litauischen Königreichs war fast zwei Jahrhunderte lang der Garant für politischen Zusammenhalt und militärische Stärke. Sie schränkte zudem die Macht der Könige deutlich ein, zumal das Recht des „Liberum Veto" eine Auflösung des Sejm erzwang, wenn ein Delegierter unter

---

Grundordnung zu beseitigen, hat z.B. in Deutschland erst mit den Notstandsgesetzen von 1968 Rechtscharakter erhalten. Die meisten Staaten weltweit kennen keine entsprechende Regelung.

[11]   Jędruch: Constitutions, S. 84-86.

Protest die Versammlung verließ. Damit konnte dann ein anstehender Beschluss nicht mehr gefasst werden, da aufgrund von Nihil Novi Einstimmigkeit aller Delegierten, nicht nur der anwesenden, erforderlich war. Vor allem aber mussten am Ende der Sitzungsperiode alle gefassten Beschlüsse von allen Vertretern unterzeichnet werden, da man alle Beschlüsse des Sejm als geschlossenes Konvolut verstand. Fehlte durch das Liberum Veto auch nur ein Delegierter, wurde eine entsprechende Bestätigung undurchführbar. Dadurch konnten dann alle zuvor gefassten Beschlüsse nicht in Kraft treten.

Die weitreichenden Folgen eines Liberum Veto führten wenigstens bis zum Ende des 17. Jahrhunderts oft dazu, dass ein Delegierter, der dieses Recht wahrnehmen wollte, massiv unter Druck gesetzt wurde. Meist nicht von der Krone, sondern von einzelnen einflussreichen Familien, und nicht selten kamen neben Bestechungen auch diverse Arten von Bedrohung zum Tragen. Nur wer selbst hinreichend mächtig war oder eine entsprechende Macht, in der Regel Russlands, manchmal auch Schweden, Brandenburg-Preußen oder Österreich-Ungarn, hinter sich wusste, konnte daher gefahrlos von seinem Recht Gebrauch machen.

Dem Liberum Veto ist oft eine Hauptverantwortung am Niedergang Polen-Litauens im 18. Jahrhundert angelastet worden.[12] Das ist nicht haltbar, sonst hätte dieser Niedergang bereits zweihundert Jahre zuvor beginnen müssen. Das Hauptproblem dieser Zeit war vielmehr, dass wechselnde Herrscher nicht bereit waren, die polnischen Gegebenheiten zu akzeptieren, wo die Stärke des Landes auf einer dezentralen Machtverteilung beruhte. Und natürlich war auch die katholische Kirche aufgrund ihrer Konkurrenz zur orthodoxen Kirche ein ständiger Treiber innerpolnischer Zwistigkeiten.

---

[12]   Müller: Polen, S. 141-143.

Aber erst als ausländische Mächte, vor allem Russland, versuchten, ihren Einfluss in Polen-Litauen massiv zu erweitern, entstand hier eine Möglichkeit, mit wenigen gekauften Gewährsmännern den Sejm weitgehend zu paralysieren. Die hierzu unabdingbare Korruption war freilich ein Problem aller europäischen Staaten dieser Zeit. Vor allem aber hatten die Kriege des 17. und 18. Jahrhunderts insbesondere kleinere Adelsfamilien verarmen lassen. Für diese war es eine bitter nötige Einnahmequelle, ihr Stimmrecht im Sejm dem Meistbietenden zur Verfügung zu stellen. Zudem waren immer mehr Adlige gezwungen, auf ihren Landbesitz ganz zu verzichten und in den Haushalt einer Magnatenfamilie einzutreten. Auch diese waren dann nicht mehr wirklich frei in ihrer Haltung.

Dennoch sind für die Zeit des Liberum Veto zwischen 1573 und 1763 152 Sitzungsperioden des Sejm dokumentiert. Davon wurden lediglich 32 durch ein Liberum Veto ausgehebelt. Von einer allgemeinen Funktionsunfähigkeit des Sejm kann also keine Rede sein. Wohl aber bildete das Liberum Veto ein Korrektiv, das autokratische Tendenzen in Polen-Litauen verglichen mit seinen absolutistischen Nachbarstaaten deutlich erschwerte.[13]

Auch dass neben dem Liberum Veto das Wahlkönigtum eine Schwäche der polnisch-litauischen Verfassung gewesen sei, ist kaum haltbar. Ein solches System kannten diverse europäische Staaten, darunter auch das deutsche Kaiserreich. Zwar war hier der Kreis der Wahlberechtigten deutlich kleiner. Aber aus der Kritik an der polnisch-litauischen Verfassung spricht vor allem eine antidemokratische Grundhaltung diverser Historiker des 19. Jahrhunderts, die immer noch durch die Literatur geistert, wenn es um die Frage der polnischen

---

[13]   Brüning: Unio, S. 87-88.

Teilungen geht.[14] Man überdeckte damit über lange Zeit, dass vor allem preußische und russische Expansionsgelüste sowie die antirussische bzw. anti-orthodoxe Politik der katholischen Kirche verantworteten, dass ein Jahrhunderte altes Königreich kurzerhand von der europäischen Landkarte verschwand.

Die vielzitierte Schwäche Polen-Litauens war, wenn überhaupt, eher ein Beispiel für eine allgemeine Überforderung der inneren Kräfte, ein „imperial overstretch", da Polen-Litauen sich nach einer Phase erfolgreicher Eroberungen vor allem schwedischen Expansionsversuchen und einem russischen Rückgewinnungsstreben ausgesetzt fand.[15] Zugleich verhinderte der Druck von außen und der aus den kriegsbedingten Verwüstungen resultierende wirtschaftliche Niedergang, dass Staat und Nation die nötigen Kräfte zu einer Modernisierung fanden, wie sie im 18. Jahrhundert vielen anderen europäischen Staaten gelang.

3.2.   Die polnisch-litauische Heeresorganisation

Historiker des 19. Jahrhunderts, Nationalisten aller Länder und beider Nachfolger wollten in der polnischen Adelsverfassung die

---

[14]   Zitzewitz: Polenbild, S. 26-29.

[15]   Der Terminus „imperial overstretch" lehnt sich hier nur bedingt an Paul Kennedy an; Kennedy: Rise and Fall, S. XV. Polen-Litauen war kein Imperium im eigentlichen Sinn, sondern ein im Wesentlichen aus drei Völkern – Polen, Litauern, Ruthenen – bestehender Staat. Aber immerhin ging, wie Kennedy am Beispiel anderer Staaten dargelegt hat, auch hier ein wirtschaftlicher Niedergang dem Verlust von Teilen der eroberten Gebiete und zuletzt der Auflösung des Staates insgesamt einige Jahrzehnte voraus.

wesentliche Ursache der polnischen Teilungen sehen.[16] Doch zeigt sich z.B. an der Entwicklung der polnisch-litauischen Armee, dass viel eher absolutistische Fantasien der jeweiligen Herrscher und sinnlose Eroberungsgelüste die im 18. Jahrhundert kulminierenden Probleme über lange Zeit aufgebaut haben.

Eine Parallelität mehrerer Fürsten-Armeen neben der Armee des Königs kannten im Spätmittelalter viele europäische Staaten, ohne dass es ihrer Entwicklung geschadet hätte. In Polen bzw. in Polen-Litauen wurde dies umso bedeutender, je schwächer die Krone wurde.

Seit dem 15. Jahrhundert gab es ein Stehendes Heer in Polen, das mit ca. 1.500 Mann aber nur wenig über eine Palastgarde hinausging. Diese als „obrona potoczna" bezeichnete Kronarmee konnte im Kriegsfall durch Söldner, aber vor allem durch Truppen des Adels verstärkt werden. 1562 wurde die Kronarmee mehr als verdoppelt, was auch der Entwicklung im Ersten Nordischen Krieg Rechnung trug, als Iwan IV. versuchte, Teile der Ostseeküste für Russland zu erobern.[17] Danach hieß diese Armee auch die „Quartegna", da ein Viertel der königlichen Domäneneinkünfte hierfür verwendet werden sollte.

Mit dem Vollzug der Union mit Litauen kam die litauische Armee als eigenständiger Verband zu dieser Kronarmee hinzu, wobei die litauischen Truppen unter eigener Führung höchstens ein Drittel der Mannstärke bildeten.

Ihren Höhepunkt erreichte die Kronarmee mit über 60.000 Mann in der zweiten Hälfte des 17. Jahrhunderts, ehe die militärischen

---

[16] Detailliert, vor allem zur meinungsbildenden Rolle Heinrich von Treitschkes, Zitzewitz: Polenbild, S. 202-212.

[17] 1562 war der Waffenstillstand zwischen Russland und Litauen ausgelaufen, Iwan IV. hatte daraufhin handstreichartig Polazk erobert, was die Notwendigkeit rascher Aufrüstung auch in Polen signifikant gemacht hatte; Frost: Northern Wars, S. 26.

Eskapaden Jan III Sobieskis und Augusts II zu ihrem allmählichen Niedergang führten. Genau deshalb gewannen aber die Armeen der Magnatenfamilien an Bedeutung, waren sie es doch, die nun die Hauptlast des Schutzes der Einwohner vor Marodeuren und Plünderern und vor Überfällen aus den benachbarten Grenzregionen sicherstellten. Die Kronarmee aber schrumpfte unterdessen auf noch etwa 18.000 Mann zu Beginn des 18. Jahrhunderts. Und diese Armee bestand auch noch zu mehr als der Hälfte aus verschiedenen Kavallerieverbänden, was zwar eine hohe Flexibilität in der Grenzverteidigung sicherstellte, aber die Truppe auch deutlich kostspieliger machte.[18]

3.3.   Polnische Expansionsversuche im 17. Jahrhundert

Noch im späten 16. Jahrhundert war Polen-Litauen so mächtig gewesen, dass es sogar Russland zu okkupieren versuchte, das nach dem Aussterben der Rurikiden 1598 herrenlos war.[19] Zygmunt III Waza (Sigismund III.), bis zu seiner Absetzung 1599 auch König von Schweden, wollte nicht hinnehmen, dass 1610 Schweden sich anschickte, den Moskauer Thron zu erobern.[20] Gerade erst hatte er mit dem Sieg

---

[18]   Zum Vergleich, die ArmeeNBrandenburg-Preußens bestand zu dieser Zeit nur zu etwa einem Drittel aus Kavallerie; Müller: Heerwesen, S. 27.

[19]   Die russische Geschichtsschreibung bezeichnet diese Zeit zurückhaltend als „Смýтное врéмя", also als „Zeit der Schwierigkeiten", oder kurz als „Смýта", also „Schwierigkeiten". Aber eigentlich handelte es sich um ein Interregnum mit allen üblichen Begleiterscheinungen wie dubiosen Erbansprüchen, Mehrfachkrönungen und Okkupationsversuchen der benachbarten Staaten; Skrynnikov: Time, S. 27.

[20]   Zygmunt III war am 19.08.1587 zum polnisch-litauischenen König gewählt worden und wurde am 19.02.1594 als Nachfolger seines Vaters, Johann III., auch zum schwedischen König gekrönt.

bei Guzów 1607 die Zebrzydowski-Rebellion diverser Magnatenfamilien und Teilen des Kleinadels gegen sein Streben nach größerer Macht des Königs und Vererbbarkeit der Königswürde militärisch abgewehrt, aber politisch fast allen Forderungen der Rebellen nachgeben müssen.[21] Nun wendete er sich nach Russland, um hier die Gunst der Stunde nicht seinem verhassten Onkel zu überlassen.

Nach dem Sieg in der Schlacht bei Klushino über die russischen Truppen am 04.07.1610 wollte Zygmunt III zunächst seinen Kronprinzen Władysław zum Zaren krönen lassen, griff aber schließlich selbst nach der Krone. Diese Doppelmonarchie sollte die Machtbasis sichern, die schwedische Krone zurückzuholen und ein starkes Reich rund um die Ostsee zu errichten. Das scheiterte jedoch, als es 1611 in Moskau zu einem antipolnischen Aufstand kam. Das lag auch daran, dass Zygmunt III als polnischer König natürlich Katholik war, was mit der klerikalen Rolle des Zaren unvereinbar war. Zygmunt III. eroberte zwar im Juni 1611, nach fast zwei Jahren Belagerung, das strategisch bedeutende Smolensk. Aber in Moskau brach der polnische Widerstand gegen den Volksaufstand Ende Oktober 1612 zusammen. Der russische Bojaren-Adel als Führer des Aufstands lehnte einen katholischen, polnischen Herrscher – Zygmunt III oder Władysław – ebenso ab wie den protestantischen Kronprinzen Schwedens, Karl Filip, für dessen Wahl Schweden sogar auf die noch gehaltene Festung Nowgorod zu verzichten bereit war. Stattdessen wählte eine russische Volksversammlung, die Angehörige fast aller Schichten erfasste,

---

Die schwedische Krone aber verlor er 1598 an seinen rebellierenden Onkel, der ab 1600 als Karl IX. Schweden regierte. Zuvor hatte er bereits wesentlichen Einfluss auf den Sturz seines Halbbruders Erik XIV. gehabt, auch wenn zunächst sein Bruder Johann als der Ältere Eriks Thron übernommen hatte.

[21] Wilson: Jewel, S. 8.

Michail Romanow zum Zaren.[22] Die polnisch-litauischen Truppen mussten sich zurückziehen, hielten aber noch das so mühsam eroberte Smolensk. Der Krieg schlief wegen allgemeiner Erschöpfung zunächst ein, bevor im Oktober 1617 der polnische Thronfolger Władysław eine neue Armee nach Russland führte, um die Zarenkrone für sich selbst zu gewinnen. Doch gelang es ihm nicht, Moskau zu erobern, sodass Polen-Litauen und Russland im Folgejahr den Vertrag von Deulino schlossen, der Polen-Litauen die Herrschaft über Smolensk garantierte.

Dieser völkerrechtlich völlig illegitime Versuch Polen-Litauens, Russland zu okkupieren, bestimmte wesentlich das Bild Polens in der russischen Außenpolitik der folgenden Jahrzehnte. Bis heute wird in Russland gern darauf verwiesen, dass die Teilungen Polens Ende des 18. Jahrhunderts nichts wesentlich Anderes gewesen seien als die polnischen Okkupationsversuche Anfang des 17. Jahrhunderts, wenn auch letztlich erfolgreicher und im Sinne einer Friedenssicherung mit den anderen beiden beteiligten Mächten, Österreich-Ungarn und Brandenburg-Preußen eher zu rechtfertigen.[23]

3.4.   Die Kosaken am Dnipro

Polen-Litauen hatte aber mit dem Vertrag von Deulino den Höhepunkt seiner Machtentfaltung erreicht, auch deshalb, weil die polnischen Adligen im Sejm schon unter Zygmunt III Waza sich weitgehend geweigert hatten, derlei außenpolitische Eskapaden mit Steuermitteln zu finanzieren. Indes waren auch Russland und Schweden nicht die einzigen Unwägbarkeiten einer langfristig orientierten Machtpolitik der

---

[22]   Allerdings entsandte die große Zahl Leibeigener und freier Bauern auf unfreiem Land keine eigenen Vertreter.

[23]   Piwko: Thema, S. 122-123.

polnischen Krone. Vor allem die Situation an der Ostgrenze Polen-Litauens wurde zunehmend unübersichtlich, auch deswegen, weil Polen-Litauen zur Sicherung seiner Grenzregionen und für den Kampf um die Zarenkrone die an den Ufern des Dnipro lebende Bevölkerung zu Hilfstruppen aufgebaut und mit umfangreichen Privilegien ausgestattet hatte. Dadurch konnten diese der Steppenräuberei, die auch zuvor schon eine wichtige Einnahmequelle gewesen war, ohne Furcht vor der polnischen Justiz nachgehen. Entsprechend wurde der Begriff „Kosake", eigentlich ein turko-tatarischer Begriff für Freischärler oder Leichtbewaffnete, nun zur Bezeichnung eines ganzen Volks, wie es sich aus Nachfahren russischer und polnischer Einwanderer, vor allem entflohener Leibeigener, ursprünglicher Bevölkerung und Zuwanderern aus den tatarischen Regionen nach und nach entwickelte.[24] Hinzu kamen Flüchtlinge aus Belarus, welche die polnisch-litauische Konfessionspolitik ablehnten, die sich vorwiegend gegen die orthodoxe Konfession richtete.[25]

Die Kosaken konzentrierten ihre Siedlungen auf das mehr oder weniger herrenlose Niemandsland zwischen Russland, Polen-Litauen und dem Osmanischen Reich. Das sicherte ihnen zunächst eine weitgehende Unabhängigkeit, auch wenn sie formal der polnisch-litauischen Oberhoheit zugerechnet wurde. Doch auch der russischen Seite dienten Kosaken immer wieder als Söldnertruppe, insbesondere zur Sicherung der russischen Südgrenze. Siedlungskern war das unwegsame Land jenseits der großen Stromschnellen des Dnipro und rings um die dortige Insel Chortyzja. Hierfür bürgerte sich die Bezeichnung

---

[24]   Griesse/Kazakov: Kosakische Aufstände, S. 5.
[25]   Kappeler: Kosaken, S. 31-37.

„Saporoger Kosaken" ein, um diese größte Siedlungsgruppe von andere vergleichbaren Gruppierungen zu scheiden.[26]

Die Saporoger Kosaken gerieten rasch in Konflikt mit polnischen Adeligen, welche ihrerseits ihre Besitzungen hier ausweiten wollten und insbesondere die Leibeigenschaft durchzusetzen trachteten, wozu auch die Verfolgung hierher geflohener Leibeigener gehörte. Freilich standen auf ihrer Seite auch zahlreiche Führer der Kosaken, die von der Krone in den Adelsstand erhoben worden waren und nur noch wenig gaben auf die ursprünglich eher egalitären Ideen der Kosaken.[27] Władysław IV, inzwischen vom Sejm als Nachfolger seines Vaters zum König gewählt, mühte sich kaum, diese offensichtlich widerrechtlichen Bestrebungen zu unterbinden. Zudem standen die Kosaken im Konfessionsstreit auf der russisch-orthodoxen Seite, was zu Konflikten mit der katholischen, vor allem der unierten Bevölkerung führen musste.[28] 1637/38 kam es daher zu einem ersten großen Aufstand gegen die polnische Herrschaft über das Gebiet der Kosaken, was Polen-Litauen noch niederschlagen konnte. Aber schon 1648 begann unter Führung eines seines Erbes beraubten polnischen Kleinadligen, Bohdan Chmelnyzkyj, ein neuer Aufstand. Chmelnyzkyj gelang es, die Unterstützung der Krimtataren zu gewinnen, die ein großes Heer in den Aufstand entsandten. Zudem schlossen sich von Leibeigenschaft bedrohte Bauern dem Aufstand an, der – trotz des Bunds mit den

---

[26] Der Name leitet sich vom russischen Ausdruck Saporoschje (Запорожье) ab, was eigentlich „Land hinter den Stromschnellen" bedeutet.

[27] Kumke: Führer, S. 61.

[28] Als „Unierte" bezeichnete man Anhänger der russisch-orthodoxen Konfession, deren Gemeinden mit der Union von Brest bereits 1596 Teil der katholischen Kirche Polen-Litauens geworden waren, ohne ihren orthodoxen Ritus aufzugeben.

islamischen Tataren – immer auch als Konfessionskrieg verstanden wurde. Unierte Geistliche wurden in großer Zahl erschlagen, zudem kam es zu Pogromen, der wahrscheinlich mehrere tausend Angehörige der jüdischen Bevölkerungsgruppen zum Opfer fielen. Vor allem aber errangen die Aufständischen mit Hilfe der Tataren zunächst spektakuläre Siege über die polnisch-litauischen Verbände.

1649 kam es mit dem Vertrag von Zboriv zu einem Friedensschluss, der aber an der polnischen Herrschaft nichts änderte, sondern neben diversen Reformen vor allem einen Kosaken und Orthodoxen vorbehaltenen Siedlungsbereich in den drei Woiwodschaften Kiew, Czernihóv und Bracłav vorsah. Hier wurde Chmelnyzkyj als Anführer der Kosaken, als Hetman, zu einer Art Fürst etabliert.

Doch schon 1651 wurde auf Druck des polnischen Adels dieser Friedensschluss durchbrochen, was erneut die Schwäche der Krone gegenüber den einflussreichen Adelsfamilien zeigte. Jan II Kazimierz (Johann II. Kasimir), der nach dem Tod seines Halbbruders Władysław IV. 1648 zum König gewählt worden war, erwies sich hier wie auch in anderen Zusammenhängen als ebenso ehrgeiziger wie ungeschickter Herrscher, der mit der unübersichtlichen Lage an der Ostgrenze Polen-Litauens deutlich überfordert war. Chmelnyzkyj hingegen, der aufgrund seiner religiösen Festlegungen nicht mehr auf Unterstützung der Tataren hoffen konnte, wandte sich hilfesuchend an den Zaren.

1654 schworen die Kosaken auf einer Versammlung in Perejaslav dem Zaren ewige Treue und erhielten im Gegenzug eine geregelte Besoldung als Hilfstruppe in russischen Diensten. Das Hetmanat sollte sich weitgehend selbst organisieren, war aber in außenpolitischer Hinsicht, vor allem gegenüber dem Osmanischen Reich und Polen-Litauen, dem Russischen Reich unterstellt. Chmelnyzkyjs Idee, hier einen Bund gleichberechtigter Staaten zu erreichen, war also gescheitert, sodass auch nur die Kosaken einen Treueid leisten mussten, aber nicht der Zar.[29]

Alexei I., Zar seit 1645, sah im Schwur von Perejaslav einen ersten Schritt, die Macht und Größe Polen-Litauens zu reduzieren, die vor allem während des russischen Chaos nach dem Ende der Rurik-Dynastie stark gewachsen waren. Mit der Behauptung, er habe lediglich traditionell russisches Land wieder unter die Kontrolle der Zarenkrone gebracht, stiftete er eine bis heute vertretene Legitimation einer russischen Herrschaft über die östliche Ukraine. Entsprechend bezeichnete er die Ukraine als „во́тчина", also als Erbland.[30] Aber dadurch wurde spätestens seit 1657 aus dem Kampf des Hetmanats gegen Polen-Litauen der Russisch-Polnische Krieg, der erst 1664 endete.

Ermutigt hierdurch versuchte Schweden, die polnische Ostseeküste zu okkupieren. Dies war zusätzlich dadurch motiviert, dass der polnische König Jan II Kazimierz als letzter Nachfahre Gustav Wasas Anspruch auf den schwedischen Thron erhob, nachdem Gustav II. Adolfs Tochter Christina I. 1654 abgedankt hatte. Daher fiel Schweden am 01.07.1655 in Polen-Litauen ein. Russland sah hier zunächst eine willkommene weitere Schwächung seines eigenen Feindes. Als aber in Polen-Litauen eine breite Volksbewegung sich gegen die Schweden stellte und diese mehrere schwere Niederlagen erlitten, beschloss man, zunächst gemeinsam mit der polnischen Seite den wichtigsten Konkurrenten um die Vorherrschaft im Ostseeraum zu besiegen. Russland und Polen-Litauen schlossen daraufhin am 03.11.1656 im

---

[29] Kumke: Führer, S. 122-126; Plokhy: Tor, S. 166.

[30] Der Begriff „Votčina" war zu dieser Zeit bereits in anderen Zusammenhängen etabliert. Er bezeichnete das vom Vater vererbte Adelsland, war also kein diffus-ideologischer, sondern ein konkreter und gebräuchlicher privatrechtlicher Terminus.

Vertrag von Wilna einen zweijährigen Waffenstillstand. Jan II Kazimierz erreichte immerhin mit Schweden am 03.05.1660 den Frieden von Oliva, der seine Expansionsbestrebungen faktisch beendete, aber wenigstens an dieser Front für Frieden sorgte. Denn zugleich ging jetzt der Krieg gegen Russland nach dem Ende des zweijährigen Waffenstillstands in seine entscheidende Phase. Doch der Preis war die dauerhafte Anerkennung der Souveränität des eigentlich zu Polen gehörenden Preußen, der Verzicht auf alle Ansprüche auf die schwedische Krone und die Anerkennung der schwedischen Herrschaft über Riga und Livland.

Schon zwei Jahre zuvor wechselten die Saporoger Kosaken unter Hetman Iwan Ostafijowytsch Wyhowskyj nach Chmelnyzkyjs Tod mit dem Vertrag von Hadjatsch am 16.09.1658 erneut die Fronten, indem sie den Schwur von Perejaslav ignorierten und sich wieder der polnischen Herrschaft unterstellten. Darüber kam es zu einem Bürgerkrieg der Kosaken, die nun teils auf der russischen, teils auf der polnischen Seite kämpften. Im wesentlichen waren es die östlich des Dnipro lebenden, also die linksufrigen Kosaken, welche auf russischer Seite bleiben wollten.[31] Doch gelang es Wyhowskyj zunächst, durch einen Bund mit den Krimtataren mit der Eroberung von Poltawa den Aufstand niederzuschlagen.[32]

Russland griff Wyhowskyjs Kosaken wegen ihres Eidbruchs mit dem Ende der vereinbarten Waffenruhe zwischen Polen-Litauen und Russland an, zumal Wyhowskyj jetzt auch versucht hatte, Kiew zu erobern. Polen-Litauen, Wyhowskyjs Kosaken und die Krimtataren besiegten

---

[31] Die Kosaken westlich des Dnipro wurden als rechtsufrig, die östlich lebenden als linksufrig bezeichnet, da die verwendeten Karten anders als heute Süd-Nord-orientiert waren.

[32] Boeck: Imperial Boundaries, S. 133-137.

die russische Armee mit ihren Kosakenverbänden aber bei Konotop am 08.07.1659.

Wyhowskyj wurde trotz dieses Siegs kurz darauf gestürzt, da man ihm den als „der Ruin" (Руїна) bezeichneten Bürgerkrieg der Kosaken anlastete.[33] Chmelnyzkyjs Sohn Jurij wurde jetzt Hetman und erneuerte zunächst den Schwur von Perejaslav. Aber am 07.10.16660 wurden die Kosaken unter seiner Führung bei Slobodyschtsche von den Krimtataren besiegt. Chmelnyzkyj musste dem Traktat von Slobodyschtsche zustimmen, was das Hetmanat erneut Polen-Litauen unterstellte und die Kosaken zum Krieg gegen Russland zwang. Dies führte den Bürgerkrieg in der Ukraine in seine nächste Phase, weil erneut die linksufrigen Kosaken bei Russland verbleiben wollten und jetzt auch ein eigenständiges Hetmanat bildeten.

Polen-Litauen und die bei ihm verbliebenen Kosaken vom Westufer des Dnipro versuchten, das neue, linksufrige Hetmanat östlich des Dnipro zu zerschlagen. Jan II Kazimierz übernahm selbst die Führung der Truppen, erwies sich aber als völlig ungeeignet. Nach mehreren Niederlagen kam es im Winter Anfang 1664 zu einem katastrophalen Rückzug und in der Folge zu einem Bürgerkrieg nun auch im rechtsufrigen Hetmanat. Jan II Kazimierz konnte nicht verhindern, dass der dortige Hetman Pawlo Teterja gestürzt und durch Petro Doroschenko ersetzt wurde. Dieser unterstellte das Hetmanat dem Osmanischen Reich, um diese Region von der polnischen Oberhoheit zu befreien. Aber Versuche einer Wiedervereinigung der beiden Hetmanate scheiterten.

---

[33] Man warf ihm auch einen Verrat an der Grundidee der kosakischen Lebensweise vor, weil er den Tataren die Gefangenen nach der Eroberung von Poltawa als Sklaven überlassen hatte; Plokhy: Cossack Myth, S. 215.

3.5.　Aufstand gegen den Absolutismus: die Lubomirski-Konföderation

Innerhalb von Polen-Litauen erhoben sich jetzt Teile des Adels gegen Versuche der Krone, die Verfassung zugunsten absolutistischer Konzepte auszuhebeln. Polens erfolgreichster Heerführer, Jerzy Sebastian Lubomirski, setzte sich an die Spitze des Widerstands, der Konföderation, da er in der traditionellen Ordnung die Grundlage der bisherigen polnisch-litauischen Stärke sah und die absolutistischen Bestrebungen der Krone ablehnte. Es kam zu mehreren Niederlagen der Königstreuen, sodass Jan II Kazimierz 1666 den Vertrag von Łęgonice unterzeichnen musste, welcher alle Reformbestrebungen beendete.[34]

In der Rückschau kann man sich der Einschätzung der Aufständischen kaum verschließen. Schon in Westeuropa erwies sich der Absolutismus als wenig hilfreich. In Großbritannien und Frankreich ebnete er den königlichen Häuptern den Weg zum Schafott, während Gustav III. von Schweden kurzerhand erschossen wurde. Aber in Polen kam es nicht nur zu einer weiteren Entzweiung von Krone, Magnaten und niederem Adel. Der Absolutismus, soweit er denn überhaupt funktionieren konnte, basierte auch auf einer für diese Zeit starken Kommunikationsinfrastruktur, einer merkantilistisch fortschreitenden Wirtschaft und vor allem einer Zentralisierung von Regierung und Verwaltung in einer dominanten Hauptstadt und wenigen, aber einflussreichen Metropolen.[35] Das alles war in Polen nicht gegeben und hätte angesichts der Bedrohung an der Ost- und Südostgrenzen eine deutlich Schwächung bewirkt. Träger der Verteidigung und Expansion an

---

[34]　Jan II. Kazimierz entsagte 1668 dem polnischen Thron, eine für diese Epoche äußerst seltene Handlung. Er starb im französischen Exil, aber die Schäden seines innen- und außenpolitischen Strebens nach Vergrößerung seiner Macht hatten deutlichen Einfluss auf die kommenden hundert Jahre.

[35]　Maczak: Staat, S. 12.

der polnischen Ostgrenze waren häufig nicht die Truppen des Königs, sondern die z.T. sehr großen und kampferfahrenen Privatarmeen der polnischen und litauischen Magnatenfamilien.[36] Daher bedeuteten die mit Jan II Kazimierz verbundenen Versuche im Wesentlichen nur die Bindung von Kräften in mühseligen Diskursen und Auseinandersetzungen, die andernorts dringend gebraucht worden wären.

3.6. Die militärische Dauerkrise im Osten

Die innerpolnischen Konflikte dieser Jahre nutzen Doroschenko und die Krimtataren für den Beginn eines Kriegs gegen Polen-Litauen. Am 19.12.1666 erlitten die polnisch-litauischen Truppen gegen eine Armee aus Kosaken und Krimtataren bei Brajiliw eine schwere Niederlage. Polen-Litauen drohte ein Zweifrontenkrieg. Ihm blieb keine Wahl, als am 09.02.1667 den Vertrag von Andrussowo zu unterzeichnen, um wenigstens Frieden mit Russland zu erreichen. Denn Hilfe von anderen Nationen war nicht zu erwarten, und in einem gleichzeitigen Krieg gegen die Krimtataren, die Kosaken und das Zarenreich wäre Polen-Litauen zerrieben worden, selbst wenn Schweden sich neutral verhielt und auch die Oberherren der Krimtataren in Konstantinopel sich nicht beteiligten.

Der Vertrag von Andrussowo war für Polen-Litauen ein Desaster, für das vor allem Jan II. Kazimierz, seine absolutistischen Ambitionen und seine dilettantische Außenpolitik und Heeresführung verantwortlich waren. Polen-Litauen verlor hierdurch die Gewinne des Krieges aus dem Russisch-Polnischen Krieg von 1609 bis 1618 mit dem Metropolen Tschernigov, Smolensk und Kiew.

Der einzige Vorteil aus dem Friedensschluss war die Möglichkeit, alle Kräfte gegen die Tataren einzusetzen. Zunächst gelang es dadurch der

---

[36] Tazbir/Rostworowski: Commonwealth, S. 209.

polnisch-litauischen Armee unter Jan Sobieski, am 16.10.1667 bei Podhajce, Tataren und Kosaken zu besiegen und zum Waffenstillstand zu zwingen.

Zum Schutz vor tatarischen Übergriffen entsandte Russland jetzt Truppen ins linksufrige Hetmanat, was aber rasch zu einem Aufbegehren der dortigen Kosaken führte. Ihr Hetman Iwan Martynowytsch Brjuchowezkyj suchte daher eine Annäherung an Doroschenko und das rechtsufrige Hetmanat, ja war sogar zu einer Unterstellung unter das Osmanische Reich bereit. Doroschenko wollte allerdings die Kontrolle über alle Kosaken und ließ Brjuchowezkyj am 17.06.1668 ermorden. Das führte aber vor allem dazu, dass er zahlreiche Anhänger verlor, die hier erneut einen Bruch des kosakischen Gemeinschaftsgedankens sahen.

Der eigentlich von Doroschenko eingesetzte Hetman Demjan Mnohohrischnyj konnte nur durch eine erneute Unterstellung des linksufrigen Hetmanats unter russische Vorherrschaft seine Position behaupten. Doroschenko unterstellte daraufhin das west- und das ostufrige Hetmanat dem Sultan in Konstantinopel, Mehmed IV., und begann östlich des Dnipro mit türkischer Hilfe einen verwüstenden Feldzug. Da sich aber immer mehr Kosaken gegen ihn stellten und auch die Krimtataren keine verlässlichen Partner mehr waren, offerierte er dem Kurfürst von Brandenburg und Herzog von Preußen, Friedrich Wilhelm, gemeinhin „der Große Kurfürst" genannt, die Unterstützung der Kosaken, sollte jener die polnische Krone zu erlangen suchen. Während diese Idee eher wirklichkeitsfern war, griffen die eigentlich dem Osmanischen Reich unterstellten Krimtataren Polen-Litauen an. Doch unterlagen die Tataren am 26.08.1671 bei Bracław einer polnisch-litauischen Armee unter dem polnischen

Oberbefehlshaber Jan Sobieski, und ein zweites Mal in der Schlacht bei Kalnyk am 02.10.1671.[37]

Als Reaktion auf Sobieskis Siege erklärte das Osmanische Reich Polen-Litauen den Krieg, formal zum Schutz des ja jetzt offiziell dem Sultan unterstellten rechtsufrigen Hetmanats unter Doroschenko, aber auch der Gebiete östlich des Dnipro. Diese gehörten zwar mit dem Frieden von Andrussowo faktisch zu Russland, waren aber von Doroschenko der türkischen Herrschaft unterstellt worden. Als Mnohohrischnyj dann mit Doroschenko einen Wechsel auch seines Hetmanats unter türkische Oberhoheit erwog, wurde er 1672 von seinen Offizieren entmachtet und nach Moskau verbracht. Ihm folgte Iwan Samojlowytsch, der die bisherige Verfassung der Kosaken überwinden und eine dynastisch-absolutistische Herrschaft schaffen wollte. Ihm gelang es, seine Herrschaft über eine vergleichsweise lange Zeit zu stabilisieren. Erst als man ihm die Misserfolge zu Beginn des Russisch-Türkischen Kriegs vorwarf und zudem seine Herrschaft immer deutlicher monarchische Züge annahm, wurde er 1687 mit russischer Unterstützung entmachtet und durch Iwan Masepa ersetzt.

Anders als seine Vorgänger ließ Masepa zunächst keinen Zweifel aufkommen, dass sein Hetmanat unverbrüchlich auf russischer Seite stehen werde. Unter seiner Führung kamen die Autonomiebestrebungen des linksufrigen Hetmanats für längere Zeit faktisch zum Erliegen. Mit Pjotr I (Peter I.) auch privat befreundet, war er 1696 an der Eroberung

---

[37] Sobieskis Sieg blieb unvollständig, da nach dem Sieg bei Kalnyk die litauischen Truppen der Kronarmee, die lange ohne Sold geblieben waren, unter ihrem Führer, dem litauischen Hetmann Michał Kazimierz Pac, die Armee verließen. Pac war ein erklärter Gegner von Sobieski. Angeblich hatten sie sich in ihrer Jugend wegen eines Mädchens duelliert; Podhorodecki: Chanat, S. 214-215.

von Asow beteiligt, was in seiner Jugend den spektakulärsten Sieg Pjotrs I. darstellte.

Hingegen blieb die Situation im rechtsufrigen Hetmanat schwierig. Der 1672 begonnene Krieg zwischen Polen-Litauen auf der einen, dem Osmanischen Reich und den Krimtataren auf der anderen Seite wurde nach dem vorherigen Sieg über die Krimtataren für die polnisch-litauischen Verbände zu einem unerwarteten Desaster. Bereits am 05.10.1672 musste Polen-Litauen in Buczacz den zweiten nachteiligen Vertrag nach dem Frieden von Andrussowo unterzeichnen. Die Woiwodschaften Podolien und Bracław fielen dem Osmanischen Reich zu, während Michał Korybut Wiśniowiecki (Michael I.) als polnischer König auf alle Ansprüche auf das von Doroschenko beherrschte rechtsufrige Hetmanat verzichtete. Doch weigerte sich jetzt der Sejm, diesen Vertrag zu ratifizieren, so dass der Krieg unvermindert fortgesetzt wurde. Dabei konnte Sobieski mehrere Siege erringen, die zwar militärisch von geringer Bedeutung waren, ihm aber nach dem Tod des Königs den Thron sicherten.[38]

Der Krieg lief unvermindert bis zum Vertrag von Żurawno vom 17.10.1676 weiter. Hier endlich einigten sich die Kriegsparteien auf einen Frieden, wobei die Vereinbarungen von Buczacz bis auf dort noch vereinbarte Tributzahlungen jetzt endgültig festgelegt wurden.

---

[38] Die galt vor allem für den Sieg bei Chotyn am 11.11.1673 über die von Köprülü Fâzıl Ahmed Pascha kommandierte osmanische Armee. Man nahm verschiedentlich als göttliches Omen wahr, dass der König genau einen Tag zuvor verstorben war; Tazbir/Rostworowski: Commonwealth, S. 254. Da der König nur 33 Jahre alt wurde, halten sich bis heute Spekulationen, er sei vergiftet worden, wobei nicht selten Sobieski als Drahtzieher vermutet wird. Offiziell wurde aber eine Lebensmittelvergiftung als Todesursache bekanntgegeben.

Polen-Litauen war also eindeutig Verlierer dieses langen, mit großen Verwüstungen einhergehenden Kriegs, auch wenn viele polnische Publikationen mit Rücksicht auf den stark verklärten Jan III Sobieski hier eher eine Art Unentschieden sehen wollen. [39] Aber auch die folgenden Jahre zeigten, dass Jan III Sobieski für seine Aufgabe als König deutlich weniger Talent besaß als für das Führen von Armeen und das Schlagen von Schlachten.

Polen-Litauen drohte zunehmend zum Spielball zweier Mächte zu werden. Österreich und Frankreich konkurrierten um eine Vormachtstellung in Mitteleuropa. Jan III Sobieski wurde zunächst von Frankreich schon bei seiner Wahl zum König massiv unterstützt. Doch dann schloss Louis XIV. 1679 einen Bund mit dem Osmanischen Reich gegen Österreich, was ein Affront gegenüber Polen-Litauen und seinem König war. Jan III Sobieski drohten die außenpolitischen Optionen auszugehen. Das lag auch daran, dass die Mehrheit des polnischen Adels weitere kostspielige Versuche zu einem militärischen Befreiungsschlag ein ums andere Mal als kaum aussichtsreich und eher dem König als dem polnischen Gemeinwohl dienlich ablehnte.[40]

Diese Haltung ist nicht von der Hand zu weisen, zumal die bisherigen Abenteuer im 17. Jahrhundert sich als schädlich für Polen erwiesen hatten. Doch eine rein defensive Haltung gegen das Osmanische Reich war in dieser Zeit kaum sinnvoll und wohl auch nicht mit der allgemeinen Erwartungshaltung an einen König vereinbar. Polen-Litauen wechselte daher 1683 in eine Allianz mit Österreich und konnte am 12.09. desselben Jahres die türkische Belagerung Wiens aufbrechen

---

[39] Der anschließende Vertrag von Konstantinopel bestätigte 1678 diese Regelungen weitgehend; Abrahamowicz: Polens Krieg, S. 369.

[40] Tazbir/Rostworowski: Commonwealth, S. 208-209.

und in der Schlacht am Kahlenberg die türkischen Streitkräfte vernichtend schlagen.

Am 18.09. stießen die kaiserlichen Truppen, noch immer unter Führung von Jan III Sobieski, bei Párkány auf die Reste der türkischen Armee. Aufgrund sorgloser Truppenführung wurden dabei die polnisch-litauischen Truppen der Vorhut fast aufgerieben, ehe im Aufeinandertreffen der Hauptmächte das osmanische Heer unterlag. Danach massakrierten polnische Truppen mehr als 15.000 gefangene Türken als Rache für die Verluste der Vorhut, vor allem aber den Vertrag von Żurawno; lediglich einige hundert Gefangene konnten von den österreichischen Einheiten gerettet werden.[41]

Jan III Sobieski gelang es nicht, aus dem Sieg am Kahlenberg und weiterer Erfolgen, vor allem der dauerhaften Eroberung von Gran, politisches Kapital zu schlagen. Österreich, Hauptnutznießer dieses Kriegs durch die Errettung Wiens, verweigerte Sobieski die Heirat seines Sohns mit einer kaiserlichen Prinzessin. Auch die von ihm angestrebte Aufhebung des Vertrags von Oliva, vor allem das Ende der dort vereinbarten preußischen Souveränität, erwies sich als Illusion. Immerhin aber kam es auf Vermittlung des Papstes zur Gründung der „Heiligen Liga" zwischen dem Papst, Venedig, Österreich und Polen-Litauen. Ziel war es, die Gunst der Stunde nach der schweren Niederlage der Türken wahrzunehmen und zur Offensive überzugehen.

Die zehn Jahre zwischen der Schlacht von Mohacs am 12.08.1687 und der Schlacht von Zenta am 11.09.1697 sahen den weitgehenden Zusammenbruch der türkischen Position im Südosten Europas. Das lag auch daran, dass Polen-Litauen und Russland ihre Konkurrenz für eine Weile überwunden hatten. Am 06.05.1686 schlossen beide den als „Ewiger Friede" bezeichneten Vertrag von Moskau. Dieser

---

[41]   Paradowski: We Came, S. 168; Stoye: Siege, S. 181.

bestätigte die Regelungen des Vertrags von Andrussowo. Vor allem wurde der Grenzverlauf bestätigt, allerdings nur bis 1771. Zugleich wurde Russland jetzt Teil der „Heiligen Liga", was eine weitere Verschärfung der gegen das Osmanische Reich gewendeten Politik bedeutete. Russlands Angriff auf das Osmanische Reich eröffnete durch den Russisch-Türkischen Krieg eine weitere Front, sodass der Krieg endlich 1699 mit dem Frieden von Karlowitz zu Ende gebracht werden konnte. Dieser brachte Ungarn unter die Herrschaft Österreichs, Russland gewann die strategisch wichtigen Städte Asow und Taganrog. Venedig als Teil der Heiligen Liga erreichte die Bestätigung seiner Okkupation von Morea. Polen-Litauen erhielt Podolien zurück und erreichte eine erhebliche Stabilisierung an seiner Südgrenze. Auch die von Doroschenko dem Osmanischen Reich unterstellten Gebiete gelangten wieder unter polnisch-litauische Herrschaft. Damit hatte Polen-Litauen unterm Strich aber nur Gebiete zurückgewonnen, während Österreich und Russland weiteres Terrain erobert hatten. Dennoch kann man insgesamt den Vertrag von Andrussowo, den Ewigen Frieden und den Vertrag von Karlowitz als vorteilhaft für Polen ansehen, da alle drei – wenn auch um den Preis großer Gebietsverluste und zahlloser gefallener polnischer Soldaten – eine gewisse Stabilisierung brachten.[42] Dies war umso wichtiger, als nach den Kriegen gegen Russland, die Kosaken, die Krim-Tataren, die Türkei und Schweden Polen-Litauen eigentlich einer langen Phase des Friedens zum Wiederaufbau des Landes bedurft hätte. Etwa die Hälfte der polnischen

---

[42] Molnár: Friede von Karlowitz, S. 218. Die Gebietsverluste sind allerdings in der polnischen Tradition als katastrophal bewertet worden, sodass Polen als der große Verlierer des Friedens von Karlowitz erschein; vgl. Wojtasik: Podhajce 1698, S. 11-14, zu entsprechenden Traditionen in der polnischen Wahrnehmung des Friedens von Karlowitz.

Bevölkerung war tot oder vertrieben, gut ein Drittel der Dörfer und Städte weitgehend zerstört. Zugleich nahmen die wirtschaftlichen Folgen dem Land die Kraft nicht nur zum Wiederaufbau, sondern auch zu dringend benötigten Reformen.[43] Entsprechend waren die Jahrzehnte nach dem Abschluss des Ewigen Friedens noch einmal eine Zeit von Prosperität und Aufbruchsstimmung in Polen, auch wenn auch weiterhin absolutistische Fantastereien nicht nur von der Krone propagiert wurden und die dadurch erzeugten Konflikte mit dem Adel den Sejm weitgehend paralysierten und auch durchaus sinnvolle Reformen kaum noch durchsetzbar machten.

Problematisch blieb die Lage in den Kosakengebieten. Doroschenko war 1676 von Anhängern einer Russland zugewandten Politik gefangen genommen und nach Moskau verbracht worden.[44] Das Osmanische Reich setzte 1677 Jurij Chmelnyzkyj als Nachfolger ein. Dieser war zuvor bereits Hetman gewesen und hatte zunächst, anders als sein Vater, einen eher Polen-Litauen zuneigenden Kurs verfolgt. Er erlitt aber 1662 bei Kaniw eine schwere Niederlage gegen eine russische Armee und die linksufrigen Kosaken und trat 1663 zurück. Nun erneut mit der Führung betraut, gelang es ihm erneut nicht, diese lange zu behalten. Trotz türkischer Unterstützung scheiterte er daran, die Hetmanate links und rechts des Dnipro wieder unter seiner Führung zu vereinen, sodass er 1681 erneut abgesetzt wurde. Die Türkei setzte jetzt George Ducas ein, der eigentlich Fürst von Moldawien war, der

---

43 Davies: God's Playground, Bd. 1, S. 370, mit entsprechend kritischer Einschätzung zu Jan III Sobieskis Bilanz.

44 Doroschenko wurde in Moskau nicht nur begnadigt, er wurde zum Wojwoden von Chlynow, dem heutigen Kirow eingesetzt, das er zwei Jahrzehnte erfolgreich verwaltete.

aber bereits 1683 von polnischen Truppen gefangen genommen wurde und kurz darauf verstarb.

3.7. August II: Thronraub, Absolutismus und aussichtslose Kriege

Der Frieden von Karlowitz, der Podolien und das rechtsufrige Hetmanat wieder unter polnisch-litauische Herrschaft brachte, beendete zwar weitgehend den Bürgerkrieg zwischen dem rechts- und dem linksufrigen Hetmanat, indem weitgehend der Zustand des Andrussower Friedens wiederhergestellt wurde. Aber wirkliche Stabilität brachte dies nicht, da Polen-Litauen insgesamt bereits in eine neue Phase eingetreten war.

Jan III Sobieski war drei Jahre vor dem Frieden von Karlowitz gestorben. Es war ihm aber nicht gelungen, die Nachfolge für seinen Sohn sicherzustellen. Zudem hatte er kaum Anstalten gemacht, das Land, vor allem die Magnatenfamilien, den Klein- und den besitzlosen Adel wieder zusammenzuführen und den Einfluss ausländischer Mächte zurückzudrängen. Stattdessen hatte er Zeit und die ohnehin stark beanspruchten Ressourcen auf seine militärischen Eskapaden verwandt, was deutlich macht, dass er viel eher Feldherr als Politiker war. Die so verlorene Gelegenheit nach dem Andrussower Frieden rächte sich, als jetzt erneut ausländische Mächte nach der polnisch-litauischen Krone griffen. Die Konkurrenz zwischen Frankreich und Österreich war nach der österreichischen Annexion Ungarns nicht überwunden, auch das von Karl XI. modernisierte Schweden war offensichtlich entschlossen, seinen Einfluss, auch mit Blick auf Russland, in Polen-Litauen wieder zu verstärken.[45] Und nun trat mit Friedrich August I., Kurfürst von Sachsen, ein weiterer Bewerber auf den Plan, der vielen Adelsfamilien und auch Teilen der Öffentlichkeit als

---

[45]   Upton: Charles XI, S. 219-224.

perfekter Kandidat erschien, um einerseits sich den Begehrlichkeiten der großen Mächte zu entziehen, andererseits aber auch nicht wieder einen allzu starken Herrscher mit absolutistischen Ambitionen auf dem Thron zu sehen. Zudem galt Friedrich August I. als ungemein reich und hatte einen Ruf als Modernisierer, was ihm zusätzliche Anhänger auch in den Städten und im Bürgertum verschaffte.

Österreich-Ungarn entschied sich, den sächsischen Kurfürsten zu unterstützen, auch weil Friedrich August I. bereit war, zum Katholizismus zu konvertieren, was ihn sowohl für die katholische Kirche als auch für Österreich-Ungarn zum idealen Kandidaten machte.[46] Nicht zuletzt kam aus dem Staatshaushalt Österreich-Ungarns ein großer Teil der gigantischen Bestechungsgelder, welche im Vorfeld der Wahl eingesetzt wurden. Doch trotz dieser Mittel, insgesamt wenigstens 39 Mio. Reichstaler, konnte Friedrich August I. keine Mehrheit der Stimmen auf sich vereinen können.[47] Zwar war es gelungen, bereits im Vorfeld die große Zahl von Kandidaten auf lediglich zwei zu reduzieren, als es im Sejm im Juni 1697 zur Wahl kam. Aber danach war klar, dass eine knappe Mehrheit hinter dem französischen Bewerber stand, François Louis de Bourbon-Conti. Dieser, ein Cousin von Louis XIV., wurde daraufhin am 27.06.1697 von der Mehrheit des Sejm und vom

---

[46] Ihm half auch, dass Jan III Sobieskis Witwe sich nicht für ihren ältesten Sohn Jakub Ludwik Sobieski als Nachfolger einsetzte, sondern nach einem Zerwürfnis mit ihrem Heimatland Frankreich sich deutlich für Österreich-Ungarn positionierte; Komaszyński: Piękna królowa, S. 71-73, zum schwierigen Verhältnis der Königinwitwe zu ihrem erstgeborenen Sohn.

[47] Fellmann: Brühl, S. 95-96.

Thronverwalter, Kardinal Augustyn Michał Stefan Radziejowski, zum König ausgerufen.[48]

Friedrich August I. blieb jetzt nur noch der Griff zu den Waffen, wollte er nicht einen sächsischen Staatsbankrott riskieren. Der gewählte König hatte sich gerade erst auf den Weg nach Polen gemacht, Friedrich August I. nutzte dieses Zeitfenster, um mit 8.000 Soldaten in Polen einzumarschieren, die Schatzkammer mit den polnisch-litauischen Herrschaftsinsignien aufbrechen zu lassen und sich daraufhin als August II (August II.) zum König von Polen zu erklären.[49]

Dieser schlichte Staatsstreich war ein klarer Bruch der polnischen Verfassung und offenbarte, wie wenig Kraft zur Selbstbehauptung angesichts von hundert Jahren innen- und außenpolitischer Konflikte Polen-Litauen, vor allem dem polnisch-litauischen Adel noch verblieben war. Für August gab es allerdings aufgrund der bereits investierten Mittel kaum eine Alternative; ohne den Erwerb der polnischen Krone wäre ein sächsischer Staatsbankrott wahrscheinlich binnen kürzester Frist unvermeidlich gewesen.[50] Hätte allerdings der französische Kandidat nicht mehr oder weniger achselzuckend auf den

---

[48] Radziejowski war zuvor in allen Verhandlungen des Sejm als Führer der Anhänger Contis aufgetreten, nachdem er vor allem wegen des Konflikts zwischen Mutter und Sohn sich von der Familie der Sobieskis entfremdet hatte; Borucki: Dawnej Polsce, S. 193.

[49] Die sechs Eisentüren der Schatzkammer im Wavel galten als unüberwindlich. Die Schlüssel waren auf sechs Senatoren, also Mitglieder des Oberhauses, aufgeteilt. Durch das Aufbrechen der Wand zur Schatzkammer gelangte August II an die königlichen Insignien, ohne die eine Krönung eine weitere Verhöhnung der polnisch-litauischen Rechtstradition dargestellt hätte.

[50] Czok: August, S. 64.

Thron verzichtet, wäre es vielleicht zu einem erneuten gesamtpolnischen Bürgerkrieg gekommen, was so zunächst vermieden wurde.[51]

Für Polen-Litauen erwies sich Augusts Herrschaft als Katastrophe. Auch wenn der umfassende Bürgerkrieg zunächst vermieden wurde, konnte er den Erwerb der Krone in Litauen nur in verlustreichen Kämpfen durchsetzen, wodurch eine der wirtschaftlich stärksten Regionen des Reichs massiv geschädigt wurde. Die bisher dominierende Familie der Sapieha wurde entmachtet; an ihre Stelle traten die Oginski, die als Unterstützer Augusts II hervorgetreten waren, aber vor allem bei der nicht-adeligen Bevölkerung über wenig Rückhalt verfügten.[52]

Auch in Sachsen war August nicht der weitsichtige Herrscher, als der er bis heute oft gesehen wird. Wesentliche Maßnahmen nahmen erst in den Jahrzehnten nach der Wahl zum König Gestalt an. Seine Wirtschaftsreformen und die Gründung diverser Manufakturen wirkten zwar lange nach.[53] Aber sie dienten nicht zuvorderst einer allgemeinen Besserstellung Sachsens, sondern vor allem dazu, die Krone unabhängig vom Steuerbewilligungsrecht der sächsischen Landstände zu machen.[54]

---

[51] François Louis war nur mäßig an der polnisch-litauischen Krone interessiert, mit der Louis XIV. ihn aus seinem persönlichen Umfeld zu entfernen trachtete. Seine Ambitionen lagen privat wie politisch eher in Paris und in Südeuropa als in Polen-Litauen; Capon/Yve-Plessis: Vie Privée, S. 131-137.

[52] Niendorf: Geschichte Litauens, S. 269.

[53] Die berühmteste und lukrativste Gründung dürfte die Meißener Porzellanmanufaktur gewesen sein. Sie wurde aber erst 1710 eingerichtet, also dreizehn Jahre nach August II Wahl zum König.

[54] Piltz: August, S. 87-88.

Einer von mehreren schweren außenpolitischen Fehlern des neuen Königs war, dass er zugunsten der Magnatenfamilien einen Bruch mit den Kosaken offen in Kauf nahm. 1702 löste er die Kosakenregimenter kurzerhand auf und beseitigte auch alle Sonderregeln, die bisher für das rechtsufrige Kosakengebiet gegolten hatten. Unter Führung von Semen Paliy kam es daraufhin dort zu einer Rebellion, die erst Anfang 1703 mit russischer Unterstützung beendet werden konnte. Der Führer der linksufrigen Kosaken, Iwan Masepa, übernahm nun auch die Führung über die rechtsufrigen Kosaken, sodass noch einmal beide Teile des Siedlungsgebiets westlich und östlich des Dnipro vereinigt werden konnten.[55]

Noch deutlich kritischer sind die außenpolitischen Eskapaden zu sehen, die August II in bester Tradition seiner Vorgänger Polen-Litauen zumutete. Diese führten bei allen weiteren Ursachen letztlich 1699 zum Beginn des Großen Nordischen Kriegs. In Zentrum dieses Konflikts fand sich Schweden, dessen junger König Karl XII (Karl XII.) eine geeignete Beute erschien, um seinen drei Hauptfeinden die Erfüllung ihrer Ziele zu ermöglichen:

- August II als Herrscher von Sachsen-Polen-Litauen wollte mit einer Rückeroberung ehemals polnischer Städte seine Popularität im Lande steigern, seine Finanzen stärken und nach Möglichkeit auch eine Annäherung an Russland erreiche.
- Russland wollte einen großen Teil der Ostseeküste erobern, um seinen Handel mit Europa über einen ganzjährig schiffbaren Hafen abwickeln zu können.
- Dänemark-Norwegen fürchtete, seinen ehemaligen Status als dominierende Macht der Ostsee-Region bereits verloren zu

---

[55]   Subtelny, Orest: The Mazepists, S. 181.

haben und ohne einen Sieg über Schweden noch weiter abzusteigen.

Man unterschätzte im Kreis der Konkurrenten um eine Vorherrschaft im Ostseeraum offensichtlich, wie weitgehend Karl XI (Karl XI.) Schweden reformiert hatte, vor allem was die Staatsfinanzen und das Heerwesen betraf. Daher kam es durch Vermittlung des sächsischen Vertreters, Johann-Reinhold von Patkul, am 21.11.1699 zum Vertrag von Preobraschenskoje zwischen Sachsen und Russland, am 03.12.1699 auch zu einem Bündnis von Dänemark-Norwegen und Russland, nachdem Sachsen und Dänemark-Norwegen bereits seit 1698 verbündet waren.

Für einen Angriffskrieg war die Koordination der drei Parteien denkbar schlecht aufgestellt. Insbesondere war Russland nicht verpflichtet, sich an einem Angriffskrieg zu beteiligen, bevor es nicht seinen aktuellen Krieg gegen das Osmanische Reich abgeschlossen haben würde. Faktisch wurde Russland daher erst am 19.08.1700 zur kriegführenden Partei. Zu diesem Zeitpunkt wusste Pjotr I nicht, dass inzwischen der sächsische Angriff auf Riga zweimal abgeschlagen worden war. Auch hatte er noch keine Nachricht, dass Karl XII. Kopenhagen hatte beschießen lassen, sodass der dänische König Frederik 4. (Friedrich IV.) am 18.08.1700 den Frieden von Traventhal hatte schließen müssen.[56] Die russischen Truppen hingegen erlitten am 30.11.1700 bei Narwa eine vernichtende Niederlage, sodass es zunächst so schien, als habe Karl XII sich aller Feinde schlagartig entledigt. Der schwediche König unterschätzte allerdings die russische Bereitschaft, auch nach dem Debakel von Narwa den Krieg fortzusetzen.[57] Statt Pjotr I und die

---

[56] Krüger: Letzte Versuch, S. 92-93.

[57] Warum Karl XII. diese militärisch falsche Entscheidung traf, ist strittig; Richter: Verbrannte Erde, S. 41; Findeisen: Ringen, S. 76-

russischen Truppen weiter zu verfolgen, wandte er sich Richtung Polen, um August II den Thron streitig zu machen. Hierbei spielte die rechtswidrige Okkupation des polnisch-litauischen Throns durch August II wohl ebenso eine Rolle wie Augusts Konvertierung zum Katholizismus, den Karl XII als Verrat ansah, auch wenn ohne diesen Schritt August II keine Chance auf die polnisch-litauische Krone gehabt hätte. Der weitere Verlauf des Krieges erwies sich vor allem für Polen-Litauen als weiteres Desaster. Karl XII erreichte im Mai 1702 Warschau, das sich kampflos ergab. Schon zuvor hatte der Sejm erklärt, der polnisch-litauische König habe in seiner Eigenschaft als sächsischer Kurfürst den Krieg begonnen, Polen-Litauen sei hingegen neutral. Daher sei auch eine schwedische Invasion Polens rechtswidrig.

Karl XII verfolgte jetzt August II, der sich nach Krakau zurückgezogen hatte. Am 19.07.1702 erlitt das fast doppelt so starke polnisch-litauische und sächsische Heer bei Klissow eine weitere Niederlage, die Karl XII. die Eroberung von Krakau erlaubte.

August II gelang es, mit sächsischem Geld eine neue Armee aufzustellen, die aber am 21.04.1703 bei Pultusk von Karl XII zerschlagen wurde. Die Reste dieser Armee belagerte er in der Festung Thorn, die im September 1703 kapitulierte.

August II, nie wirklich als König akzeptiert, vermochte angesichts seiner fortgesetzten Niederlagen das Land nicht mehr zusammen zu halten. In Litauen brach der gerade erst eingeschlafene Bürgerkrieg wieder auf, als die Sapieha versuchten, ihre ehemalige Vormachtstellung gegen die Ogiński wieder zu erobern.[58] Ohnehin galt Litauen in der polnisch-litauischen Armeestärke als unsicherer Part. Bereits 1655,

---

79. Aber vielleicht war er nach Narva sicher, auch einer weiteren russischen Offensive problemlos standhalten zu können.

[58] Niendorf: Geschichte Litauens, S. 274-275.

während des Zweiten Nordischen Kriegs, hatte der litauische Hetman Janusz Radziwill mit den vorrückenden Schweden vereinbart, dass die litauischen Landesteile sich neutral verhalten würde. Das Aufbegehren hiergegen hatte die Sapieha an die Spitze Litauens gebracht, und erneut hofften sie, in diesen chaotischen Zeiten einen entsprechenden Schritt zu gehen. Dazu schlossen sie einen Bund mit den Schweden, was die Ogiński veranlasste, 1702 mit Russland ein Abkommen über militärische Zusammenarbeit zu unterzeichnen.[59] Aber am 18.03.1703 unterlagen die Ogiński trotz russischer Kontingente und fast fünffacher Überlegenheit in der Schlacht bei Saladen gegen die Sapieha und ihre schwedischen Verbündeten und mussten sich daraufhin aus Litauen zurückziehen. Die polnisch-litauische Union stand kurz vor ihrem Ende, da die Sapieha für sich selbst die Herrschaft über ein wieder autonomes Litauen anstrebten.

Auch Polen war inzwischen am Rande eines Bürgerkriegs. Zwar war der Aufstand der rechtsufrigen Kosaken unter Semen Paliy im Februar 1703 beendet worden, aber die Region war dabei unter die Herrschaft der linksufrigen Kosaken und damit letztlich Russlands geraten. Vor allem aber zerfiel der polnische Adel inzwischen in zwei Lager: Die Konföderation von Warschau, gegründet am 17.02.1704, wollte einen Frieden mit Schweden, was die Gründung der deutlich schwächeren Konföderation von Sandomierz am 20.05.1704 nach sich zog, die eine Fortsetzung des Krieges propagierte.

Sandomierz hatte großen Symbolcharakter für eine antischwedische Haltung. Die Stadt war bereits im Zweiten Nordischen Krieg 1655 von schwedischen Truppen kurzzeitig besetzt worden war und hatte sich

---

[59]   Sahanowitsch: Weißrußland, hier S. 112.

davon in den folgenden Jahrzehnten nicht mehr erholen können.[60] Andererseits galt sie als Hochburg der polnischen Protestanten, die vielfach trotz seiner Konversion in August II ihren Wunschkandidaten sahen.

Aber die polnische Mehrheit stand eindeutig hinter der Konföderation von Warschau, zumal sich auch die katholische Kirche klar auf deren Seite stellte. Viele hofften, mit Hilfe der Schweden den durch einen Staatsstreich an die Macht gekommenen August II endlich loszuwerden. Zudem schien dies der einzige Weg, einen Bürgerkrieg zu verhindern. Auch sollte Polen nicht erneut wie fünfzig Jahre zuvor zum europäischen Schlachtfeld werden.

An der Erfüllung dieser Wünsche scheiterte die Warschauer Konföderation allerdings umfassend. Zwar wurde am 17.07.1704 Stanisław Leszczyński, Führer der Warschauer Konföderation, von den schwedischen Besatzern als polnischer König akzeptiert. Doch damit befand sich Polen unzweifelhaft in einem Bürgerkrieg, auch wenn die Stärke beider Lager nicht ausgeglichen war. Daran änderte zunächst auch das Bündnis nichts, dass die Konföderation von Sandomierz am 30.04.1704 mit Russland schloss.

Auch eine weitere Armee, die August II mit russischer Hilfe aufzustellen vermochte, erlitt gegen eine deutlich kleinere schwedische Armee am 31.07.1705 bei Rakowitz eine schwere Niederlage, als August II erfolglos versuchte, die Krönung von Stanisław Leszczyński zu verhindern. Der neue König schloss mit Schweden den Warschauer Frieden vom 18.11.1705, den aber die Konföderation von Sandomierz sofort als ungültig deklarierte. Karl XII begann daher im Winter 1705 damit,

---

[60] Die abziehenden schwedischen Truppen hatten die Burg der Stadt gesprengt und ganze Straßenzüge zerstört; Frost: Northern Wars, S. 173.

die noch abtrünnigen Gebiete Polen-Litauens ebenfalls zu unterwerfen. Ihm gelang die Vertreibung der russischen Truppen und ein Ende des litauischen Bürgerkriegs. August II hingegen erlitt, diesmal bei Fraustadt am 13.02.1706, mit neuen Truppen eine weitere vernichtende Niederlage. Er floh daraufhin nach Sachsen, das aber 1706 ebenfalls von Karl XII erobert wurde.[61] Karl XII hatte offensichtlich begriffen, dass August II mit den sächsischen Mitteln immer wieder neue Heere nach Polen-Litauen entsenden würde, man also zuvorderst diese Quelle trockenlegen musste. Nach Zerschlagung der verbliebenen sächsischen Widerstandskraft ratifizierte August II am 19.12.1706 den Altranstädter Friedensvertrag, mit dem er auf die polnische Krone verzichtete und sein Bündnis mit Russland aufkündigte.[62]

In der Folge erwies sich Karls Einmarsch in Sachsen allerdings als riskante Entscheidung, da er hierdurch seine Ostfront schwächen musste. Das nutzten russische Kontingente für Vorstöße, die sie z.T. bis tief ins Baltikum und nach Polen-Litauen führten. Sie wichen zwar vor Karls Gegenstoß wieder zurück, plünderten und verwüsteten

---

[61]   Das war eigentlich eine Reichsfehde, da Karl XII als Herzog von Bremen und Verden selbst Reichsfürst war, genau wie August II als Kurfürst von Sachsen. Um aber eine Verwicklung Schwedens in den Spanischen Erbfolgekrieg zu verhindern, tolerierte Kaiser Joseph I. diesen Rechtsbruch; Schnetger: Spanischer Erbfolgekrieg, S. 201-202.

[62]   Vgl. IEG: 1706 IX 14_24 Friedensvertrag von Altranstädt (Dresden). Der Vertrag war bereits am 24.09.1706 geschlossen worden, aber wegen Abwesenheit des Königs noch nicht ratifiziert worden. Die sächsischen Vertreter hatten aber eine Anerkennung durch August II binnen sechs Monaten in einem Zusatzprotokoll garantiert; Frost: Northern Wars, S. 230.

zuvor aber das kurzzeitig besetzte Gebiet. Vor allem jedoch hielten sie den größten Teil der schwedischen Ostseeprovinzen, was Karl XII veranlasste, nach dem Altranstädter Friedensvertrag sich erneut nach Osten zu wenden.

Die schwedische Angriffsplanung gegen Russland hatte mehrere Optionen. Karl XII vermied einen Angriff auf Petersburg, um die schwedischen Ostseeprovinzen nicht zu gefährden, und wollte stattdessen direkt auf Moskau marschieren. Dadurch wählte er statt kurzen, versorgungsstarken Verbindungslinien den längsten möglichen Anmarsch und eine Versorgung aus dem Land statt aus Nachschub.

Zunächst schien es, als würde Karl XII der Reihe seiner Erfolge einen weiteren hinzufügen. Sein Plan sah vor, dass die verbündeten Osmanen Russland von Süden angreifen sollten, während seine Armee einschließlich polnischer Kontingente über Smolensk direkt zur russischen Grenze streben sollte.[63] Die russischen Truppen zogen sich daraufhin auch aus Polen-Litauen zurück, verbrannten dabei aber Dörfer und Städte und vergifteten wo immer möglich Brunnen und Teiche. Daher verzichtete Karl darauf, die russische Armee weiter zu verfolgen und rückte stattdessen durch das als unpassierbar geltende Masuren vor, was ebenfalls als großer Erfolg angesehen wurde.

Die russische Hauptarmee stellte sich allerdings weiterhin nicht zu einer Entscheidungsschlacht, sondern zog Karls Truppen in langwierigen Verfolgungen hinter sich her. Das führte neben einer Verwüstung nun auch großer Gebiete in Westrussland zu einer Abnutzung der schwedischen Verbände, deren Nachschublage deutlich prekärer war als die der Russen. Schließlich war Karl XII im September 1708 gezwungen, den Vormarsch auf Moskau abzubrechen. Zudem gelang es Pjotr I und seinem Feldmarschall Alexander Menschikow, eine

---

[63]   Konstam: Poltava, S. 161.

schwedische Versorgungsarmee unter Adam Lewenhaupt bei am 09.10.1708 Lesnaja vernichtend zu schlagen.[64]

Inzwischen hatte sich links und rechts des Dnipro ein weiteres Mal eine gänzlich neue Situation ergeben. Von russischen Adligen und Grundbesitzern teilweise drastisch ausgebeutete Leibeigene hatten zunehmend Zuflucht bei den am Don ansässigen Kosaken gesucht. Die russischen Grundherren hatten allerdings das Recht, sie zu verfolgen und zurück in ihre elende Lebenssituation zu zwingen. Pjotr I unterstützte diese Menschenjagden am Don nicht nur mit der dortigen Verwaltung, sondern auch mit diversen Militärkräften. Dagegen war es im Oktober 1707 zu Widerstandshandlungen der dortigen Kosaken unter ihrem Hetman Kondrati Afanassjewitsch Bulawin gekommen. Die russische Seite schlug diesen Widerstand mit äußerster Brutalität nieder, was auch an beiden Ufern des Dnipro von den dortigen Kosaken sehr kritisch wahrgenommen wurde.[65]

Iwan Masepa, Hetman am Dnipro und eigentlich auch ein persönlicher Freund Pjotrs I, kam nicht umhin, mit der russischen Seite zu brechen. Eine Rückkehr unter die verhasste polnische Herrschaft, die zudem jetzt auch noch mit Pjotr I verbündet war, kam ebenso wenig in Frage wie ein erneutes Bündnis mit dem Osmanischen Reich. Und zugleich suchte Schweden nach der Niederlage bei Lesnaja nach einem neuen Vorgehen gegen Russland. Daher kam es zu Verhandlungen zwischen Karl XII und Masepa, die letztlich in einem Bündnis der Kosaken und der schwedischen Seite führten.

---

[64] Lewenhaupt galt bis dahin als brillantester Heerführer auf schwedischer Seite, seine Truppen als die besten schwedischen Einheiten, die noch nie von der russischen Armee besiegt wurden; Artomonow: Rußlands Sieg, S. 562.

[65] Bingel: Reformen, S. 54.

Pjotr I erkannte hier ein erhebliches Risiko für die russische Expansion nach Westen. Daher schlugen seine Truppen den sich erneut formierenden ukrainischen Widerstand sehr rasch nieder, wobei sie auch Tausende von Zivilisten massakrierten.[66] Dieser Terror verhinderte, dass größere Kontingente der Kosaken Masepa Folge leisteten. Zudem war die Mehrheit der Kosaken wahrscheinlich die ständigen Frontwechsel der letzten Jahrzehnte leid und hatte wenig Vertrauen zu Karl XII, der inzwischen als Abenteurer galt.[67] Daher kämpften große Teile der links- wie der westufrigen Kosaken, nun unter Führung von Iwan Skoropadskyj, weiterhin auf russischer Seite. Der „Jahrtausendwinter" von 1708 auf 1709 tat ein Übriges, sowohl Masepas Gefolgsleute als auch Karls schwindende Armee extrem zu schwächen.[68]

Jetzt gab Pjotr I seine hinhaltende Kriegführung auf und brachte Karl XII am 08.07.1709 bei Poltawa eine vernichtende Niederlage bei.[69] Karl XII gelang mit etwa 900 Schweden und 2.000 Kosaken unter Masepas Führung die Flucht auf osmanisches Gebiet.

---

[66] Bis heute werden in der Ukraine immer wieder Massengräber entdeckt, die mit großer Wahrscheinlichkeit auf diese Maßnahmen zurückzuführen sind; Plokhy: Tor, S. 191.

[67] Bingel: Reformen, S. 59; Boeck: Imperial Boundaries, S. 218-219.

[68] Dieser kälteste Winter der letzten 500 Jahre führte in ganz Europa zu Missernten und Hungersnöten. So war z.B. in Trier erst im Juli 1709 die letzte Frostnacht dieses Winters zu verzeichnen. Der Gardasee fror das erstmals seit Menschengedenken zu; Glaser: Klimageschichte, S. 108-110.

[69] Angesichts ihrer inzwischen desaströsen Versorgungslage war der schwedische Angriff auf die russische Armee ohnehin ein höchst riskantes Unterfangen, wenn es nicht gelang, den Feind zu überraschen und in Panik zu versetzen. Das schlug freilich gänzlich fehl; Englund: Battle, S. 177-182.

Schon die Schwierigkeiten der Schweden im Vorfeld der Niederlage im Sommer 1709 hatte auch schon besiegt geglaubte Gegner der schwedischen Partei zurückgebracht. Sachsen und Dänemark-Norwegen erneuerten am 28.06.1709 ihren Bündnisvertrag. Nach der Schlacht aber war dann klar, dass die schwedische Position kaum noch haltbar war. Daher traten beide Staaten erneut in den Krieg ein.

Am 20.08.1709 überquerten die sächsischen Truppen ein weiteres Mal die polnische Grenze, waren aber für die Vertreibung der verbliebenen schwedischen Besatzungstruppen auf russische Hilfe angewiesen. Immerhin nahm sich August II jetzt die polnische Krone zurück, was aber ebenfalls nur durch russische Protektion möglich war, unter deren Druck der polnische Adel August II mehrheitlich zum rechtmäßigen König erklärte. Am 07.10.1709 wurde zudem durch den Vertrag von Thorn das Bündnis mit Russland erneuert. Aber insgesamt war Polen-Litauen einschließlich Sachsen zum Verbündeten zweiter Klasse geworden, während Dänemark-Norwegen und Russland jetzt weitgehend die Strategie bestimmten und vor allem auch einen großen Teil der Kampfhandlungen trugen. Doch war dies auch die Zeit der letzten großen Pestepidemie, der im Ostseeraum zwischen 1708 und 1714 wütete und der in einigen Regionen, darunter auch in Schweden und in Preußen, ein Drittel, in einigen Städten sogar die Hälfte der Bewohner zum Opfer fiel. Vor allem in den von Kampfhandlungen, Besatzungsherrschaft und Pest getroffenen Teilen Polens und Litauen, aber schlimmer noch in Estland und Belarus waren am Ende dieser Phase ganze Landstriche faktisch entvölkert.[70]

Eine Invasion Schwedens scheiterte jedoch zunächst. Karl XII. versuchte zwar noch immer vergebens, sein osmanisches Refugium zu verlassen. Dennoch verlief im März 1710 eine dänische Invasion auf

---

[70] Vasold: Pest, S. 142-147.

Schonen ohne nennenswerte Ergebnisse. Zudem gelang es Karl XII., das Osmanische Reich unter Ahmed III. zu einem erneuten Krieg gegen Russland zu gewinnen. Pjotr I scheiterte mit dem Versuch, den türkischen Widerstand durch einen raschen Vormarsch zu zerbrechen. Am 23.07.1711 musste er den Frieden von Pruth schließen, der ihn die in seiner Jugendzeit mit Iwan Masepas Unterstützung gewonnene Festung Asow kostete. Immerhin aber konnte Pjotr I sich nach dieser Beruhigung an der Südgrenze seines Reichs ab 1713 wieder auf den Ostseeraum konzentrieren. Mit der Schlacht von Storkyro am 02.03.1714 ging das bis dahin von Schweden beherrschte Finnland in russische Kontrolle über. Vor allem aber errang Russland mit dem Sieg in der Schlacht bei Hanko am 07.08.1714 auch die weitgehende Seeherrschaft im östlichen Ostseeraum, was die schwedische Küste dem freien Zugriff russischer Schiffe aussetzte.

Schon zuvor hatte Dänemark-Norwegen mit sächsischer Unterstützung am 01.10.1712 Bremen-Verden eingenommen, während im Vorjahr noch ein schlecht koordinierter Angriff auf die schwedischen Festungen Stralsund, Wismar und Stettin gescheitert war.[71] Schweden verlor zunehmend seine Handlungsmöglichkeiten, vor allem, als dann am 01.05.1715 Brandenburg-Preußen, am 15.10.1715 Hannover auf alliierter Seite in den Krieg eintraten. Karl XII. war zwar im November 1714 wieder an die Ostsee zurückgekehrt, unterschätzte aber die Bedrohung Schwedens durch die Alliierten. Daher versuchte er, zunächst wieder Pommern unter schwedischer Führung zu vereinen, musste aber vor den alliierten Truppen fliehen. Mit der Eroberung von Wismar am 19.04.1716 war ganz Norddeutschland in der Hand der Alliierten.

---

[71]   Frost: Northern Wars, S. 271-272.

In der Folgezeit wurde klar, dass vor allem Hannover bzw. Großbritannien, aber auch das Deutsche Reich und Dänemark-Norwegen eine zu große Dominanz Russlands im Ostseeraum verhindern wollten. Karl XII. wollte ein mögliches Zerbrechen der Koalition dadurch fördern, dass er eine unvermindert große Kampfkraft der schwedischen Truppen aller Welt vor Augen führte. Dazu begann er im Herbst 1718 mit einer faktisch desolaten schwedischen Armee einen Feldzug gegen Norwegen. Dabei traf ihn bei der Belagerung von Frederikshald am 11.12.1718 eine tödliche Kugel, was Schweden als Kriegspartei faktisch ausschaltete. In der Endphase des Krieges ging es daher vor allem darum, den Machtzuwachs Russlands als Folge des Krieges weitgehend zu reduzieren, wobei Sachsen bzw. Polen-Litauen eine unglückliche Rolle einnahmen. August II lehnte ein schwedisches Friedensangebot im Januar 1720 ab, da dies ihn nicht eindeutig als Herrscher von Polen-Litauen darstellte. Dadurch waren Sachsen und Polen-Litauen an den Friedensverträgen, welche diesen Krieg nach zwei Jahrzehnten beendeten, nicht beteiligt. Erst 1729 begannen Verhandlungen zu einem Friedensschluss zwischen Schweden und Polen-Litauen, wobei der Sejm hier die treibende Kraft auf polnischer Seite war. Doch es dauerte weitere drei Jahre, ehe im Oktober 1732 auf dieser Basis ein Friedensvertrag geschlossen werden konnte.[72]

Die glücklose Außenpolitik Augusts II schädigte das Ansehen der Krone in Polen-Litauen erheblich. August II war nach seiner Rückkehr auf den Thron vor allem aufgrund seiner Abhängigkeit von russischer Protektion in der allgemeinen Wahrnehmung auch außerhalb seines Reichs ein schwacher König, was der russischen Seite nicht unwillkommen war. August II versuchte dennoch weiterhin, eine Art

---

[72] Vgl. IEG: 1732 X 6 Friedensdeklaration von Warschau.

absolutistische Herrschaft durchzusetzen, stieß aber wie schon seine Vorgänger hiermit erneut auf den massiven Widerstand des Adels.

Die Verwüstung Polen-Litauens ging damit parallel zum fortdauernden Krieg in die nächste Phase, als sich ab 1715 die Konföderation von Tarnogród gegen August II wendete. Ausgelöst wurde diese vor allem vom Adel getragene Rebellion durch Augusts Versuch, neue Geldquellen für den Krieg gegen Karl XII zu erschließen, nachdem Sachsen, das bisher die finanzielle Hauptlast getragen hatte, annähernd bankrott war.[73] August II berief sich nun auf die absolutistische Idee, dass der König über dem Gesetz stehe, daher sei er an gesetzlich verankerte Privilegien des Adels wie seine weitgehende Befreiung von Steuern nicht gebunden.[74] Der Adel sollte also einen Krieg finanzieren,

- den er für politisch falsch und militärisch aussichtslos hielt,
- der von einem erst durch Putsch, beim zweiten Mal durch ausländische Hilfe auf den Thron geratenen Usurpator geführt wurde,
- der das Land in nie gekannter Weise verwüstet hatte,
- der – wie auch immer er ausging – nur den traditionellen Feinden Polen-Litauens nützen würde, nämlich Russland und Brandenburg-Preußen.

Es kam einer unmissverständlichen Drohung gegen die polnisch-litauische Verfassung gleich, als August II unter dem Vorwand des fortdauernden Kriegs 1713 sächsische Truppen in Polen-Litauen stationierte, die er 1716 zur Kerntruppe der Kronarmee machen wollte. Auch nahm man in Polen-Litauen sehr genau wahr, dass August II parallel in Sachsen den Einfluss der Landstände auf die Heeresrekrutierung in absolutistischer Weise erfolgreich beschnitten hatte und

---

[73] Querrengässer/Lunyakov: Armee, S. 16.
[74] Jędruch: Constitutions, S. 154-155.

offensichtlich die sächsische Heeresvermehrung nun auch in seinem Königreich umsetzen wollte.[75]

Am 26.11.1715 wurde die Konföderation von Tarnogród formal gegründet, Stanisław Ledóchowski zu ihrem Führer gewählt. Er stellte eine Truppe auf, die der Königsarmee und den sächsischen Truppen mehrere erfolgreiche Gefechte lieferte. Konföderierte und Krone kamen schließlich überein, Russland um Vermittlung zu bitten. Als diese Verhandlungen ergebnislos blieben und Ledóchowski begann, mit Österreich-Ungarn, aber auch mit den Krimtataren und dem Osmanischen Reich über Bündnisse zu verhandeln, bat August II den Zaren um Entsendung einer Armee. Am 03.11.1716 kam es unter starkem russischen Einfluss mit dem Frieden von Warschau zu einer Einigung zwischen August II und der Konföderation. Obgleich sie gerade erst bei Kowalewo eine wichtige Schlacht gegen die Krone verloren hatten, musste August II den Konföderierten weit entgegen kommen. Eine Ahndung des Aufstands unterblieb, Ledóchowski und diverse andere Führer der Rebellion erhielten stattdessen hohe Kronämter. August II musste aber vor allem zusagen, dass alle sächsischen Truppen Polen-Litauen verlassen würden.

Um diese Einigung zu ratifizieren, kam es 1717 zum „Stummen Sejm", dem Ledóchowski vorstand. Krone wie Opposition versuchten, sich russischer Unterstützung zu versichern, was aber vor allem den russischen Einfluss steigerte. Ledóchowski ließ keine Diskussionen im Sejm zu, was der Versammlung ihren Namen gab. Dieser Bruch mit der bisherigen Diskurs-Kultur verdeutlichte, wie wenig die Krone und die russische Seite, aber inzwischen auch die meisten Adligen auf die Fortschreibung der adelsdemokratischen Verfassung Polen-Litauens legten. Der Stumme Sejm war also nicht, wie von diversen Autoren

---

[75] Müller: Armee, S. 12.

dargelegt wird, die extreme Ausformung einer verhängnisvollen Adelsdemokratie in Polen-Litauen. Er war eine Antithese zu dieser Verfassung, und seine Durchführung, aber auch die gefassten Beschlüsse
machten deutlich, dass vor allem Russland nicht die polnisch-litauische Monarchie, sondern die republikanischen Elemente der Staats-
verfassung als wesentliche Hindernisse einer russischen Ausdehnung
nach Westen ansah.[76] Daher kam es unter russischer Führung auch
zu einem Ende der polnischen Toleranzpolitik. Nur noch Katholiken
durften im Sejm sitzen, nur Katholiken durften zukünftig öffentliche
Ämter übernehmen. Das machte die vor allem in Litauen zahlreichen
Protestanten im Adel zu Gegnern der Regierung, fand aber natürlich
den Befall der katholischen Kirche, die mithin auch akzeptierte, dass
August II eine russisch-orthodoxe Armee gegen die entschieden katholische Konföderation von Tarnogród zu Hilfe gerufen hatte.[77]

Vier Jahre blieben die russischen Truppen danach in Polen-Litauen,
was noch einmal die wachsende russische Kontrolle über das Königreich dokumentierte. Immerhin kam es aber in den 1720er Jahren zu
einer gewissen wirtschaftlichen Erholung. Die Schäden der vergangen
hundert Jahre Krieg zu heilen, hätte es freilich vieler friedlicher Jahrzehnte bedurft. Zudem brachten die diversen Adelsfamilien in ihren
wechselnden Allianzen nur selten noch den Willen zu Reformen im
Interesse des Landes auf, das sie angesichts eines landfremden Herrschers, einer von absolutistischen Fantastereien getriebenen Entfrem-
dung von Krone und tragender Adelsschicht und einer russischen Hegemonie kaum noch als das eigene betrachten konnten.[78]

---

[76]   Davies: God's Playground, Bd. 1, S. 377.

[77]   Tazbir/Rostworowski: Commonwealth, S. 297-299.

[78]   Mit ähnlicher Einschätzung LeDonne: Ruling Russia, S. 209-210.

Insbesondere Russland profitierte auch weiterhin von dieser inneren Lähmung Polen-Litauens, wodurch man relativ frei über die polnischen Ressourcen verfügen konnte.

Pjotr I versuchte währenddessen, den russischen Herrschaftsbereich bis weit ins Deutsche Reich hinein auszudehnen. Das führte zu einer deutlichen Positionierung nicht nur des Reichs, sondern auch Großbritanniens und Dänemark-Norwegens gegen Russland. Vor allem Pjotrs I. Nachfolger sahen nach den Verwüstungen der vergangenen Kriege, die auch Russland schwer getroffen hatten, Polen-Litauen als perfektes Schlachtfeld an, wenn es in der Zukunft zu einem neuen Krieg im Westen kommen sollte.

3.8. König von Russlands Gnaden: Von August III zu Stanisław II August

Als August II 1733 starb, brachen die inneren Konflikte der diversen Magnatenfamilien wieder auf. Der 1709 geflohene König Stanisław I Leszczyński kehrte mit französischer Unterstützung zurück und wurde am 11.09.1733 mit deutlicher Mehrheit erneut zum König gewählt. Die unterlegene Adelsfraktion verbündete sich daraufhin mit einer Allianz aus Sachsen, Russland und Österreich-Ungarn.

Schon mehr als ein Jahr vor dem Tod von August II hatten vor allem Österreich-Ungarn, Russland und Brandenburg-Preußen Verhandlungen geführt, wie man einen von Frankreich unterstützten Herrscher auf dem Warschauer Thron verhindern konnte. Zwar waren Vorbereitungen zu einem Bündnisvertrag, der „Allianzvertrag der drei Schwarzen Adler", aufgrund des Tods von August II gegenstandslos geworden. Aber Russland unterstützte dennoch mit erheblichem Truppeneinsatz wie schon im Falle von August II einen sächsischen Staatsstreich zur Okkupation der Herrschaft über Polen-Litauen.

Es kam 1733-1735 zum Polnischen Thronfolgekrieg, der auch von der Konkurrenz zwischen Österreich-Habsburg und Frankreich genährt wurde. Letztlich aber vermochte auch die französische Unterstützung nichts gegen die erneute Okkupation des Throns durch den Sohn von August II, der als Friedrich August II bereits die Nachfolge als sächsischer Kurfürst angetreten hatte.

Im September 1733 besetzten russische Truppen Warschau und griffen anschließend Danzig an, wohin Stanisław I Leszczyński, bis hier noch der gewählte König, vor der russischen Übermacht geflohen war. Am 30.06.1734 musste die Stadt kapitulieren, aber Stanisław I Leszczyński gelang erneut die Flucht, diesmal nach Brandenburg-Preußen.[79]

Am 05.10.1733 inszenierten die russischen Besatzer eine groteske Scharade, in deren Verlauf eine Minderheit des polnischen und litauischen Adels Friedrich August II als August III zum König wählte.[80] Auch dagegen richtete sich die Konföderation von Dzików, die nach dem Fall Danzigs den Widerstand gegen die russischen und sächsischen Besatzungstruppen noch vom November 1734 bis Ende 1736 fortsetzte.[81] Allerdings wurde durch den Wiener Präliminarfrieden vom 03.10.1735 der Konflikt um den polnisch-litauischen Thron, aber auch um die Machtverteilung zwischen Frankreich und Österreich-

---

[79] Friedrich-Wilhelm I., offensichtlich beleidigt, weil der von ihm angestrebte Allianzvertrag der drei Schwarzen Adler nicht zustande gekommen war, weigerte sich, den polnischen König auszuliefern; Rossinot: Stanislas, S. 174-175.

[80] Friedrich August II war 1712 zum Katholizismus konvertiert, um seine Thronfolge in Polen-Litauen zu sichern. Diese späte Konvertierung war allerdings nach seiner Erlangung der Herrschaft in Polen-Litauen wiederholt Anlass, seine wie auch die Ernsthaftigkeit seines Vaters in Konfessionsfragen zu bezweifeln; Staszewski: August III., S. 49-51.

[81] Nowak: Polen, S. 169–170.

Ungarn weitgehend beigelegt. Stanisław I Leszczyński verzichtete auf die Krone, durfte aber weiterhin den Königstitel führen und wurde Herzog von Lothringen und Bar. August III wurde als polnisch-litauischer König durchgesetzt.[82]

Der zweite sächsische Usurpator auf dem polnisch-litauischen Thron erwies sich als ebenso ungeschickt und glücklos wie sein Vater. Seine Herrschaft beruhte ohnehin nur noch auf russischer Unterstützung, sodass die von dort endsandten Truppen ab 1733 dauerhaft im Land verblieben.

Die Misswirtschaft des sächsischen Kurfürsten und neuen Königs, sein Desinteresse an den Aufgaben eines Herrschers, vor allem aber sein blindes Vertrauen in seinen Ersten Minister Heinrich von Brühl brachten Sachsen an den Rand eines Staatsbankrotts.[83] Auch gelang es ihm nicht, eine dauerhafte Bindung Polen-Litauens an Sachsen zu erreichen. Insbesondere versäumte er es, wenigstens Teile von Schlesien zu okkupieren und so beide Herrschaftsgebiete zu verbinden, als er 1740 sich dem Bündnis anschloss, dass Friedrich II. zur Absicherung seines Überfalls auf Schlesien geschlossen hatte. Erst im Zweiten Schlesischen Krieg stand er auf der Seite Österreich-Ungarns, was zum Einmarsch der preußischen Armee in Sachsen im Dezember 1745 führte. Auch im Vorfeld des Siebenjährigen Kriegs verbündete sich August III in seiner Rolle als sächsischer Kurfürst, nicht als Herrscher Polen-Litauens, mit Österreich-Ungarn und musste ohne preußische Kriegserklärung die rasche Besetzung seines Lands ab Ende August

---

[82] Der Präliminarfrieden wurde 1738 mit einem Definitivfrieden fixiert. Das Intervall zwischen beiden Verträgen entstand, weil auch die Nachfolge für den letzten Medici-Herrscher in der Toskana hier geregelt war, sodass man dessen Tod abwarten musste; vgl. Faksimile des Vertrags, (IEG - 1738 XI 18 Friedensvertrag von Wien).

[83] Plumpe: Lehrstück, S. 14.

1756 und die Gefangennahme fast der gesamten sächsischen Arme bei Pirna am 16.10.1756 hinnehmen. Er floh zusammen mit Brühl nach Warschau, wo er bis zum Ende des Kriegs verblieb. Sachsen hingegen, als eigenständige Macht aus dem Krieg ausgeschieden, wurde in erheblichem Umfang in den nächsten Jahren verwüstet. Immer wieder wurde es zum Schlachtfeld, ehe am 24.11.1762 ein Waffenstillstand zwischen Österreich-Ungarn und Brandenburg-Preußen, annähernd zeitgleich ein Waffenstillstand zwischen Spanien, Portugal und Großbritannien den Krieg beendeten. Schon zuvor hatten Frankreich und Großbritannien am 24.09.1762 einen Präliminarfrieden geschlossen. Am 15.02.1763 wurde der Frieden von Hubertusburg geschlossen.[84] Sachsen fungierte hierbei als Vermittler, wobei aber schon klar war, dass es keine Verlängerung der sächsischen Rolle in Polen-Litauen geben würde. Von Krieg und Misswirtschaft verwüstet, fiel es auf Dauer auf das Niveau einer Mittelmacht zurück, äußerstenfalls.[85] Immerhin hatte es seit der Flucht des sächsischen Kurfürsten in sein polnisch-litauisches Königreich wieder einen König gegeben, der in Warschau residierte. Doch wurde August III seine aufwändige Hofhaltung zum Vorwurf gemacht, die nun ausschließlich durch Polen-Litauen finanziert werden musste. Sein Tod, ein halbes Jahr nach dem Frieden von Hubertusburg am 05.10.1763, löste daher keine allzu große Verzweiflung in Polen-Litauen aus.

Mit dem Tod des Königs war Sachsen kein geeigneter Anwärter mehr auf den polnischen Thron. Aber anders als bei den vorangegangenen

---

[84] Vgl. IEG: 1763 II 15 Friedensvertrag von Hubertusburg.

[85] Stellner: Ergebnisse, S. 91-92. Allerdings gelang Sachsen in den folgenden Jahrzehnten ein Wirtschaftsboom, sodass der drohende Staatsbankrott bald nach dem Tod Augusts III als abgewendet gelten konnte.

76

Wahlen war auch das Interesse ausländischer Mächte an der Besetzung des Throns deutlich kleiner geworden. Zum einen wurde Polen vielerorts bereits als russische Kolonie angesehen, zumal die russische Armee seit Jahrzehnten feste Stützpunkte in Polen und Litauen besaß. Zum anderen klangen offensichtlich die Erfahrungen des Großen Nordischen Kriegs, des Polnischen Erbfolgekriegs und vor allem der letztlich drei Kriege um den Besitz Schlesiens noch in vielen Ländern nach. Demzufolge gedachte niemand, wegen der Herrschaft über Polen-Litauen einen weiteren europäischen Krieg zu riskieren.

Damit fiel die Entscheidung über die Thronfolge zwar qua polnischer Verfassung unverändert dem Adel zu, lag aber faktisch bei der russischen Kaiserin. Jekaterina II ((Katharina II.) entschied daher, nun eine ihrer eigenen Marionetten mit der polnisch-litauischen Krone zu dekorieren. Die Wahl fiel auf ihren früheren Geliebten Stanisław Antoni Poniatowski. Nach massiven Bestechungen, aber auch Erpressungen und sogar Gewaltakten gegen einzelne Adlige wurde Poniatowski am 07.09.1764 gewählt und am 25.11.1764 als Stanisław II August gekrönt.

Der neue König entstammte einem der reichsten Adelshäuser in Polen-Litauen. Sein Vater Stanisław Poniatowski war Kommandeur der Leibgarde von Stanisław I gewesen und später mit Karl XII ins Exil gegangen. In den folgenden Jahren stand er als Offizier und Diplomat in schwedischen Diensten, ehe er nach Polen-Litauen zurückkehrte. Hier wählte ihn Prinzessin Konstancja Czartoryska zum Gemahl, wodurch er zum Parteigänger der „Familia" wurde, einer vom Haus Czartoryski geführten Adelsfraktion im Sejm. Das erklärt seinen Wechsel auf die Seite von August II nach 1722. Erst nachdem dieser gestorben war, stellte sich Poniatowski wieder auf die Seite von Stanisław I, wechselte aber 1734 erneut die Seiten und strebte als einflussreicher Berater von August III diverse verfassungsrechtliche und soziale Reformen an.

Dies scheiterte weitgehend am Widerstand der russischen Hegemonialmacht und der ihr nahestehenden Kräfte im Sejm, hatte aber Einfluss auf seinen Sohn.

Stanisław Antoni Poniatowski strebte zunächst eine Karriere als polnischer Diplomat an. 1750 begegnete er in Berlin dem britischen Diplomaten und langjährigen Parlamentarier Charles Hanbury Williams. Williams liberale Ideen beeinflussten Poniatowski, insbesondere, als er 1755, mit der Ernennung von Williams zum britischen Botschafter in St. Petersburg, als Sekretär in dessen Dienste trat.[86] Williams stellte ihn auch Jekaterina Alexejewna vor, der späteren Kaiserin Jekaterina II, zu diesem Zeitpunkt lediglich die ungeliebte Gemahlin des Thronfolgers Pjotr, der ebenso wie sie in Deutschland geboren und aufgewachsen war und dem sie bereits als Zehnjährige im Eutiner Schloss begegnet war.[87]

Ekaterina und Poniatowski begannen eine Affäre. Zwar musste Poniatowski im Juli 1756 infolge einer Palastintrige den Hof verlassen. Jekaterina erreichte aber, dass er kurz darauf als Botschafter Sachsens zurückkehrte, eine Rolle, die er vom Januar 1757 bis zum August 1758 wahrnahm, auch wenn er faktisch im Wesentlichen Jekaterinas Geliebter war.

Zurück in Polen-Litauen arbeitete Poniatowski daran, zusammen mit der Familia einen Sturz des Königs zu erreichen. Er trat für einen engen Schulterschluss mit Russland ein und strebte offensichtlich selbst nach der Krone. Seine ehemalige Geliebte, nach dem Staatsstreich vom Januar 1762 Herrscherin über Russland, machte im August 1763 aber deutlich, dass sie keinen Wechsel in Polen-Litauen auf Kosten des aktuellen Königs akzeptieren würde.

---

[86] Butterwick: Enlightened Monarchy, S. 194.
[87] Alexander: Catherine, S. 61.

Als August III jedoch kurz darauf, am 05.10.1763, überraschend starb, war Jekaterina II bereit, Poniatowski zur polnischen Krone zu verhelfen.[88] Zunächst wurde die für damalige Verhältnisse enorme Summe von ca. 2,5 Mio. Rubel an Bestechungsgeldern aufgewendet. Als das nicht ausreichte, ließ Jekaterina II eine Armee von mehr als 10.000 Mann nur wenige Kilometer vom Tagungsort des Sejm in Wola aufmarschieren. Poniatowski wurde am 07.08.1764 gewählt und am 25.11.1764 gekrönt.

Es war klar, was Jekaterina II vom neuen König erwartete, nämlich eine Fortschreibung der aktuellen Schwäche und Zerstrittenheit Polen-Litauens. Jekaterina II hatte bereits am 11.04.1764 mit Friedrich II. den Preußisch-Russischen Allianzvertrag geschlossen. Dieser beinhaltete eine wechselseitige Gebietsgarantie und Unterstützungszusage im Kriegsfall. Vor allem aber legten mehrere Geheimartikel fest, gemeinsam jedem Versuch einer Verfassungsreform in Polen-Litauen entgegenzutreten. Insbesondere sollte die Umwandlung in eine Erbmonarchie verhindert werden. Damit wurde gleichzeitig erreicht, dass Brandenburg-Preußen sich nicht in die Wahl von Poniatowski zum neuen polnischen König einmischte.

Zunächst wählte Poniatowski einen Doppelnamen als Herrscher, nämlich Stanisław II August. Damit stellte er sich in die Nachfolge sowohl der sächsischen Usurpator-Könige als auch des zweimal von Sejm gewählten Stanisław Leszczyński. Er machte also klar, dass er die zerstrittenen Gruppierungen in Polen-Litauen und vor allem im Sejm

---

[88] Zur Verquickung von privaten und politischen Motiven Butterwick: Poland's Last King, S. 51. Andere Autoren sehen teils eine vorwiegend private Motivation für Jekaterinas II Vorgehen; vgl. z.B. Massie: Catherine, S. 119. Dagegen legen andere Autoren ein deutliches Übergewicht auf politische Erwägungen; LeDonne: Ruling Russia, S. 212.

wieder zusammenführen wollte.[89] Zugleich knüpfte seines Namensgebung aber auch an Zygmunt II August (Sigismund II. August) an, den letzten König der Jagiellonen-Dynastie. Dieser wurde vor allem mit konfessionellem Ausgleich zwischen Protestanten und Katholiken, mit der Integration von Litauen, Polen und Belarus und mit der Einführung der Wahlmonarchie verbunden

Stanisław II August strebte von Beginn an die Umsetzung diverser Reformen an, was seiner bisherigen Biografie entsprach. Insgesamt waren diese Ansätze wie bei seinen gescheiterten Vorgängern noch vom Geist des Absolutismus durchdrungen, waren aber an verschiedenen Stellen pragmatischer und weniger ambitioniert, weshalb er einige Erfolge verzeichnen konnte. So gründete er mehrere Kadettenanstalten als erste Schulen in Polen-Litauen, die nicht von der Kirche kontrolliert wurden. Er versuchte, das Heerwesen zu reformieren, indem er insbesondere den Einfluss der Hetmane zurückdrängte. Diese hatten bis dahin als Führer über den litauischen bzw. den polnischen Teil der Kronarmee weitgehende Autonomie genossen und sogar eine eigenständige Außenpolitik mit Gesandten und Botschaften betrieben. Sie ernannten die Atamanen der weiterhin wichtigen Kosakenregimenter und vergaben nach eigener Entscheidung in ihren Truppen die Offizierspatente. Auch verfügten sie eigenständig über das Militärbudget in ihrem Bereich. Beides, die Budgetkontrolle und der im 18. Jahrhundert in ganz Europa verbreitete Verkauf der Patente eröffneten ihnen lukrative Einnahmequellen. Aber der Idee einer geschlossen operierenden, zentral gesteuerten Armee nach preußischem Vorbild stand dies im Weg. Zudem war das Amt des Hetman erblich. Der neue König wollte das Amt von einer Vergabe durch den Sejm abhängig und der Krone rechenschaftspflichtig machen. Auch verfolgte nämlich

---

[89] Zamoyski: Last King, S. 73; Butterwick: Poland's Last King, S. 56.

Stanisław II August eine vorsichtige Toleranzpolitik gegenüber den konfessionellen und religiösen Minderheiten in Polen-Litauen, also neben Lutheranern und Reformierten vor allem Juden und Moslems. Dies trug ihm den erbitterten Widerstand der katholischen Kirche ein, die ihre Rolle und zudem durch die Kadettenanstalten eine ihrer wichtigsten Einnahmequellen bedroht sah.

Ohnehin hatte die katholische Kirche große Vorbehalte gegen die aktuelle Situation in Polen-Litauen. Es zeichnete sich ab, dass die russischen Truppen dauerhaft im Land verbleiben, Polen-Litauen damit zu einem russischen Satellitenstaat werden würde. Es schien wahrscheinlich, dass dadurch auch die orthodoxe Kirche an Boden gewinnen würde, nachdem sie in der Ukraine und in Belarus ohnehin bereits deutliche Fortschritte zu Lasten der katholischen Kirche hatte erzielen können. Dass nun ein Russland sehr verbundener Monarch mit nur einer sehr dürftigen Orientierung an der katholischen Sache das Land regierte, führte zu Unruhe nicht nur in der polnischen und litauischen Geistlichkeit, sondern wurde auch in Rom mit Sorge wahrgenommen.

Doch nicht nur die katholische Seite begann relativ rasch, an Stanisław II August zu zweifeln. Seine Reformideen kosteten ihn nach und nach auch die Unterstützung der konservativen und weitgehend auf Russland fokussierten Familia. Das war aber äußerst riskant, da er sich auf mindestens eine starke Fraktion im Sejm verlassen können musste. Die zweite starke Gruppe, die von der Familie Potocki bestimmten „Patrioten", konnte er dennoch nicht für sich gewinnen, da sie in ihm einen Günstling der russischen Kaiserin sahen.

Natürlich hätte Stanisław II August auf Russland gestützt den Thron ein Leben lang verteidigen können, auch gegen die großen Adelsfraktionen und die katholische Kirche. Für Russland hatte der König den Bogen allerdings endgültig überspannt, als er versuchte, das Liberum

Veto abzuschaffen. Russland sah hierin – wohl zu Unrecht – ein wichtiges Mittel zu einer polnischen Unregierbarkeit, sodass man daran unbedingt festhalten wollte.

Nach dem Tod Augusts III war der Konföderierte Sejm neben den eigentlichen Sejm als Entscheidungsorgan getreten. Vorgesehen war dieses Organ, in dem Gesetze mit Mehrheitsbeschluss verabschiedet werden konnten, zur Sicherstellung der Ordnung im Vorfeld einer Königswahl. Stanisław II August versuchte nun, den eigentlichen Sejm mit Bezug hierauf neu aufzustellen. Am 20.12.1764 beschloss der Sejm eine entsprechende Reform. Damit wurde das Einstimmigkeitsprinzip einschließlich des Liberum Veto aufgegeben, was, nebenbei bemerkt, kaum zum bis heute verbreiteten Bild der polnischen Adelsdemokratie passen mag.[90]

Ekaterina II sah durch die Entscheidung des Sejm die angebliche Anarchie in Polen bedroht, die unbedingt aufrecht zu erhalten man sich mit Brandenburg-Preußen geeinigt hatte. Daher versuchte Russland im Geheimen, mehrere widerstreitende Gruppierungen des Kleinadels zu organisieren. Jede solche Gruppe sollte stark genug sein, dass die zwei großen Fraktionen sie nicht mundtot machen konnten, groß genug aber auch, das Land ins Chaos zu stürzen, wenn die Dissensen im Sejm in gewaltsame Konflikte umschlagen sollten.

Offiziell erhob Russland daher Forderungen, die diversen Gesetze zur Schlechterstellung von Protestanten und Orthodoxen zurückzunehmen, was Papst Clemens XIII. veranlasste, die Katholiken in Polen-Litauen zu entschlossenem Widerstand aufzufordern. Und es zeigte sich, dass religiöse Zwistigkeiten immer noch ein probates Mittel waren, ein ohnehin konfliktbelastetes Volk weiter zu entzweien.

---

[90]   Castellan: Histoire, S. 528.

1765 gab Clemens XIII. den Herz-Jesu-Kult für Polen frei, um eine katholische Renaissance in Polen zu initiieren und zugleich den Jesuitenorden als anti-orthodoxe Avantgarde in Polen zu stärken.[91] Im März 1767 entstand die Konföderation von Toruń als Bund protestantischer, der Aufklärung zugewandter Adliger. Ihr Gegenpart wurde die Konföderation von Sluzk als eher konservativer Bund von orthodoxen Adligen. Solcherart von zwei Seiten bedrängt, formierte sich dagegen mit Unterstützung der katholischen Kirche im Juni 1767 die Konföderation von Radom. Diese wurde geführt vom Woiwoden von Vilnius, Fürst Karol Stanisław Radziwiłł, und dem gerade erst ernannten polnischen Primas und Erzbischof von Gniezno, Gabriel Podoski. Sie band auch die Mehrheit der unierten Adligen ein, die zwar orthodoxer Konfession waren, deren Gemeinden aber mit der Union von Brest bereits 1596 Teil der katholischen Kirche Polen-Litauens geworden waren, ohne ihren orthodoxen Ritus aufzugeben.[92]

Die konfessionelle Rolle der drei Konföderationen wird gern übersehen, wenn behauptet wird, die Konföderation von Radom hätte sich vor allem gegen die Aufgabe des Liberum Veto gestellt.[93] Zwar verdross der Beschluss viele ihrer Mitglieder, die hierdurch den Sejm endgültig in der Kontrolle der zwei großen Fraktionen sahen. Aber treibende Kraft waren neben der russischen Seite vor allem die wenigen

---

[91] Als der nächste Papst, Clemens XIV., endlich dem Druck von Spanien, Portugal und Frankreich nachgab und den Orden verbot, bildeten die Zentren der Herz-Jesu-Verehrung für die Jesuiten Sammelpunkte, um ihre Ordenstätigkeit im Geheimen fortzusetzen; Roehner: Jesuits, S. 180-181.

[92] Hiergegen gab es starke Widerstände, vor allem weil dadurch eine Entnationalisierung der orthodoxen wie auch der katholischen Konfession drohte; Snyder: Reconstruction, S. 303.

[93] Stone: Polish-Lithuanian State, S. 269-271.

mächtigen Adligen, die sich nicht einer der beiden Fraktionen zurechneten. Radziwill etwa war einer der größten Grundbesitzer in Polen-Litauen und zugleich einer der reichsten Männer Europas. Es waren Magnaten wie er, deren Einfluss durch die Abschaffung des Liberum Veto zurückgedrängt wurde, und nicht die Kleinadligen, die angesichts des massiven Drucks es ohnehin nicht wagen durften, einen Sejm zu sprengen.

Alle drei Konföderationen wurden vom russischen Botschafter in Warschau, Nikolai Wassiljewitsch Repnin, finanziert und weitgehend gesteuert. Er initiierte Auseinandersetzungen zwischen ihnen zunächst im Sejm, dann auch in der Öffentlichkeit, wo es zuletzt zu gewaltsamen Aufeinandertreffen kam. Radziwill und Podoski baten mit Beruf darauf – aber eigentlich auf Aufforderung durch Repnin – die russische Seite, im Interesse der Goldenen Freiheit einzugreifen und den Frieden und die Rechte des Kleinadels wiederherzustellen.

In der Folge kam es zur Einberufung eines außerordentlichen Sejm, der zudem als Konföderierter Sejm deklariert wurde. Dieser „Repnin-Sejm" trat am 05.10.1767 zusammen, formal um die landesweiten konfessionellen Spannungen zu überwinden. Es war jedoch allen Delegierten klar, dass es sich hier nicht um eine normale Zusammenkunft handelte.[94] Die Delegierten erhielten ein weitgehendes Redeverbot; der Sejm sollte nur noch über zuvor in Ausschüssen vorbereitete Entscheidungsvorlagen abstimmen. Zudem war bekannt, dass Repnin die in Polen stationierten russischen Truppen am Stadtrand von Warschau zusammengezogen hatte. Auch hatten im Vorfeld bereits zahlreiche Konsultationen stattgefunden, in welche der König nicht involviert war. Repnin hatte damit deutlich gemacht, dass die wesentlichen

---

[94] Scott: Emergence, S. 181; Butterwick: Poland's Last King, S. 86.

Entscheidungen für Polen-Litauen nicht in Warschau, sondern in Moskau getroffen wurden.[95]

Repnin erreichte in allen wesentlichen Punkten eine Umsetzung der russischen Ziele. Ekatarina II hatte ihm zwei Aufgaben gestellt: Rücknahme der Beschlüsse vom 20.12.1764, vor allem hinsichtlich der Beseitigung des Einstimmigkeitsgebots, damit die von der Kaiserin präferierte „Anarchie" in Polen wieder Einzug halten würde. Und Durchsetzung konfessioneller Gleichheit, vor allem mit Blick auf Protestanten und Orthodoxe.[96]

Der Sejm fasste unter diesen Vorgaben letztlich fünf Gruppen von Beschlüssen, deren Gehalt erstmals als invariabel deklariert wurde, also als „für die Ewigkeit" festgeschrieben galt:[97]

- Freie Wahl des Königs;
- Liberum Veto;
- Recht des Adels auf einen Rokosz, also eine Rebellion, sollte der König die Rechtsordnung verletzen;
- ausschließlicher Ämterzugang für Adlige;
- Beibehaltung der Leibeigenschaft.

Diese Regelungen wurden aber nicht, wie eigentlich zu erwarten, in mehreren Gesetzesreformen festgelegt. Stattdessen wurde die Aufgabe

---

[95] Zur verbreiteten Wahrnehmung in Polen Lubomirski: Księcia Repnina, passim.

[96] Die wenigsten europäischen Staaten dieser Zeit kannten die hier von Polen-Litauen geforderte Gleichheit; im Gegenteil waren hier Protestanten und Orthodoxe zwar benachteiligt, aber weit weniger als Katholiken in Großbritannien oder den Niederlanden, Protestanten in Frankreich oder Österreich-Ungarn; Davies: God' Playground, S. 388.

[97] Tazbir/Rostworowski: Commonwealth, S. 325.

einem „Stummen Sejm", also einem Sejm ohne Disputationsrecht übertragen, der einen Vertrag mit Russland erarbeitete, den am 25.02.1768 durch den Sejm angenommenen Freundschaftsvertrag mit dem Russischen Reich.[98] Jekaterina II wiederum garantierte, dass Russland dauerhaft die Beibehaltung dieser Regeln sicherstellen würde und garantierte dabei ebenfalls die polnischen Grenzen. Dies war auch deshalb wichtig, weil auf Wunsch Polen-Litauens der namensähnliche „Ewige Friede" vom 06.05.1686 die Unverletzlichkeit der Grenze zu Russland nur bis 1772 festgelegt hatte. In wenigen Jahren drohte diese Regelung auszulaufen, was angesichts der veränderten Machtverhältnisse eine erhebliche Bedrohung für Polen-Litauen darstellte.

Dass die wichtigsten verfassungspolitischen Linien für Polen-Litauen nicht in einem Parlamentsbeschluss, sondern in einem Vertrag mit einem Nachbarstaat festgelegt wurden, in dessen einleitenden Worten zudem Jekaterina II als bedeutende Herrscherin und der polnisch-litauische König als belanglose Randfigur erschien, manifestierte den Niedergang der Autonomie des Staates. Der russische Außenminister, Nikita Panin, ließ in einem Schreiben an Stanisław II August daher auch keinen Zweifel, dass Polen-Litauen jetzt zu einem russischen Satellitenstaat geworden war. Aber zugleich war es auch Panin, der gegen eine Okkupation Polen-Litauens im russischen Kronrat argumentierte. Russland sah sich nach seinem Ausscheiden aus der Allianz im Siebenjährigen Krieg als isoliert an, während Österreich-Ungarn und Frankreich enger kooperierten. Daher plante Panin, ein „Nordisches

---

[98] Vgl. IEG: 1768 II 24 Ewiger Friede. Für den Vertrag kursieren verschiedenen Namen; im Dokument selbst wird von „Traktat wieczney przyiazni", also von einem „Vertrag zu ewiger Freundschaft" gesprochen.

86

System" aus Großbritannien, Brandenburg-Preußen, Dänemark-Norwegen, Russland, Schweden und eben auch Polen-Litauen zu errichten. Hier sah Panin Polen-Litauen als wichtigen Partner, auch weil das Königreich als katholisches Land einen Gegenpart zu Österreich-Ungarn wie auch zu Frankreich bilden würde.[99]

Was Repnin und Panin, letztlich aber Jekaterina II deutlich unterschätzt hatten, war jedoch die katholische Opposition im polnischen Kernland und der Einfluss des katholischen Klerus wie auch des Vatikans.[100] Repnin war es nicht gelungen, die katholische Opposition gegen eine Gleichberechtigung von Protestanten und Orthodoxen hinreichend einzuschüchtern. Zugleich hatte Clemens XIII. die katholische Seite zu entschiedenem Widerstand gegen jede Idee der Gleichberechtigung aufgefordert.

Es kam am 29.02.1768 zur Gründung der Konföderation von Bar, knapp eine Woche nach Verabschiedung des Freundschaftsvertrag im Sejm. Man darf davon ausgehen, dass die Vorbereitung dieses Schritts lange vorher erfolgt war, die von Repnin inszenierte Karikatur eines Sejm aber einen letzten, wichtigen Auslöser darstellte.[101]

Initiiert wurde dieser Übergang zur offenen Konfrontation u.a. durch den Bischof von Kamieniec, Adam Stanisław Krasiński, den Bischof von Krakau, Kajetan Ignacy Sołtyk, und den langjährigen Verfechter einer engen Bindung an Sachsen, Jerzy August Mniszech.

---

[99] Ransel: Politics, S. 79-85; Schmidt: Panins Plan, S. 411.

[100] Massie: Catherine, S. 127.

[101] Die Konföderation baute teilweise auf der im Vorjahr gegründeten Konföderation von Radom auf, die sich vor allem gegen den neuen König, den russischen Einfluss und ebenfalls für die katholischen Interessen positioniert hatte. Wichtige Führer der Konföderation von Bar hatten zuvor eine ähnliche Rolle bereits in der Konföderation von Radom gespielt.

Unterstützung kam von einigen einflussreichen Magnatenfamilien, darunter die erneut gegen um die Vorherrschaft in Litauen bemühten Sapieha, die Potockis, Teile der Pułaskis und natürlich Krasińskis eigene Familie. Aber geistiger Führer der Konföderation war der bis heute in Polen verehrte Prediger Marek Jandołowicz. Dieser galt als Autor der Mitte der 1760er Jahre erschienenen „Wieszczba dla Polski", die bis heute vor allem in rechts-esoterischen Kreisen als mystische Vision der polnische Zukunft verstanden wird. In diesem teilweise wirren Agglomerat gibt es einige halbwegs unmissverständliche Aussagen:[102]

- Protestanten, Orthodoxe und Heiden steht ein Strafgericht bevor;
- Gestützt auf die Schwarze Madonna von Częstochowa (Tschenstochau) wird Polen Russland erobern;[103]
- Polen muss in einem furchtbaren Krieg untergehen, um sich wie ein Phönix aus der Asche zu erheben.

---

[102] https://rcin.org.pl/dlibra/doccontent?id=19127

[103] Dies ist die plausibelste Interpretation der Zeilen „Dwugłowy w kolor przebierze się biały. Jednogłowy piersi czarnego osiędzie, z którym złączony cuda czynić będzie.", übersetzt „Der Zweiköpfige wird weiß. Der Einköpfige wird sich an die schwarze Brust anschmiegen und mit ihr gemeinsam Wunder wirken." Das bezieht sich auf den zweiköpfigen, schwarzen Adler des Russischen Kaiserreichs und den einköpfigen, weißen Adler Polens. Die schwarze Brust kann sich aber auch auf den deutschen Reichsadler bzw. auf den doppelköpfigen schwarzen Adler im Wappen Österreich-Ungarns beziehen, was dann die Möglichkeit eines Bündnisses dieser beiden wichtigsten katholischen Staaten gegen Russland andeuten würde.

Dieser Geist von Untergang und glorioser Wiederauferstehung bestimmte das Handeln der Konföderation als einer schwärmerischen Erweckungsbewegung, die Polen-Litauen um der katholischen Sache willen zu verwüsten bereit war. Gleichzeitig aber entwickelte man trotz der katastrophalen Erfahrungen mit den ersten beiden Wettinern auch Hoffnungen auf einen weiteren katholischen König aus Sachsen.[104]

Repnins erste Gegenmaßnahmen erwiesen sich als zu zaghaft, um die Konföderation unmittelbar zu zerschlagen. Zwar ließ er wichtige Stimmen der katholischen Sache verhaften und deportieren, darunter natürlich Kajetan Sołtyk und der Bischof von Kiew, Józef Andrzej Załuski. Hinzu kam mit dem Dichter Wacław Piotr Rzewuski einer der eloquentesten Vertreter der katholischen Sache im Sejm.[105] Aber das

---

[104] Der Sohn Augusts III, Friedrich Christian, war bereits 1783 nach nur 74 Tagen auf dem sächsischen Thron gestorben. Sein Sohn Friedrich August I. war zu dieser Zeit noch minderjährig, sodass seine Mutter, Maria Antonia von Bayern, und sein Onkel Franz Xaver von der Lausitz bis 1768 die Regierung führten. Franz Xaver verzichtete im Namen von Friedrich August I. 1786 auf jeden Anspruch auf den polnisch-litauischen Thron zugunsten von Stanisław II August. Aber die katholische Seite in Polen fühlte sich geradezu schicksalhaft ermutigt dadurch, dass genau in diesem kritischen Jahr 1768 Friedrich August I. volljährig werden würde, auch wenn sich der zögerliche, wenig charismatische sächsische Herzog kaum zum strahlenden Heilsbringer eignete.

[105] Auch Rzewuskis Sohn Seweryn wurde dabei inhaftiert und war wie sein Vater die nächsten sechs Jahre in Kaluga arretiert. Er war zwar auch im Sejm vertreten und setzte sich für die katholische Sache ein, wurde aber wohl vorwiegend wegen seines Vaters deportiert; Scott: Emergence, S. 182.

täuschte darüber hinweg, dass sich hier inzwischen eine nicht mehr so einfach zu beseitigende Volksbewegung gebildet hatte.

Die Rebellion breitete sich rasch aus, erfasste aber nur die katholische Bevölkerungsgruppe, was ihre Chancen von Beginn an deutlich verschlechterte, weil sie zu ihrer Zeit nicht als nationale Erhebung verstanden wurde.[106] Immerhin mobilisierte sie rasch auch katholische Kreise in Litauen und assimilierte Teile der Konföderation von Radom. Anders als die drei vorigen Konföderationen stellte die neue Verbindung nun auch Truppen auf, da sie ihre Rebellion als einen von der traditionellen Verfassung abgedeckten Rokosz ansah. Entsprechend wurde als Aufgabe der Armee offen der Sturz des Königs ausgegeben, der als Tyrann, Vernichter der Goldenen Freiheit und Handlanger der russischen Kaiserin dargestellt wurde.[107]

Die russische Seite sah in der Konföderation, nicht ganz zu Unrecht, eine Ansammlung von Schwärmern, Spinnern und Untergangsfanatikern. Sie unterschätzte aber gründlich, welche Verwüstungen solche Bewegungen anrichten können.[108]

---

[106]   Die verschiedentlich vorgetragene Idee, dies sei der eigentliche Beginn der polnischen Nation gewesen, ist also ahistorisch oder verlangt mindestens die Ausgrenzung eines erheblichen Teils der polnischen Bevölkerung: Belarussen, Kosaken und Litauer im eigentlichen Nationenbegriff, Protestanten, Orthodoxe, Unierte und Juden im Sinne eines Volksbegriffs der Bevölkerung auf polnischen Territorium; Konopczyński: Konfederacja barska, Bd. 1, S. 21-23.

[107]   Scott: Emergence, S. 185.

[108]   Zu Repnins ursprünglicher Einschätzung der Konföderation Konopczyński: Konfederacja barska, Bd. 1, S. 43; Hartmann: Friedrich, S. 161-162.

Repnin forderte auf Weisung aus Moskau Stanisław II August auf, den Aufstand niederzuschlagen. Der König kam dem nach und bat Russland um Unterstützung. Umgehend erhöhte Russland seine Truppenstärke in Polen-Litauen von bisher 12.000 auf 35.000 Mann. Dadurch standen jetzt zwei Armeen gegen die Aufständischen, da auch die polnisch-litauischen Krontruppen mobilisiert wurden. Die verbliebenen Teile der Konföderation von Radom stellten sich auf die Seite des Königs, ihre Truppen schlossen sich auf Drängen Repnins, der die Konföderation über geraume Zeit kontrolliert hatte, der Armee des Königs an. Der polnische Großhetman Franciszek Ksawery Branicki wurde ihr Oberbefehlshaber. Stanisław II August willigte aber in einen russischen Gesamtbefehl auch über die polnisch-litauischen Truppen ein.[109]

Die Konföderation von Bar verlor in den folgenden Monaten von Mai bis Oktober 1768 jede nennenswerte Auseinandersetzung mit den russischen und polnisch-litauischen Truppen. Einmal mehr zeigte sich, dass religiöser Fanatismus ein schwaches Mittel ist im Kampf gegen gut ausgebildete und bewaffnete Truppen unter einer wenigstens halbwegs sachkundigen Führung.

Krasiński, wichtigster noch in Freiheit befindlicher Anführer der Konföderation, versuchte den Papst, dann auch Österreich-Ungarn zu einem entschiedenen Eintreten für die polnisch-litauische Sache zu motivieren. Zunächst allerdings gelang es ihm, im Oktober 1768 die Unterstützung der französischen Krone zu gewinnen. Doch reichte dies nicht, um der Konföderation eine Chance auf einen Sieg vor allem gegen die russischen Kontingente zu sichern. Und diese frühe Unterstützung durch Frankreich machte es schwieriger, umfangreiche Unterstützung aus Wien oder aus Dresden zu erreichen.

---

[109] Konopczyński: Konfederacja barska, Bd. 1, S. 46.

Im April begann die Offensive unter formaler Oberhoheit des Königs gegen die Positionen der Konföderation in der Ukraine, die mit der Einnahme von Bar am 28.06.1768 endete. Ein zweiter Schwerpunkt der Konföderation in Südpolen brach am 22.08.1768 zusammen, die letzten größeren Widerstandsnester wurden in Litauen am 26.10.1768 bei Njaswisch zerschlagen.

Es wurde durch diese verlustreichen, weitgehend aussichtslosen Gefechte deutlich, dass viele Anhänger der Konföderation der mit dem Sarmatentum verbundenen Ideologie folgten, eine ruhmreiche Niederlage sei einem durch Kompromiss und Verhandlung erreichten Frieden allemal vorzuziehen.[110] Zudem hatte die Konföderation in fast ganz Polen-Litauen unter Beweis gestellt, dass ihr durchaus an einer Verwüstung des Königreichs als Vorstufe eines gloriosen Neubeginns gelegen war. Nur ließ dieser Neubeginn wie auch die Unterstützung durch die Schwarze Madonna von Częstochowa weiterhin auf sich warten.

Immerhin war inzwischen im Juni 1768 in der westlichen Ukraine ein weiterer Aufstand von Hajdamaken ausgebrochen.[111] „Hajdamaken" bezeichnete die eigentlich stark heterogene Unterschicht im von Polen-Litauen kontrollierten Terrain westlich des Dnipro. Es handelte sich um Kosaken, aber vor allem um polnische und russische Bauern, die von den polnischen Magnaten hier angesiedelt worden waren. Die ihnen zugesagte Steuer- und Abgabenbefreiung lief meist nach zehn, fünfzehn oder zwanzig Jahren aus, sodass diese Familien verarmten und oft zu Leibeigenen der Grundherren wurden. Es gab schon zuvor, 1734 und 1750, Aufstände gegen dieses System, die Polen-Litauen nur mit Hilfe der russischen Armee niederschlagen konnte. Dieser dritte

---

[110] Faber: Sarmatismus, S. 273-274.
[111] Kohut: Myths, S. 360.

und letzte der Hajdamaken-Aufstände, der Kolijiwschtschyna-Aufstand, war nun eine direkte Reaktion auf die katholische Agitation der Konföderation von Bar. Insbesondere die orthodoxen Klöster wurden zu Treibern dieser eigentlich von Beginn an aussichtslosen Rebellion. An sich wenig bedeutend, führte der Aufstand zu diversen Gewaltexzessen. So kam es in Uman zu einem Massaker an den dort lebenden Juden, aber auch an polnischen Landbesitzern und ihren Vertrauten. Zudem wurden wenigstens 2.000 orthodoxe Christen ermordet, die man der Kollaboration mit den polnischen Landesherren verdächtigte.[112]

Der Konföderation von Bar gab das neuen Auftrieb, da man die Hajdamaken als von Russland bezahlte Mordbrenner darstellte. Dass die Opfer im Wesentlichen Juden gewesen waren, unterschlug diese Propaganda geflissentlich, auch den Anteil von Litauern und Ruthenen an den Opfern. Doch immerhin gelang es jetzt der zutiefst katholischen Konföderation, das Osmanische Reich dafür zu gewinnen, Russland von Süden her anzugreifen.

Sicherlich darf man den Einfluss der Konföderation von Bar auf den Beginn des erneuten Kriegs zwischen dem Russischen und dem Osmanischen Reich nicht überschätzen. Weder war man an der Hohen Pforte so schlecht informiert, dass man so einfach den Fantastereien einer zutiefst katholischen Emigrantengruppe aufgesessen wäre. Es bestand auch wenig Unklarheit über die Stärke der russischen Armee.[113] Doch wollte das Osmanische Reich dem Drängen Russlands

---

[112] Die Zahl der durch das Pogrom in Uman wie auch durch weitere Pogrome im Zuge des Aufstands ermordeten Juden ist strittig, dürfte aber bei ca. 2.000 in Uman und insgesamt bei wenigstens 20.000 gelegen haben; Kappeler: Ukraine, S. 103.
[113] Shaw: History, S. 253–255.

nach Süden schon längere Zeit entgegentreten. Konstantinopel setzte darauf, dass der Feind an zu vielen Fronten gebunden sei, als dass man einem entschlossenen Vorstoß der türkischen Armee viel Widerstand werde entgegensetzen können, vor allem, wenn Kollaborateure der Konföderation von Bar einen türkischen Vormarsch unterstützen würden. Zudem sah man Russland infolge der Lasten des Siebenjährigen Kriegs auch finanziell nicht in der Lage, einen Krieg gegen das Osmanische Reich zu führen. Daher kam es am 25.09.1768 zu einem erneuten Krieg zwischen der Türkei und Russland.[114]

Russland wie auch das Osmanische Reich sahen sich auf diese Weise mit einem weiteren Kriegsschauplatz konfrontiert, auch wenn das Sultanat es vor allem mit Binnenkonflikten abtrünniger Provinzen zu tun hatte. Letztlich setzte sich aber die russische Armee in diesem Krieg durch, auch wenn die finale Entscheidung fast sechs Jahre auf sich warten ließ. Aber von Beginn an machten die modernere Organisation und Bewaffnung der russischen Truppen einen türkischen Sieg mindestens unwahrscheinlich.[115] Bereits am 17.11.1769 fiel Bukarest. Zudem gelang es, die türkische Marine rasch weitgehend auszuschalten, vor allem durch die Seeschlacht bei Çeşme, die am 07.07.1770 endete. Auch weiter im Osten erlitten die Türken verlustreiche Niederlagen, so am 18.07.1770 an der Larga und am 31.07. und 01.08.1770 bei Kagul. In Syrien und Ägypten kam es zu erneuten, von Russland

---

[114] Formaler Kriegsgrund war, dass nach Darstellung des Osmanischen Reichs Sapporoger Kosaken fliehende Truppen der Konföderation über die Grenze verfolgt und dabei in Balta ein Massaker angerichtet hätten. Balta war eine Doppelstadt am Ufer der Kodyma, da auf der anderen Flussseite das polnische Józefgród lag. Diese Anschuldigungen wurden von Russland allerdings zurückgewiesen; Sicker: Islamic, S. 100.

[115] Aksan: One-Eyed, S. 225.

geförderten Aufständen, und am 14.07.1771 durchbrach eine Armee unter Wassili Dolgoruki die türkischen Linien auf der Krim, die bis Ende Juli vollständig unter russischer Kontrolle war.

Diese Erfolge gelangen trotz der seit 1770 deutlich erschwerten Situation im Inneren Russlands. Der Pestepidemie von 1770 war fast die Hälfte der Bevölkerung von Moskau und verschiedener anderer Städte zum Opfer gefallen.[116] Es folgte die als Pugatschow-Aufstand bezeichnete Revolte von verarmten Kosaken und Leibeigenen, die dem Osmanischen Reich eine weitere kleine Atempause verschaffte. Zunächst hatten 1772 die am Ural lebenden Kosaken sich gegen die dortige Provinzregierung erhoben. Im Folgejahr war daraus ein allgemeiner Aufstand geworden, auch weil einer der Kosaken, Jemeljan Pugatschow, große Teile der Bevölkerung glauben machen konnte, er sei der von Jekaterina II gestürzte Zar Pjotr III, der eigentlich längst tot war. Tausende verzweifelter Leibeigener schlossen sich dem Aufstand an, der trotz diverser Niederlagen erst mit der Schlacht von Chorny Jar am 25.08.1774 überwunden werden konnte.

Aber bereits im März 1773 fühlte Jekaterina II sich stark genug, auch den Krieg gegen das Osmanische Reich fortsetzen zu können.[117] Am 20.06.1774 kam es schließlich zu einer katastrophalen Niederlage der türkischen Armee bei Coslugea, sodass das Osmanische Reich am 21.07.1774 den Frieden von Küçük Kaynarca unterzeichnen musste. Das Osmanische Reich verlor große Gebiete im Kaukasus, die strategisch wichtigen Seefestungen Kertsch, Jenikale und Kinburn und das

---

[116] Dies löste die Moskauer Pestrevolte vom September 1771 aus, die ebenfalls mit Heereskräften unter Führung vom Favoriten der Kaiserin, Grigori Orlow, niedergeschlagen wurde. Orlow verblieb mit seiner Truppe fast zwei Monate in Moskau, um die Bekämpfung der Pest zu organisieren; Kühl: Pestaufstand, S. 350.

[117] Davies: Russo-Turkish War, S. 119.

immer wieder umkämpfte Asow. Russland übernahm auch die Herrschaft über die südliche Ukraine zwischen Bug und Dnipro und kontrollierte fortan das Krim-Khanat, das es 1783 insgesamt annektierte.

Der erneute Krieg zwischen Russland und dem Osmanischen Reich entlastete die Konföderation von Bar zunächst, zumal sie auch offiziell als Verbündete des Osmanischen Reichs angesehen wurde.[118] Dadurch konnte sie den von ihr betriebenen Bürgerkrieg in Polen-Litauen noch zwei Jahre fortsetzen, obgleich sie auch weiterhin keines der größeren Treffen für sich entscheiden konnte. Gleichzeitig aber destabilisierte sie das Königreich weiter und beschleunigte auch noch einmal den wirtschaftlichen Niedergang vieler Regionen.

Insgesamt entsprach der Aufstand dem von Teilen der Konföderation erwarteten, ja propagierten nationalen Katastrophe. Lediglich die ideologisch bedeutsame Festung von Częstochowa, Jasna Góra, hatte die Konföderation 1771 erobern können. Die Konzentration hierauf zeigt aber, wie stark der Einfluss der religiösen Schwärmer und Fanatiker auf die Kriegführung der Konföderation war. Denn die Festung war belanglos, ihre Eroberung ohne jede Konsequenz.[119] Aber man hatte jetzt die Schwarze Madonna an sich gebracht, von der man ja weiterhin die Herbeiführung himmlischer Heerscharen erwartete.

Die Konföderation verlor weiter an Rückhalt bei den europäischen Mächten, als bekannt wurde, dass man versucht hatte, Stanisław II August zu entführen, wahrscheinlich auch zu ermorden.[120] Führer dieser fehlgeschlagenen Aktion war Kazimierz Pułaski, aber eine österreichische Mitwisserschaft ist nicht auszuschließen. Nach dem fehlgeschlagenen Vorstoß auf Warschau distanzierte sich Österreich-

---

[118] Massie: Catherine, S. 259-263.
[119] Davies: God's Playground, Bd. 1, S. 392.
[120] Storozynski: Peasant Prince, S. 23.

Ungarn allerdings von der Konföderation. Auch Sachsen und Frankreich beendeten ihre Unterstützung des Aufstands, sodass dieser eigentlich spätestens jetzt gescheitert war.[121]

Ohne Aussicht auf einen Sieg, aber beseelt von der Idee, dass ein glorioser Untergang Polen-Litauens einen umso glorreicheren Wiederaufstieg unmittelbar herbeiführen würde, ging der Bürgerkrieg dennoch bis zum November 1772 weiter, ehe auch die letzte Festung der Aufständischen, Zagòrz, von den Truppen des Königs eingenommen wurde. Auch eine russische Niederlage gegen das Osmanische Reich hätte die Konföderation also nicht mehr retten können.

Die innenpolitischen Folgen des Kriegs waren erheblich. Etwa 60.000 Soldaten kamen auf Seiten der Aufständischen ums Leben, und direkt danach begannen umfangreiche Deportationen ganzer Familien nach Sibirien, wohin zwischen 6.000 und 10.000 Menschen verschleppt wurden. Vor allem aber hatte der Krieg erneut ganze Regionen verwüstet und wahrscheinlich Zehntausende von Menschen das Leben gekostet oder sie gezwungen, ihre Heimat zu verlassen.[122]

Insgesamt war eine weitere Schwächung der Polnisch-Litauischen Autonomie eine direkte Folge des Krieges. Russische Truppen hatten – nur formal auf Wunsch des Königs – frei in Polen-Litauen operiert,

---

[121] Pułaski gelangte über diverse Stationen 1775 nach Frankreich, wo er Benjamin Franklin begegnete. Dieser überzeugte Gen. Lafayette, Pułaski ein Kommando in der Armee der aufständischen Kolonien anzubieten. Hier wurde er ab 1777 zum führenden Organisator der US Cavalry, als der er bis heute in den USA verehrt wird. Sein Grab in der Nähe von Savannah wurde 2015 exhumiert. Die Skelett- und DNA-Analysen führten zu der Ansicht, dass Pułaski intersexuell oder eine als Mann getarnte Frau war; Samoray: Buried, passim.

[122] Butterwick: Enlightened Monarchy, S. 216.

Katholiken und Türken hatten sich gegen das eigene Land verbündet und gleichzeitig Österreich-Ungarn vom Unterstützer zum Gegner gemacht. Lediglich den Wunsch des Papstes, jede Annäherung an Protestanten oder Orthodoxe dauerhaft zu unterbinden, kann man als Erfolg der Konföderation verbuchen.

3.9.   Die Polnischen Teilungen

Der Ende 1772 zu Ende gegangene Bürgerkrieg hatte noch einen anderen, weitreichenden Effekt. Er lieferte nämlich den benachbarten Großmächten einen willkommenen Vorwand, einer Zerteilung des Polnisch-Litauischen Königsreichs näher zu treten.

Österreich-Ungarn betrachtete die Expansion Russlands schon seit längerem mit Argwohn. Der erneute Krieg mit der Türkei eröffnete Wien die Möglichkeit, Russland dauerhaft zu schwächen, wenn man auf Seiten der Türkei in den Krieg eintrat. Entsprechende Anzeichen alarmierten aber die preußische Seite unter Friedrich II., der fürchtete, durch den Pakt mit Russland von 1764 in einen erneuten europäischen Krieg hineingezogen zu werden. Brandenburg-Preußen war nicht einmal ansatzweise aus den Folgen des im Februar 1763 beendeten Siebenjährigen Kriegs heraus, der den Staat fast zerstört hätte. Andererseits wollte Friedrich unverändert sich die polnische Ostseeküste einschließlich Danzig einverleiben, zumal dadurch die östliche Teilung seines Staats überwunden würde – auch wenn die Entfernung zu den rheinischen Provinzen Brandenburg-Preußens natürlich bestehen bliebe.[123]

Friedrich versuchte daher, Österreich-Ungarn und Russland dazu zu gewinnen, jeweils einen Teil Polens zu annektieren. Das sollte einerseits eine auf gemeinsam begangenem Unrecht gegründete

---

[123]   Hartmann: Friedrich, S. 164

Annäherung bewirken, andererseits Brandenburg-Preußen die angestrebten Gebietsvermehrungen ganz ohne militärische Eroberungen ermöglichen.[124] Österreich-Ungarn hatte bereits 1769 hierfür ein erstes Exempel statuiert, indem es die Zipser Städte okkupierte. Dabei handelte es sich um eine ursprünglich ungarische Besitzung, die aber 1412 an Polen-Litauen verpfändet wurde, als der deutsche König und spätere Kaiser Sigismund von Luxemburg dringend einen Kredit aus Polen-Litauen benötigte.[125] Er musste nämlich seinen Krieg mit Venedig um die Vorherrschaft in Dalmatien finanzieren. Nun, mehr als 350 Jahre später, gelangte auch weiterhin keine Schuldenbegleichung aus Österreich-Ungarn nach Polen-Litauen. Dennoch nahm sich Joseph II., Mitregent in Wien, trotz starker Bedenken seiner Mutter Maria Theresia die wohlhabende Bergbauregion rings um Spišská Sobota und Stará Ľubovňa zurück.[126] Friedrich errichtete im Gegenzug einen Grenzkordon quer durch Westpreußen, formal zur Abwehr der im

---

[124] Broszat: 200 Jahre, S. 64.

[125] Im 13. Jahrhundert war innerhalb der Region Zips der 24-Städte-Bund entstanden, die einem gemeinsamen Rechtssystem folgten, der „Zipser Willkür". Der Bund umfasste aber nur einen kleinen Teil der im Wesentlichen ungarischen Zips. Er wurde mit der Verpfändung zerteilt, da nur 13 der 24 Bundesstädte sowie drei weitere Städte übertragen wurden. Diverse Versuche, die Städte wieder auszulösen, die Sigismund und auch seine Nachfolger unternehmen, scheiterten zunächst an der katholischen Kirche, welche die Verpfändung als großen Erfolg gegen die lutherischen Kräfte der Zips ansah, später an der polnisch-litauischen Regierung, welche die lukrativen Handelsstädte ungern zurückgeben wollte; Seewann: Geschichte, Bd. 1, S. 28-29.

[126] Sarnowsky: Erste Teilung, S. 7; zur Auseinandersetzung mit Maria Theresia Magenschab: Josef II,, S. 213-214.

Zuge des Bürgerkriegs aufgeflammten Pest in einigen polnischen Bezirken.[127]

Österreich-Ungarn war also Wegbereiter der Teilung, zumal es auch Ende der 1760er Jahre mehrere Offerten an Brandenburg-Preußen gemacht hatte, auf Schlesien doch noch zu verzichten. Im Gegenzug wollte Österreich-Ungarn Brandenburg-Preußen unterstützen, die polnischen Ostseeprovinzen zu okkupieren.

Bereits 1769 hatte Friedrich in seinem zweiten Testament einen Annexionsplan entwickelt, das „Lynarsche Projekt", das er damals vergeblich Russland vorgeschlagen hatte.[128] Hierauf griff Friedrich zurück, als er der russischen Kaiserin unverblümt die Annexion von Teilen des polnisch-litauischen Territoriums vorschlug. Jekaterina II zögerte zunächst, vor allem wohl mit Blick auf die gerade erst gegebene territoriale Garantie des „Ewigen Vertrags" und die ohnehin im russischen Sinne weiter gewachsene Hegemonie über Polen. Aber der fortdauernde Bürgerkrieg und die Gefahr, dass sich der Krieg mit dem Osmanischen Reich erneut zu einem gesamteuropäischen Konflikt ausweiten könnte, veranlasste sie letztlich, sich Friedrichs Ideen zu eigen zu machen.

Als sich dann spätestens ab 1772 ein russischer Sieg mit erheblichem Machtzuwachs im Krieg gegen das Osmanischen Reich abzeichnete, setzte auch in Wien ein Sinneswandel ein. Die Okkupation großer Teile

---

[127] Hartmann: Friedrich, S. 172.

[128] Hein: Friedrich der Große, S. 280. Der Name des Projekts ging auf den etwas zwielichtigen dänischen Diplomaten Rochus Friedrich zu Lynar zurück, der Friedrich eine entsprechende Idee Anfang 1769 unterbreitet hatte; vgl. Schreiben Friedrich II. an Graf Solms, 02.02.1769, in: http://friedrich.uni-trier.de/de/volz/5/20/text.

Polen-Litauens, die Erste Polnische Teilung, stand damit unmittelbar bevor.

Um es noch einmal deutlich zu sagen, die Ursache dieser Teilungen lag nicht in Polen-Litauen, nicht in seiner Verfassung, nicht in seiner angeblichen Schwäche.[129] Die Ursachen lagen außerhalb, lagen im Hegemonialstreben der drei spätere Teilungsmächte. Und sie lagen in der Schwäche des zwischenstaatlichen Rechts, des Völkerrechts, das der „Recht durch Macht"-Haltung vor allem des Potsdamer Herrschers nichts entgegenzusetzen hatte.

Demokratiefeindliche Historiker und alle, die Friedrich II. mit einer strahlenden Gloriole zu umhüllen trachteten, haben diese eigentlichen Ursachen der Teilungen meist konsequent ignoriert. Stattdessen propagierte man eine antidemokratische und dem Völkerrecht gegenüber gleichgültige Erklärung und Rechtfertigung der Teilung aus der inneren Situation Polen-Litauens heraus.[130] Das angebliche Chaos des 18. Jahrhunderts, so heißt es oft, sei schon an den ständig wechselnden Kurzzeitherrschern erkennbar, sodass nur durch eine Aufteilung Polen-Litauens auf die Nachbarstaaten eine nennenswerte Stabilität hätte wiederhergestellt werden können. Aber tatsächlich waren zwar beide sächsischen Könige weder gute noch weitsichtige Herrscher. Aber eine Serie rasch wechselnder Monarchen hat es – sieht man von Stanisław Leszczyński als Gegenkönig einmal ab – im 18. Jahrhundert nicht gegeben. Seit mit Wenzel II. im Jahr 1300 die durchgehende Herrscherfolge Polen-Litauens begann, hatte das Land vor August II

---

[129] Lukowski: Liberty's Folly, passim, v.a. S. 12-14.

[130] Broszat: 200 Jahre, S. 45-48. Entsprechend Müller: Teilungen, S. 80-87, mit einer detaillierten Analyse der traditionellen Forschung in der deutschen Geschichtswissenschaft zu den preußischen Teilungen.

insgesamt 21 Herrscher, was eine durchschnittliche Herrschaftszeit von annähernd 19 Jahren bedeutet. Aber in den 98 Jahren, die mit August II Regierungsantritt begannen und mit der Abdankung von Stanisław II August 1795 endete, besaß Polen-Litauen gerade einmal drei Könige, was einer durchschnittlichen Herrschaftszeit von 32,7 Jahren entspricht. Polen-Litauen scheiterte also weder an seiner Verfassung noch an der mehr oder weniger großen Inkompetenz seiner beiden sächsischen Könige. Polen-Litauen scheiterte am russischen Hegemonialstreben, an der Expansionslust seiner Nachbarn und der Gleichgültigkeit aller ausländischen Mächte, aber insbesondere Brandenburg-Preußens und Russlands, gegenüber allen Vorgaben sowohl des Völkerrechts als auch des Kriegsrechts, selbst wenn dies zu dieser Zeit nur geübte Praxis und noch auf mehr als hundert Jahre kein kodifiziertes Recht war.

Es lohnt sich, die Motive der verschiedenen Mächte im Vorfeld der Ersten Polnischen Teilung noch einmal zu vergleichen:

- Russland: Jekaterina II hatte die faktische Hegemonie über ganz Polen-Litauen verwirklicht, einer ihrer engsten Vertrauten saß in Warschau auf dem Thron. Zwar war das Königreich nicht okkupiert, doch hätte dies nur einen geringen Gewinn, aber eine deutliche Verschlechterung des Verhältnisses zu Russlands westlichen Konkurrenten, insbesondere zu Österreich-Ungarn bedeutet.

- Brandenburg-Preußen: Friedrich II. wollte vor allem den Frieden waren, nachdem sein Königreich noch längst nicht die katastrophalen Auswirkungen des Siebenjährigen Kriegs überwunden hatte. Andererseits war ihm aber daran gelegen, Ostpreußen und Brandenburg durch Okkupation des polnischen Westpreußen zu einem geschlossenen Ganzen zu machen.

- Österreich-Ungarn: Maria Theresia und der Hof in Wien betrachteten die russische Expansion mit Argwohn und waren daher während des Russisch-Türkischen Kriegs sogar bereit, einen Pakt mit ihrem langjährigen Erzfeind zu schließen. Die Königin scheute vor den moralischen Implikationen einer Okkupation zurück, wollte aber andererseits nicht in die zweite Reihe europäischer Staaten zurücktreten.

- Papst und katholische Kirche: Der Kirche strebte mit allen Mitteln eine polnische Teilung an, um eine weitere Expansion der protestantischen und der orthodoxen Konfession zu erschweren. Die polnischen Bischöfe kannten diese Politik des Vatikan und waren daher ebenfalls Anhänger einer Zerteilung des Landes

- Stanisław II August: Der polnisch-litauische König hatte einen eigenständigen Kurs zwischen Europa und Russland zu steuern versucht, war damit aber weitgehend gescheitert. Ihm blieb damit nur, so viel von Polen-Litauen zu retten, wie irgend möglich war, um dann im verbleibenden Rest des Landes doch noch seine ambitionierten Reformpläne umsetzen zu können.

- Sejm und Adel: Lange Zeit war der Adel in Polen und Litauen nicht zerstrittener als in anderen europäischen Staaten, und über lange Zeit war er der Träger der Expansion des Königreichs und Garant seiner Stabilität angesichts wechselnder und nicht selten weitgehend ungeeigneter Monarchen. In der desolaten Situation seit spätestens Mitte des 18. Jahrhunderts und unter dem Einfluss von katholischen Schwärmern und Heilspredigern war die unter dieser verzankten Oberfläche bestehende Einigkeit allerdings weitgehend zerbrochen, sodass eine geschlossene Haltung des Adels und des Sejm unmöglich geworden war. Die Großmächte hatten also in Polen-Litauen genau das herbeigeführt, was sie schon lange zuvor als das Kernproblem des Königreichs propagiert hatten.

Während mithin Clemens XIV., Papst seit 1769, und Friedrich II. eine Okkupation großer Teile Polen-Litauens unterstützten, standen Maria Theresia und Jekaterina II dem Vorhaben eigentlich skeptisch gegenüber. Aber in Wien hoffte man, durch die Pläne Brandenburg-Preußens und des Papstes Russlands Macht zu beschneiden. Und Jekaterina mussten fürchten, im Falle einer Ablehnung in einen europäischen Krieg zu geraten. Um dies zu vermeiden, musste sie hinzunehmen bereit sein, dass große Teile von Polen-Litauen ihrer faktischen Oberhoheit wieder entzogen und Brandenburg-Preußen bzw. Österreich-Ungarn zugeschlagen wurden. Die rechtswidrige Rücknahme der Zipser Städte durch Österreich-Ungarn 1769 hatte zudem einen Präzedenzfall geschaffen, dem man nun in deutlich größerem Maßstab und mit noch fadenscheinigerer rechtlicher Grundlage zu folgen bereit war.

Am 17.02.1772 schlossen Brandenburg-Preußen und Russland einen separaten Annexionsvertrag. Das veranlasste Österreich-Ungarn, vor allem Maria Theresia selbst, letzte Bedenken gegen eine Annexion von Teilen eines katholischen Staats zugunsten des verhassten Brandenburg-Preußen aufzugeben. Am 05.08.1772 unterzeichneten alle drei Staaten den Petersburger Vertrag. Polen-Litauen verlor dadurch etwa ein Viertel seines Staatsgebiets, vor allem aber die wirtschaftlich bedeutenden Ostseeprovinzen, und etwa 30% seiner Bevölkerung.

Traditionell wird dieser Akt meist als Erste Polnische Teilung bezeichnet. Das suggeriert, dass es danach das Königreich Polen-Litauen nicht mehr gegeben hätte. Das war aber nicht der Fall, sondern der Petersburger Vertrag manifestierte lediglich die völkerrechtswidrige Annexion von Teilen eines Landes, mit dem zu dieser Zeit keiner der drei annektierenden Staaten sich im Kriegszustand befand. Aber Stanisław II August blieb König, ja hatte, wenn auch natürlich unter unverhohlenem Druck, ebenso wie der Sejm dem Petersburger Vertrag zugestimmt.

Halbwegs zufrieden war mit der Regelung eigentlich nur Russland, zumal im verbliebenen Polen-Litauen die russische Hegemonie jetzt noch eindeutiger wurde. Brandenburg-Preußen hingegen haderte damit, dass es nicht gelungen war, auch Danzig und Thorn zu okkupieren. Maria Theresia und Joseph II. wiederum fanden im Nachhinein, dass Brandenburg-Preußen zwar das kleinste Territorium erhalten hatte, aber den wirtschaftlich deutlich attraktiveren Teil, sodass beiden weitere österreichische Annexionen unabdingbar erschienen.

Stanisław II August stellte sich in den folgenden zwei Jahrzehnten auf die Seite der Reformbewegung im Sejm.[131] Zwar hatten die drei Okkupationsmächte einen „Ständigen Rat" etabliert, der ihn erheblich einschränkte. Dennoch gab sich am 03.05.1791 mit seiner Unterstützung Polen-Litauen eine moderne Verfassung – zwanzig Jahre nach dem Untergang der Konföderation von Bar und genau vier Monate vor der französischen Constitution. Diese war die erste europäische Verfassung, die eine konsequente Gewaltenteilung vorsah und weitgehende Rechtsgleichheit aller Konfessionen und Religionen und aller Stände einführte.[132] Zwar scheute der König vor einer Abschaffung der

---

[131]   Butterwick: Enlightened Monarchy, S. 214.

[132]   Die ersten zehn Zusatzartikel zur Verfassung der USA, meist als „Bill of Rights" bezeichnet, welche aus dieser erst eine moderne Verfassung machten, wurden am 15.12.1791, also ein halbes Jahr nach der polnisch-litauischen Verfassungsentscheidung verabschiedet; Bodenhamer: Bill of Rights, S. 137-140, zum Vorbildcharakter der französischen und in gewissem Umfang auch

Leibeigenschaft zurück, die ihn mit Sicherheit die Unterstützung des im Sejm versammelten Adels gekostet hätte. Aber immerhin wurden weitgehende Schutzrechte für die Leibeigenen verankert. Das Liberum Veto wurde zugunsten des Mehrheitsprinzips aufgegeben, die Bildung von Konföderationen war fortan bei Todesstrafe verboten. Die Wahl wurde in eine Erbmonarchie umgewandelt, wobei nach dem Tod des Königs erneut die sächsischen Wettiner den Herrscher stellen sollten, trotz der desaströsen Herrschaft ihrer ersten beiden Vertreter auf dem polnisch-litauischen Thron.

Aber diese Verfassung war quasi im Schnellgang von Stanisław II August durchgesetzt worden, um einem Veto des Ständigen Rats zu entgehen. Denn die Zustimmung erfolgte nach nur siebenstündiger Beratung, was zu heftigen Reaktionen vor allem in Moskau, aber auch in Potsdam und in Wien führte.[133] Auch der polnische Klerus protestierte mit Unterstützung von Pius VI., Papst seit 1775, lautstark gegen die weitgehende Gleichberechtigung anderer Konfessionen und Religionen.

Mit russischer Unterstützung bildete sich im Folgejahr die Konföderation von Targowica, deren führender Vertreter, Stanisław Szczęsny Potocki, hier eine für Polen-Litauen ähnlich verhängnisvolle Rolle spielen sollte wie andere Mitglieder der Familie seinerzeit in der Konföderation von Bar.[134] Russland wiederum bekam 1792 durch den erneuten Sieg

---

der polnisch-litauischen Verfassung in den Diskussionen um die Verabschiedung der Bill of Rights.

[133] Lemberg: Polen, S. 46.

[134] Die starke Fokussierung auf die Auseinandersetzung mit Russland hat viele Interpreten veranlasst, die beiden Konföderationen als diametrale Gegensätze zu sehen; Davies: Europa, S. 670-671. Aber tatsächlich kämpfte die eine wie die andere Konföderation gegen eine Stärkung der Krone und zugunsten einer

über das Osmanische Reich mit dem Vertrag von Jassy am 09.01.1792 wieder die Hände frei, um sich stärker in Polen-Litauen zu engagieren.[135]

Formal von der Konföderation von Targowica zu Hilfe gerufen, marschierte ein russisches Heer von 100.000 Mann im Mai 1792 in Polen und Litauen ein, womit der Polnisch-Russische Krieg begann. Brandenburg-Preußen verließ daraufhin die 1790 mit Polen-Litauen geschlossene Defensivallianz, was eine kritische Schwächung der Verteidigungskraft bedeutete. Es gelangen in den nächsten Wochen zwar einige kleinere Erfolge, doch war insgesamt der Ausgang des Krieges absehbar, und anders als die Anhänger der Konföderation von Bar sah Stanisław II August eine völlige Verwüstung seines verbliebenen Restreichs nicht als Garant für einen gloriosen Wiederaufstieg. Daher schloss er sich gegen seine Überzeugungen am 23.07.1792 der Konföderation von Targowica an und ordnete die Einstellung aller Kampfhandlungen an, was sich allerdings nur durch weitere militärische Auseinandersetzungen durchsetzen ließ.

Es wurde rasch deutlich, dass Jekaterina II eine mehr oder weniger umfassende Okkupation Polen-Litauens anstrebte, sodass sie unmittelbar nach dem Sieg die Konföderation von Targowica auflösen ließ und ihre Mitglieder weitgehend entmachtete. Denn diese stand immer

---

ungehinderten Machtentfaltung der Magnatenfamilien, nur in einem Fall gegen Russland, im anderen mit russischer Unterstützung.

[135] Die erneute Kriegserklärung des Osmanischen Reichs gegen Russland war wesentlich auf die russische Annexion der Krim 1783 zurückzuführen. Österreich-Ungarn ließ sich zu einem Bündnis gewinnen, zumal man sicher war, nach dem Tod Friedrichs II. keinen Protest aus Brandenburg-Preußen erwarten zu müssen.

noch für einen autonome, wenn auch eng mit Russland verbundene Entwicklung Polen-Litauens.

Der neue König in Berlin, Friedrich-Wilhelm II., sah eine Chance, das Vermächtnis seines Onkels zu vollenden, indem er jetzt auch Thorn und Danzig okkupieren wollte. Russland allerdings, das gerade erst Polen-Litauen im Alleingang erobert hatte, war eigentlich kaum gesonnen, erneut einen Teil der eigenen Hegemonie zu opfern. Auch das Osmanische Reich hatte man letztlich auf sich gestellt besiegt, da Österreich-Ungarn bereits am 04.08.1791 mit geringen Gebietsgewinnen den Separatfrieden von Swischtow geschlossen hatte, um sich auf den Krieg gegen das revolutionäre Frankreich zu konzentrieren.

Es war jedoch genau diese alles überschattende Konfrontation mit dem revolutionären Frankreich, die dann auch Brandenburg-Preußen und Russland handelseinig werden ließ. Nur Österreich-Ungarn blieb auf russisches Drängen diesmal außen vor, als am 23.01.1793 der zweite Vertrag von Sankt Petersburg geschlossen wurde. Polen-Litauen wurde erneut deutlich kleiner und stand zudem in der Folgezeit gänzlich unter russischer Kontrolle. Dafür opferte Jekaterina II allerdings weite Gebiete an der preußischen Grenze, vor allem Danzig, Thorn und Posen, während die russische Grenze jetzt westlich von Minsk und Słuzk verlief. Doch blieben die traditionsreichen Städte Lublin, Krakau, Warschau und Wilno weiterhin Teil Polen-Litauens. Auch diesmal hatten unter erheblichem russischen Druck König und Sejm der erneuten Abtretung großer Landesteile zustimmen müssen.[136] Noch einmal fanden sich dagegen diverse Oppositionsgruppen

---

[136] Dieser Sejm tagte nicht in Warschau, sondern in Grodno, was eindrucksvoll die russische Kontrolle des Ablaufs unterstrich. Als man allerdings unter den Augen russischer Infanterie die Zustimmung zu einer „Ewigen Allianz" zwischen Russland und Polen-

zusammen, vor allem Anhänger der liberalen Verfassung von 1791, katholischer Widerstand wie schon in der Konföderation von Bar, Anhänger einer weitgehenden Unabhängigkeit der Magnatenfamilien und religiös-spiritistische Schwärmer. An die Spitze trat ein polnischer General, Tadeusz Kościuszko, der 1789 aus Nordamerika zurückgekehrt war, wo er auf Seiten der dreizehn separatistischen Kolonien gegen die britischen Landesherren gekämpft hatte. Direkt nach seiner Rückkehr war er einer der Generäle im Russisch-Polnischen Krieg, wo er aber nur geringe Fortschritte erzielte. Dies setzte sich jetzt fort, was nicht überraschen konnte, hatte er doch in Nordamerika vor allem als Festungsbaumeister Erfolge verzeichnen können. Mit der Führung des ohnehin aussichtslosen Aufstands war er hingegen völlig überfordert.[137] Auch deshalb brach der nach ihm benannte Aufstand bereits nach etwa einem halben Jahr zusammen.

Jetzt bestand für Russland ein hinreichender Vorwand, auch den Rest Polen-Litauens zu annektieren. Da Österreich-Ungarn sich durch die zweite Teilung benachteiligt fühlte, Brandenburg-Preußen sich hingegen als weitgehend saturiert empfand, schlossen der neue österreichisch-ungarische Kaiser Franz II. und Jekaterina II zunächst am 03.01.1795 einen separaten Vertrag.[138] Erneut mit Blick auf den Krieg gegen Frankreich war aber schon klar, dass Brandenburg-Preußen

---

Litauen per Akklamation erreichen wollte, schwieg der Sejm. Daraufhin wurde verkündet, das Schweigen mit Zustimmung gleichzusetzen sei, nicht mit Ablehnung oder Enthaltung, wie es bisher im Sejm üblich gewesen war; Jędruch: Constitutions, S. 186.

[137] Kajencki: Thaddeus Kosciuszko, S. 66–67.

[138] Jekaterina II rühmte sich danach, die von Ivan IV begonnene „Sammlung der Russischen Erde" abgeschlossen zu haben, da nun insbesondere Belarus und die östliche Ukraine gänzlich an Russland angeschlossen seien; Donnert: Katharina, S. 256.

auch an dieser dritten Teilung und letztlich der Auflösung Polen-Litauens teilhaben sollte. Daran änderte auch der Separatfrieden mit Frankreich nichts, den Friedrich-Wilhelm II. am 05.04.1795 aushandeln ließ.[139] Daher wurde am 24.10.1795 Brandenburg-Preußen Mitunterzeichner des ursprünglich zwischen Russland und Österreich-Ungarn geschlossenen Vertrags und erlangte die Herrschaft über fast das gesamte westliche Polen einschließlich der bisherigen Hauptstadt Warschau. Österreich-Ungarn erweiterte seine galizische Provinz nach Norden, sodass nun auch Krakau und Lublin zu diesem Gebiet gehörten. Alles, was sonst noch von Polen-Litauen geblieben, also vor allem Teile des Baltikums, insbesondere Litauen selbst und die südlich davon gelegenen Regionen mit Grodno und Brest als wichtigsten Städten wurde Teil des Russischen Kaiserreichs.

3.10.   Schlussbemerkung

Mit dieser letzten Teilung verschwand Polen-Litauen für immer, Polen bzw. Litauen bis zum Ende des Ersten Weltkriegs von der politischen Landkarte. Zwar wurde auf dem Wiener Kongress die Wiedergründung Polens beschlossen. Aber dies in dauerhafter Personalunion vom russischen Kaiser beherrschte Land war faktisch nur eine russische Provinz.

Gescheitert war Polen-Litauen nicht an innerer Zerrissenheit oder Adelskonflikten.   Auch   seine   vergleichsweise   demokratische

---

[139]   Der Krieg gegen Frankreich hatte Brandenburg-Preußen an den Rand eines Staatsbankrotts gebracht. Zudem zeichnete sich eine letzte Zergliederung Polen-Litauens ab, wofür Friedrich-Wilhelm II. seine Truppen eher in Stellung zu bringen bereit war. Daher war er bei der Aushandlung dieses „Berner Friedens" zu erheblichen Zugeständnissen bereit; Plassman: Preußische Reichspolitik, S. 150-151.

Verfassung war nicht der Grund der Teilungen. Eine Teilung anderer Staaten, deren innere Verfasstheit nicht im Mindesten der Situation in Polen-Litauen ähnelte, wurde an diversen europäischen Höfen des 18. Jahrhunderts diskutiert und scheiterte nur an der Angst, damit einen großen Krieg auszulösen.[140]

Der Grund war vielmehr neben der Inkompetenz diverser Herrscher, aber vor allem der beiden sächsischen Könige, die Gleichgültigkeit der drei benachbarten Mächte gegenüber dem Völkerrecht bei gleichzeitig dominanten Eroberungsgelüsten und die Agitation der katholischen Kirche gegen eine überkonfessionelle Sammlung der Kräfte in Polen und Litauen. Damit war die Situation in Polen-Litauen während der drei Teilungen nicht wesentlich anders als in anderen Staaten, die sich als Opfer der Willkür vielfach stärkerer Nachbarn wiederfanden. Und dass nur ein Miteinander der Völkergemeinde dieser Willkür Einhalt gebieten kann und mit Blick auf die eigene Bedrohtheit wohl auch gebieten muss, ist vielleicht schon die wichtigste Lehre aus dieser zu oft zum Vehikel demokratiefeindlicher Interpretationen gewordenen Ereignisse.

Meine sehr verehrten Damen und Herren, werte Kolleg_Innen, ich danke Ihnen für Ihre sehr geduldige und strapazierfähige Aufmerksamkeit und freue mich darauf, nach einer kleinen Kaffeepause meine laienhaften Darlegungen mit Ihnen ausführlich zu diskutieren.

3.11. Quellen

CCM: Corpus Constitutionum Marchicarum, in: Preußische Rechtsquellen Digital / Quellen (https://web-archiv.staatsbibliothek-berlin.de/altedrucke.staatsbibliothek-berlin.de/Rechtsquellen/quellen.html)

Friedrich II: Die Werke Friedrichs des Großen. In deutscher Übersetzung, hrsg. von Gustav Berthold Volz, 10 Bde., Berlin

---

[140] Müller: Teilungen, S. 80.

(Hobbing) 1913-1917 (auch http://friedrich.uni-
trier.de/de/volz/5/20/text)
IEG: Datenbank der Verträge, https://www.ieg-friedensver-
traege.de/vertraege
NCC: Novum Corpus Constitutionum Prussico-Brandenburgensium
Praecipue Marchicarum, in: Preußische Rechtsquellen Digital / Quellen (https://web-archiv.staatsbibliothek-ber-
lin.de/altedrucke.staatsbibliothek-berlin.de/Rechtsquel-
len/quellen.html)

3.12. Literatur

Abrahamowicz, Zygmunt: Polens Krieg mit dem Osmanischen Reiche
1683-1699, in: Acta Historica Academiae Scientiarum
Hungaricae, Vol. 33.2.4/1986, S. 367–370

Aksan, Virginia: The One-Eyed Fighting the Blind: Mobilization, Sup-
ply, and Command in the Russo-Turkish War of 1768–1774,
in: International History Review, Vol. 15.2/1993, S. 221–238

Alexander, John T.: Catherine the Great: Life and Legend, Oxford
(Oxford UP) 1988

Artamonow, Wladimir A.: Rußlands Sieg über die Schweden bei
Poltava 1709, in: Militärgeschichte, Nr. 5/1981, S. 561—570

Avrich, Paul: Russian Rebels: 1600–1800, New York (W. W. Norton &
Co.) 1972

Barsewisch, Bernhard von: Die frühe Friedrich-Verehrung, Wolfhagen (Selbstverlag) 2012

Bielefeldt, Heiner: The Right to Resist, in: Wilhelm Heitmeyer, John
Hagan (Hrsg.): International Handbook of Violence Research,
Dordrecht (Springer) 2003, S. 1097–1111

Bingel, Markus: Die Petrinischen Reformen und ihre Auswirkungen
auf das Verhalten der Kosaken Mazepa und Bulavin, München (Grin) 2012

Bodenhamer, David J., James W. Ely: The Bill of Rights in modern
America, Bloomington (Indiana UP) 2008

Boeck, Brian J.: Imperial Boundaries: Cossack Communities and
Empire-Building in the Age of Peter the Great, Cambridge
(Cambridge UP) 2009

Borucki, Marek: Jak w dawnej Polsce królów obierano, Warszawa
(Ludowa Spółdzielnia Wydawnicza) 1976

Broszat, Martin: 200 Jahre deutsche Polenpolitik, Frankfurt am
Main (Ehrenwirth) 1963

Brüning, Alfons: Unio non est unitas: Polen-Litauens Weg im konfessionellen Zeitalter (1569–1648), Wiesbaden (Harrassowitz) 2008

Butterwick, Richard: Poland's Last King and English Culture: Stanisław August Poniatowski 1732–1798, Oxford (Clarendon Press) 1998

Butterwick, Richard: The Enlightened Monarchy of Stanisław August Poniatowski, 1764–1795, in Richard, Butterwick (ed.): The Polish-Lithuanian Monarchy in European Context, Basingstoke, London (Palgrave Macmillan), S. 192–217

Capon, Gaston, Robert Yve-Plessis: Vie Privée Du Prince De Conty, Louis-François De Bourbon (1717-1776), Paris (Legare) 2023

Castellan, Georges: Histoire des peuples d'Europe centrale, Paris (Fayard) 1994

Chrubasik, Katharina: Das Grabmal von Ladislaus II. Jagiello (1386-1434): Inszenierung und Legitimation der Macht, Bonn (Selbstverlag) 2008

Czok, Karl: August der Starke und seine Zeit: Kurfürst von Sachsen und König von Polen, München (Piper) 2006

Davies, Brian L.: The Russo-Turkish War, 1768–1774: Catherine II and the Ottoman Empire, London (Bloomsbury) 2016

Davies, Norman: God's Playground: A History of Poland, Bd. 1: The Origins to 1795, üb. Ausg., Oxford (Oxford UP) 2005

Donnert, Erich: Katharina die Grosse und ihre Zeit: Russland im Zeitalter der Aufklärung, Regensburg (Verlag Friedrich Pustet) 1998

Englund, Peter: The Battle that Shook Europe: Poltava and the Birth of the Russian Empire, London (I. B. Tauris) 2003

Faber, Martin: Sarmatismus. Die politische Ideologie des polnischen Adels im 16. und 17. Jahrhundert, Wiesbaden (Harrassowitz) 2019

Fellmann, Walter: Heinrich Graf Brühl: ein Lebens- und Zeitbild, Leipzig (Koehler & Amelang) 1989, S. 96

Findeisen, Jörg-Peter: Das Ringen um die Ostseeherrschaft, Berlin (Duncker & Humblot) 1992

Frost, Robert I.: After the Deluge: Poland–Lithuania and the Second Northern War, 1655-1660, Cambridge (Cambridge UP) 1994

Frost, Robert I.: The Northern Wars: War, State and Society in Northeastern Europe 1558–1721, London, New York (Routledge) 2000

Glaser, Rüdiger: Klimageschichte Mitteleuropas: 1000 Jahre Wetter, Klima, Katastrophen, erw. Ausg., Darmstadt (WBG) 2013

Griesse, Malte, Gleb Kazakov: Kosakische Aufstände und ihre Anführer in der osteuropäischen Geschichte: Heroisierung, Dämonisierung und Tabuisierung der Erinnerung, in: Diess. (Hrsg.): Kosakische Aufstände und ihre Anführer. Heroisierung, Dämonisierung und Tabuisierung der Erinnerung, Themenheft der Jahrbücher für Geschichte Osteuropas 2017/1, S. 1-10.

Hans-Jürgen Bömelburg: Zwischen Polnischer Ständegesellschaft und Preußischem Obrigkeitsstaat: Vom königlichen Preußen zu Westpreußen (1756-1806), München (Oldenbourg) 1995

Hartmann, Stefan: Friedrich der Große und die polnische Konföderation von Bar (1768-1772), in: Zeitschrift für Ostmitteleuropa-Forschung, Bd. 44.2/1995, S. 159-190

Hein, Lorenz: Italienische Protestanten und ihr Einfluß auf die Reformation in Polen während der beiden Jahrzehnte vor dem Sandomirer Konsens 1570, Leiden (Brill) 1974

Hein, Max: Friedrich der Große, Berlin (Hobbing) 1901

Jędruch, Jacek: Constitutions, elections, and legislatures of Poland, 1493–1993, üb. Ausgabe, New York (Hippocrene Books) 1998

Kajencki, Francis Casimir: Thaddeus Kosciuszko: Military Engineer of the American Revolution, El Paso (Southwest Polonia Press) 1998

Kappeler, Andreas: Kleine Geschichte der Ukraine, München (C.H. Beck) 2009

Kappeler, Andreas: Die Kosaken: Geschichte und Legenden, München (C.H. Beck) 2013

Kennedy, Paul: The Rise and Fall of the Great Powers, New York (Random House) 1987

Kohut, Zenon E.: Myths old and new: the Haidamak movement and the Koliivshchyna 1768 in recent historiography, in: Harvard Ukrainian Studies 1.3/1977, S. 359-378

Komaszyński, Michał: Piękna królowa Maria Kazimiera d'Arquien-Sobieska, Kraków (Wydawnictwo Literackie) 1995

Konopczyński, Władysław: Konfederacja barska, 2 Bde., Poznan (Zysk i S-ka) 2017

Konstam, Angus: Poltava 1709: Russia Comes of Age, Botley (Osprey Publ.) 1994

Koschnick, Leonore (Hrsg.): Friedrich der Große: Verehrt. Verklärt. Verdammt. Stuttgart (Franz Steiner) 2012

Krüger, Joachim: Der letzte Versuch einer Hegemonialpolitik am Öresund: Dänemark-Norwegen und der Große Nordische Krieg (1700-1721), Berlin (LIT) 2019

Kühl, Nikolai: Der Pestaufstand von Moskau 1771, in: Heinz-Dietrich Löwe (Hrsg.): Volksaufstände in Russland: Von der Zeit der Wirren bis zur „Grünen Revolution" gegen die Sowjetherrschaft, Wiesbaden (Harrassowitz) 2006, S. 325–352

Kumke, Carsten: Führer und Geführte bei den Saporoger Kosaken: Struktur und Geschichte kosakischer Verbände im polnisch-litauischen Grenzland (1550–1648), Berlin (Harrassowitz) 1993

LeDonne, John P.: Ruling Russia: Politics & Administration in the Age of Absolutism: 1762–1796, Princeton (Princeton UP) 1984

Lemberg, Hans: Polen zwischen Rußland, Preußen und Österreich im 18. Jahrhundert, in: Friedhelm Berthold Kaiser, Bernhard Stasiewski (Hrsg.): Die erste polnische Teilung 1772, Köln, Wien (Böhlau) 1974, S. 29–48

Luber, Susanne: Die Herkunft von Zaporoger Kosaken des 17. Jahrhunderts nach Personennamen, Wiesbaden (Harrassowitz) 1983

Lubomirski, Stanisław: Pod władzą księcia Repnina: Ułamki pamiętników i dzienników Historycznych (1764-1768), Warschau (Pax) 1971

Lukowski, Jerzy: Liberty's Folly: The Polish–Lithuanian Commonwealth in the Eighteenth Century, London, New York (Routledge) 1991

Maczak, Antoni: Der Staat als Unternehmen: Adel und Amtsträger in Polen und Europa in der Frühen Neuzeit, Schriften des Historischen Kollegs, Vorträge, Nr. 10, München 1989, https://www.historischeskolleg.de/app/uploads/2022/04/Vortraege10_maczak.pdf

Magocsi, Paul Robert: A History of Ukraine, Toronto (University of Toronto Press) 1996

Massie, Robert K.: Catherine the Great: Portrait of a Woman, New York (Random House) 2011

Molnár, Monika: Der Friede von Karlowitz und das Osmanische Reich, in: Arno Strohmeyer, Norbert Spannenberger (Hrsg.): Frieden und Konfliktmanagement in interkulturellen

Räumen: Das Osmanische Reich und die Habsburgermonarchie in der Frühen Neuzeit, Stuttgart (Franz Steiner) 2013, S. 197–220

Müller, Heinrich: Das Heerwesen in Brandenburg und Preußen von 1640 bis 1806: Die Bewaffnung, Berlin (Brandenburgisches Verlagshaus) 1991

Müller, Michael G.: Die Teilungen Polens: 1772, 1793, 1795, München (C. H. Beck) 1984

Müller, Michael G.: Polen zwischen Preußen und Rußland: Souveränitätskrise und Reformpolitik 1736–1752, Berlin (Colloquium Verlag) 1983

Müller, Reinhold: Die Armee Augusts des Starken – Das Sächsische Heer von 1730 bis 1733, Berlin (Militärverlag der Deutschen Demokratischen Republik) 1984

Niendorf, Mathias: Geschichte Litauens: Regionen, Reiche, Republiken 1009–2009, Berlin (Harrasowitz) 2022

Nikolaev, Vsevolod, Albert Parry: The Loves of Catherine the Great, New York (Coward, McCann & Geoghegan) 1982

Nowak, Andrzej: Polen und Russland: Eine Nachbarschaft der Freiheit und des Despotismus 10.–21. Jhd., Krakau (Polska Fundacja Humanistyczna) 2023

Paradowski, Michał: We Came, We Saw, God Conquered: The The Polish-Lithuanian Commonwealth's military effort in the relief of Vienna 1683, Warwick (Helion) 2021

Piltz, Georg: August der Starke: Träume und Taten eines deutschen Fürsten, Berlin (Neues Leben) 1994

Piwko, Rudolf: Das Thema der Teilungen Polens in russischen und polnischen Schulgeschichtsbüchern in der ersten Hälfte des 20. Jahrhunderts, Digitale Dissertation 2002, https://webdoc.sub.gwdg.de/ebook/diss/2003/fu-berlin/2002/82/diss4.pdf

Plassmann, Max: Die preußische Reichspolitik und der Frieden von Basel 1795. in: SPSG (Hrsg.): Jahrbuch 4/2001, S. 133–154

Plokhy, Serhii: Das Tor Europas. Die Geschichte der Ukraine, Hamburg (Hoffmann & Campe) 2022

Plokhy, Serhii: The Cossack Myth: History and Nationhood in the Age of Empires, Cambridge (Cambridge UP) 2012

Plumpe, Werner: Ein historisches Lehrstück von Staatsverschuldung und Finanzpolitik: Das kursächsische Rétablissement von 1763, in: Otto Depenheuer (Hrsg.): Staatssanierung durch Enteignung? Legitimation und Grenzen staatlichen Zugriffs auf das Vermögen seiner Bürger, Berlin (Springer) 2014, S. 7–21

Podhorodecki, Leszek: Chanat Krymski: Państwo Koczowników na kresach Europy, Warschau (Bellona) 2012

Querrengässer, Alexander, Sascha Lunyakov: Die Armee Augusts des Starken im Nordischen Krieg, Berlin (Zeughausverlag) 2013

Ransel, David L.: The Politics of Catherinian Russia: The Panin Party, New Haven (Yale UP) 1975

Rhode, Maria: Ein Königreich ohne König: Der kleinpolnische Adel in sieben Interregna, Wiesbaden (Harrassowitz) 1997

Richter, Benjamin: Verbrannte Erde: Peter der Große und Karl XII.: Die Tragödie des ersten Russlandfeldzuges, Göttingen (MatrixMedia) 2010

Roehner, Bertrand M.: Jesuits and the State: A Comparative Study of their Expulsions (1590–1990), in Religion, Nr.27.2/1997, S. 165-182

Roos, Hans: Ständewesen und parlamentarische Verfassung in Polen (1505–1772), in: Dietrich Gerhard (Hrsg.): Ständische Vertretungen in Europa im 17. und 18. Jahrhundert, Göttingen (Vandenhoeck & Ruprecht) 1972, S. 310-367

Rossinot, André: Stanislas: Le roi philosophe, La Flèche (Michel Lafon) 1999

Sahanowitsch, Henads: Weißrußland und die Agonie der Adelsrepublik (1648–1795), in: Dietrich Beyrau, Rainer Lindner (Hrsg.): Handbuch der Geschichte Weißrußlands, Göttingen (Vandenhoeck & Ruprecht) 2001, S. 106–118

Samoray, Jeff: Buried Secrets, in: Eastern Magazine, Eastern Michigan University (Hrsg.), https://archive.fo/6VF83

Sarnowsky, Jürgen: Die Erste Teilung Polens 1772 und die Entstehung Westpreußens, in: Nordost-Archiv, Bd. 33/2024, S. 7–9

Schmidt, Knud Rahbek: Wie ist Panins Plan zu einem Nordischen System entstanden?, in: Zeitschrift für Slawistik, Nr. 2.1/1957, S. 406-422

Schnettger, Matthias: Der Spanische Erbfolgekrieg: 1701–1713/14, München (C. H. Beck) 2014

Scott, Hamish M: The Emergence of Eastern Powers 1756–1775, Cambridge (Cambridge UP) 2001

Seewann, Gerhard: Geschichte der Deutschen in Ungarn, Band 1: Vom Frühmittelalter bis 1860, Marburg (Herder-Institut) 2013

Shaw, Stanford Jay: History of the Ottoman Empire and Modern Turkey, Bd. 1: Empire of the Gazis: The Rise and Decline of the Ottoman Empire 1280-1808, Cambridge (Cambridge UP) 2010

Sicker, Martin: The Islamic World in Decline: From the Treaty of Karlowitz to the Disintegration of the Ottoman Empire, Westport, London (Praeger) 2000

Skrynnikov, Ruslan G.: The Time of Troubles: Russia in Crisis 1604-1618, Gulf Breeze (Academic International Press) 1988

Snyder, Timothy: The Reconstruction of Nations: Poland, Ukraine, Lithuania, Belarus, 1569-1999, New Haven (Yale UP) 2004

Staszewski, Jacek: August III. Kurfürst von Sachsen und König von Polen, Berlin (Akademie-Verlag) 1996

Stellner, František: Zu den Ergebnissen des siebenjährigen Kriegs in Europa, in: Prague Papers on History of International Relations, Bd. 4 (2000), S. 85-98

Stökl, Günter: Die Entstehung des Kosakentums, München (Isar-Verlag) 1953

Stone, Daniel: The Polish-Lithuanian State, 1386-1795, Washington (University of Washington Press) 2001

Storozynski, Alex: The Peasant Prince: Thaddeus Kosciuszko and the Age of Revolution, New York (Thomas Dunne) 2009

Stoye, John: The Siege of Vienna: The Last Great Trial Between Cross & Crescent, Berkeley, Oakland (Pegasus) 2008

Subtelny, Orest: The Mazepists: Ukrainian Separatism in the Early Eighteenth Century, Boulder/Co. (East European Monographs) 1981

Tazbir, Janusz, Emanuel Rostworowski: The Commonwealth of the Gentry, in: Alexander Gieysztor et al. (Hrsg.): History of Poland, Warschau (PWN) 1968, S. 167-395

Upton, Anthony F.: Charles XI and Swedish Absolutism, 1660–1697, Cambridge (Cambridge UP) 1998

Varga, Béata: Die russisch-ukrainischen Beziehungen vom Andrusower Vertrag 1667 bis zum „ewigen Frieden" von 1686, https://ojs.bibl.u-szeged.hu/index.php/chronica/article/download/10763/10654/11123

Vasold, Manfred: Die Pest: Ende eines Mythos, Stuttgart (Konrad Theiss Verlag) 2003

Wehinger, Brunhilde (Hrsg.): Geist und Macht: Friedrich der Große im Kontext der europäischen Kulturgeschichte. Akademie Verlag, Berlin 2005

Wilson, Kate: The Jewel of Liberty Stolen?: The Rokosz of Sandomierz and Polish Dissent; Paper (ungedruckt), http://users.ox.ac.uk/~oaces/conference/papers/Kate_Wilson.pdf

Wojtasik, Janusz: Podhajce 1698, Warszawa (Wydawnictwo Bellona) 1990

Zamoyski, Adam: The Last King of Poland, London (J. Cape) 1992

Zitzewitz, Hasso von: Das deutsche Polenbild in der Geschichte: Entstehung – Einflüsse – Auswirkungen, Köln, Weimar, Wien (Böhlau) 1992

Zmuda, Marius: Identität und Abgrenzung: Die polnische „Szlachta" auf der Suche nach ihrem Platz in Europa, 1648–1668, ungedr. Magisterarbeit, Universität Münster 2003 (https://epub.ub.uni-muenchen.de/557/1/zmuda-szlachta.pdf)

Zuchowski, Tadeusz J.: Das Jagiello-Denkmal in Krakau - 1910: Das Programm und seine Quellen, in: Beate Störtkuhl, Adam S. Labuda, Robert Born (Hrsg.): Visuelle Erinnerungskulturen und Geschichtskonstruktionen in Deutschland und Polen 1800 bis 1939, Warschau (Instytut Sztuki PAN) 2006, S. 257-269

4. Detlev Althofen: Die Koalitionskriege gegen Frankreich ab 1793

Wenn das Glück dieser Erde wirklich auf dem Rücken der Pferde liegt, dann ist es umso erfreulicher, dass Detlev Althofen die Zeit gefunden hat, von seinen Pferden für ein paar Tage zu lassen und an die Glaubste ins schöne Bad Meinungen zu reisen. Immerhin war er einer der ersten, der Natural Horsemanship nach Deutschland brachten, auch wenn er sich später von der Kommerzialisierung und metaphysischen Überfrachtung dieses Begriffs deutlich distanziert hat. Aber bis heute betreibt er ein großes Gestüt, wo Menschen und Pferde einander frei begegnen und voneinander lernen können.

Natürlich hat Detlev Althofen sich in den letzten Jahren auch intensiv mit der Geschichte des Pferds in der europäischen Kultur befasst. Vielleicht war es auch dies, was ihn bewog, sich einmal etwas genauer mit dem ersten Massenkrieg der Neuzeit zu befassen, nämlich den Kriegen gegen das revolutionäre Frankreich, in denen nicht nur durch die Einführung des Levée en masse ungleich viel mehr Soldaten in den Krieg zogen als in vielen Jahrhunderten zuvor, sondern auch viel größere Mengen an Pferden eingesetzt wurden und nicht selten auf elendigste Weise mit ihren Reitern oder Gespannführern ihr Leben lassen mussten.

Meine sehr geehrten Damen und Herren,
die achselzuckende Gleichgültigkeit, welche Friedrich II. und viele seiner Zeitgenossen dem durchaus schon weitgehend vereinbarten Völkerrecht gegenüber an den Tag legten und die auch in der Entwicklung zur Zerteilung Polen-Litauens offenkundig wurde, haben meine beiden Vorredner Ihnen bereits deutlich vor Augen geführt. Sie spielte auch in der Folgezeit eine erhebliche Rolle, als man ähnlich skrupellos alles politische Handeln unter den Primat von Machterwerb und -

erweiterung stellte. An allen Höfen Europas studierte man intensiv die verfügbaren Landkarten, um zu ergründen, wer vielleicht nach dem Vorbild Polen-Litauens als nächster Ziel einer Okkupation, vielleicht sogar einer Aufteilung werden könnte. Oder, vice versa, ob man vielleicht selbst Gefahr lief, Opfer eines solchen Übergriffs zu werden.

Oft genug wurden Okkupationspläne lediglich durch die Angst ausgehebelt, im komplexen Bündnissystem der europäischen Staaten dadurch einen dann unaufhaltsamen Prozess hin zu einem großen europäischen Krieg auszulösen. Die Erfahrungen des Dreißigjährigen Kriegs, des Nordischen Kriegs und zuletzt des Siebenjährigen Kriegs standen allen Beteiligten noch deutlich vor Augen. Zwar sind faktisch solche Prozesse selten so unaufhaltsam, wie man oft meint. Ein Mindestmaß an Friedenswillen und politischen Talents genügen oft schon, die in Gang gekommene Kriegsmaschinerie wieder zu stoppen. Doch zu Recht war man in jenen Jahren oftmals vor allem besorgt, dass vielleicht niemand es unternehmen würde, hier die Stimme der Vernunft gegen Kriegseuphorie und Besitzgier geltend zu machen.

Es war offensichtlich in den Augen vieler das ohnehin schwache Völkerrecht geradezu zur Farce geworden, der man wenig Aufmerksamkeit schenken musste. Hier ist lange vor der Zerstückelung Polen-Litauens natürlich vor allem die bizarre Rechtfertigung zu nennen, mit der eine Gruppe innerhalb des in Nordamerika lebenden Teils der britischen Bevölkerung sich vom Rest des britischen Volks in Nordamerika, in Großbritannien, Indien etc. abspaltete. Dadurch auch die neutrale bis ablehnende Bevölkerungsmehrheit der dreizehn abtrünnigen Kolonien vor die Wahl stellte, Bürger dieser rechtwidrigen Staatsgründung zu werden oder zu emigrieren. Tausende wählten letztere Option, während hingegen vielen Angehörigen der First Nations und vor allem den Sklaven im Land nicht einmal diese Alternative offenstand.

Hingegen nahmen die Koalitionskriege gegen das revolutionäre Frankreich ihren Anfang aufgrund einer französischen Kriegserklärung gegen Österreich-Ungarn. Diese Kriegserklärung vom 20.04.1792 erfolgte nicht nur formal durch den noch im Amt befindlichen Louis XVI., der König gehörte auch zu ihrer aktiven Befürwortern, da er hoffte, in Kriegszeiten werde das Volk sich hinter dem König sammeln. Österreich-Ungarn und Brandenburg-Preußen hatten kurz zuvor, am 18.03.1792, ein Defensiv-Bündnis geschlossen, als Reaktion auf französische Forderungen, man solle Maßnahmen gegen die französischen Emigranten ergreifen. Frankreich erwartete dennoch, dass Österreich-Ungarn in diesem Krieg keine Verbündeten finden würde. Doch das Gegenteil war der Fall. Die Koalitionstruppen drangen weit über die französische Grenze vor, ehe der erste Ansturm in einem Artilleriegefecht bei Valmy am 20.09.1792 gestoppt wurde und die Invasionsarmee sich auch infolge einer grassierenden Ruhr-Epidemie und massiven Nachschubproblemen zurückziehen musste.

Diese Anfangsphase des Ersten Koalitionskriegs, der unter Beteiligung zahlreicher europäischer Mächte bis 1797 weiterging, war noch von einer verbreiteten Beachtung des internationalen Rechts geprägt, auch wenn dies weitgehend Gewohnheitsrecht und nur in wenigen Teilen schriftlich einvernehmlich niedergelegt war. Dies galt auch für den Zweiten Koalitionskrieg, der aus einer Kriegserklärung Frankreichs gegen Österreich-Ungarn am 12.03.1799 resultierte, formal eine Reaktion auf Österreich-Ungarns Bereitschaft, einer russischen Armee von 60.000 Mann den Durchmarsch nach Italien zu gestatten. Zwar war auch hier die völkerrechtliche Lage strittig, aber man war auf beiden Seiten offensichtlich bemüht, wenigstens einigermaßen den Regelungen des Völkerrecht zu folgen.

Das sollte sich erst in den Folgejahren ändern, als mit Napoleon Bonaparte ein weitgehend skrupelloser Machtpolitiker vom Schlage eines

Friedrich II. an die Macht gelangte. Napoleon war während des Zweiten Koalitionskriegs aus Ägypten nach Paris zurückgekehrt, hatte durch einen Militärputsch am 09.11.1799 die Macht übernommen und sich zum Ersten Konsul erklären lassen. Schon dies zeigte, dass geltendes Recht ihn allenfalls mäßig interessierte. Und die nächsten Jahre belegten, dass ähnliches auch für sein Verhältnis zum Völkerrecht galt. Dennoch war der nächste Krieg, der Dritte Koalitionskrieg, eher ein Hinweis, dass man auch in London das Völkerrecht im Wesentlichen für eine kontinentaleuropäische Marotte hielt.

Zur Beendigung des Zweiten Koalitionskriegs hatten Frankreich und Großbritannien am 25. und 27.03.1802 den Frieden von Amiens geschlossen, der u.a. eine Rückgabe Maltas an den Johanniter-Orden vorsah. In der Umsetzung der Beschlüsse weigerte Großbritannien sich aber, die strategisch wichtige Insel im Mittelmeer herauszugeben. Als Napoleon dies gegenüber dem britischen Botschafter in Paris, Lord Whitworth, mit scharfen Worten kritisierte, nahm Großbritannien das zum Anlass, Frankreich erneut den Krieg zu erklären.

Es folgte der Vierte Koalitionskrieg, der eigentlich eine Erweiterung des Dritten Koalitionskrieges war, da Großbritannien und Russland, anders als die übrigen Mächte, die nach und nach auf britischer Seite in den Krieg eingetreten waren, keinen Frieden mit Frankreich geschlossen hatten. Russland war nach dem Debakel bei Austerlitz zunächst ohne Friedensvertrag aus dem Krieg ausgeschieden, während Österreich-Ungarn am 26.12.1805 den Frieden von Pressburg hatte schließen müssen. Bereits am 15.12.1805 hatte Brandenburg-Preußen den Vertrag von Schönbrunn mit Frankreich geschlossen, wonach ihm das Kurfürstentum Hannover zufallen sollte. Doch hatte Friedrich Wilhelm III. sich zunächst geweigert, den Vertrag zu unterzeichnen. Napoleon überlegte daraufhin, Hannover an Großbritannien zurückzugeben, um auch hier einen Friedensschluss zu erreichen. Dieser Affront, aber

auch die Angst, nach der Gründung des Rheinbunds zur Bedeutungs-
losigkeit abzusinken, veranlasste Brandenburg-Preußen, am
09.10.1806 Frankreich erneut den Krieg zu erklären.

Auch diese erneute Kriegserklärung entbehrte offensichtlich jeglicher
völkerrechtlichen Grundlage. Sie war also nicht nur militärisch nicht
hinreichend durchdacht, sie beschädigte auch weiter das Völkerrecht
als wichtigstes Instrument, das in schwierigen internationalen Span-
nungslagen vor allem die kleineren und schwächeren Nationen
schützt. Und zu diesen gehörte Brandenburg-Preußen in diesem Moment eindeutig.

Der Krieg führte rasch zur katastrophalen Niederlage von Brandenburg-Preußen bei Jena und Auerstedt nur fünf Tage nach der Kriegserklärung. Auch Russland trat jetzt wieder dem Krieg bei, wurde aber
gemeinsam mit Brandenburg-Preußen am 14.06.1807 bei Friedland
geschlagen und schloss mit Frankreich am 07. und 09.07.1807 den
Frieden von Tilsit. Brandenburg-Preußen musste am 09.07.1807
ebenfalls Frieden mit Frankreich schließen, verlor dadurch aber fast
die Hälfte seines Territoriums.

Großbritannien fürchtete nun eine Verschärfung der Kontinentalblockade, welche Napoleon verhängt hatte, da Russland dieser mit dem
Friedensschluss beigetreten war. Insbesondere war unklar, wie sich
das neutrale Dänemark-Norwegen weiter verhalten würde. Bereits am
02.04.1801 hatte Großbritannien gegen jedes Völkerrecht vor Kopenhagen die neutrale dänische Flotte überfallen und teilweise versenkt.
Nun folgte ein weiterer Angriff auf das immer noch neutrale Dänemark-Norwegen. Großbritannien wollte nicht nur erneut das Risiko
ausschalten, dass Dänemark-Norwegen sich an der Kontinentalblockade beteiligen könnte. Man wollte auch der dänischen Schiffe hab-
haft werden, was man nur als zwischenstaatliche Piraterie bezeichnen
kann. Aufgrund dieses Plans griff man auch nicht etwa die Flotte an,

sondern bombardierte von See die Stadt Kopenhagen. Das Bombardement begann am 16.08.1807 und endete mit der dänischen Kapitulation am 07.09.1807. Bis zu diesem Zeitpunkt war etwa ein Drittel der Stadt vernichtet, wenigstens 3.000 Dänen waren getötet und zahlreiche Baudenkmäler, darunter die Hauptkirche der Stadt, die Frue Kirke, zerstört worden. Auch wurden hier erstmals gegen eine größere Stadt die 1804 von William Congreve nach indischen Vorbildern entwickelten Brandraketen eingesetzt. Es war klar, dass diese gegen Festungsbauten wenig Wirkung haben würden, wohl aber gegen die zivilen Wohngebiete mit dichter Bebauung und vorherrschender Strohbedachung. Die dadurch erreichte Verwüstung der Stadt war so schrecklich, dass sich im Englischen der Ausdruck „to copenhagenize" für entsprechende Handlungen einbürgerte.

Auch der Fünfte Koalitionskrieg, der begann, als Österreich-Ungarn Frankreich am 10.04.1809 den Krieg erklärte, war völkerrechtlich durch nichts zu rechtfertigen. Der neue österreichische Außenminister Johann Philipp von Stadion hoffte, dass sich die anderen deutschen Staaten, vor allem Brandenburg-Preußen, Österreich-Ungarn anschließen würden. Auf diesem Weg sollte dann auch das Deutsche Reich neu gegründet werden, natürlich unter Führung Österreich-Ungarns. Vor allem aber hoffte Österreich-Ungarn, auf diese Weise einen drohenden Staatsbankrott abzuwenden. Daher marschierte Österreich-Ungarn ohne vorherige Kriegserklärung am 10.04.1809 in Bayern ein, ein erneuter Bruch des Völkerrechts und zudem ein überhasteter Schritt, der sich nur durch die katastrophale Finanzlage erklären lässt. Das führte aber dazu, dass die Truppen schlecht ausgebildet waren, es an allen Stellen an der nötigen Ausrüstung haperte und zudem auch potenzielle Verbündete von der Entwicklung überrascht wurden.

126

Das Ergebnis war ein erneutes österreichisches Debakel, das sich in mehreren Gefechten, vor allem aber in der Schlacht bei Regensburg am 20.04.1809 manifestierte. Danach stand Napoleon der Weg nach Wien offen, das er am 13.05.1809 besetzte. Zwar erlebte er kurz darauf, am 21./22.05.1809 seine erste nennenswerte Niederlage in der Schlacht bei Aspern, doch drehte er diese Lage in der Schlacht bei Wagram am 05./06.07.1809. Österreich-Ungarn musste in der Folge den Frieden von Schönbrunn am 14.10.1809 unterzeichnen, was das ohnehin marode Land durch erhebliche Gebietsverluste weiter schwächte. Das führte 1811 zum faktischen Staatsbankrott Österreich-Ungarns.

Mit dem Frieden von Schönbrunn war Großbritannien erneut alleiniger Kriegsgegner Frankreichs. Doch scherte Russland aus wirtschaftlichen Gründen jetzt aus der Kontinentalblockade aus, da man nicht länger auf den Absatz der heimischen Produkte auf dem britischen Markt verzichten konnte. Napoleon folgte hier das erste Mal dem Vorbild seiner bisherigen Gegner, auf Basis einer mehr oder weniger kruden Begründung Russland zu überfallen. Zwar war die Vorbereitung dieses Krieges bei weitem nicht so ignorant gegenüber den Verhältnissen in Russland, wie gelegentlich behauptet. Vor allem hinsichtlich der Witterung und der Straßen und Brücken sammelte Napoleon alles verfügbaren Informationen und konnte hier durchaus auch auf frühere Erfahrungen zurückgreifen. Dennoch endete der Einmarsch in Russland in einer spektakulären Katastrophe, die letztlich zum Ende des Napoleonischen Kaiserreichs führte.

Insgesamt lässt sich über diese Phase ungewöhnlich verlustreicher Kriege sagen, dass ihre Schrecklichkeit den Zeitgenossen vor Augen führte, dass der unkontrollierte Krieg früher oder später zur Verwüstung Europas führen würde. Daher nahm die Friedensbewegung des 19. Jahrhunderts hier ihren Anfang, auch wenn es noch bis zum Ende des Jahrhunderts dauern sollte, ehe die niederländische Königin Wilhelmina und der russische Kaiser Nikolaus II. zu einer gesamteuropäischen Friedenskonferenz nach Den Haag einluden, wo auch die USA, China und Japan vertreten waren. Dort zeigte sich dann aber, dass die meisten Staaten nicht auf das Instrument des Kriegs verzichten mochten. Man konnte sich auf keine Abrüstungsschritte verständigen, aber auch die Einrichtung einer obligatorischen Schiedsgerichtsbarkeit scheiterte vor allem am Widerstand des Deutschen Reichs, Österreich-Ungarns und der Türkei, also den späteren Verbündeten im Ersten Weltkrieg. Lediglich auf grundlegende Regelungen verständigte man sich, um die schlimmsten Auswüchse des Kriegs in den Griff zu bekommen. Diese Haager Landkriegsordnung bildete daher in den folgenden Jahren das wichtigste Regulativ militärischen Handels. Doch die Kriegsbegründungen seit dem Ende der Napoleonischen Kriege haben sich nur selten und in Einzelfällen als weniger fadenscheinig erwiesen als alles, was zwischen 1792 und 1815 nicht nur in Europa, sondern weltweit als Begründung für die zahllosen Kriege herhalten musste.

Ich danke Ihnen für Ihre Aufmerksamkeit.

5. Arlt Neeskens: Zwischenfazit

Drei Vorträge haben Ihnen jetzt einige Einblicke in die Abläufe der Okkupationsbestrebungen im Mitteleuropa des 18. bis hinein ins frühe 19. Jahrhundert gegeben. Nichts, was Sie nicht auch durch ein bisschen Lektüre jedermann verfügbarer Publikationen fänden. Der Grund, dennoch hier diese drei Vorträge Ihnen nahezubringen, ist allerdings nicht allein der gewinnende und kluge Vortrag unserer drei Referenten. Oder dass diese Episoden jedenfalls in unserer Wahrnehmung recht spannend und hier und da ausgesprochen merkwürdig wären. Sondern man kann hier in vitro betrachten, dass das Völkerrecht nicht dafür erfunden wurde und sich zudem auch nur sehr mäßig eignet, die Interessen der Mächtigen und Machthungrigen durchzusetzen. Stattdessen stellt es das wichtigste, vielfach einzige Instrument zum Schutz kleiner und schwacher Nationen vor dem Hegemonialstreben, vor den Okkupationsgelüsten und den genozidalen Tendenzen ihrer oftmals mächtigeren Nachbarn dar, mindestens dort, wo die inneren Mechanismen eines Staats wie demokratische Diskurse oder moralische Prinzipien dem schlichten Streben nach Macht bereits geopfert worden sind. Denn man sieht an den drei geschilderten Fällen eben auch, wie bereitwillig und ohne allzu große weltweite Entrüstung Machthaber und Potentaten dieses Völkerrecht zu opfern bereit waren, wenn es ihren Interessen mindestens in der eigenen Einschätzung gar zu hinderlich wurde.

Eine Übertragbarkeit solcher Verläufe auf spätere Phasen der Geschichte ist fragwürdig, höflich formuliert. Hitler war keine Wiedergeburt Friedrichs II., auch wenn er das selbst gelegentlich gedacht haben mag. Auch der Zerfall Jugoslawiens nach 1991 war keine Wiederholung der polnischen Teilungen, sondern ein in seiner historischen Dimension zweifellos einzigartiger Vorgang. Dennoch lehrt die

Geschichte dieser Konflikte, dass es sich – auch im eigenen Interesse – lohnt, das Völkerrecht als eine bedeutende Errungenschaft in der Geschichte der Menschheit anzusehen und für seine Wahrung und Durchsetzung entsprechenden Einsatz aufzubringen.

Napoleon ist letztlich gescheitert. Nicht trotz, auch nicht wegen seines mehr oder weniger gleichgültigen Umgangs mit dem Völkerrecht. Aber Friedrich II. und ebenso die Protagonisten der polnischen Teilungen waren – jedenfalls für ihre Epoche ausgesprochen erfolgreich und wurden – auch in anderen Staaten – eher heroisiert als kritisch beurteilt. Das galt und gilt nicht nur für Friedrich II., sondern auch für Jekaterina II und für Maria Theresia.

Ist also das Völkerrecht lediglich etwas, das Sieger verwenden, um Besiegte vor Gericht zu stellen? Ich meine, dass es mindestens sehr viel mehr sein kann. Was man aber anhand der dargestellten Episoden deutlich sehen kann, ist dies: Das Völkerrecht ist wie jedes andere Gesetz darauf angewiesen, dass es von einer Mehrheit der Protagonisten grundsätzlich befürwortet wird. Und diese Mehrheit muss bereit sein, für die Durchsetzung dieses Rechts auch Risiken einzugehen, selbst wenn es dem jeweiligen Herrscher, dem eigenen Staat, der eigenen Gemeinschaft mindestens momentan wenig Nutzen bringt.

Als Friedrich II. Schlesien an sich riss, da formierte sich bereits mit Russland, Österreich-Ungarn und Frankreich eine entsprechende Allianz, auch wenn, vor allem auf französischer Seite, ganz andere Motive vorlagen. Aber diese Allianz war – anders als die Koalition gegen Napoleon – nicht stark genug, Friedrich Schlesien wieder abzunehmen. Und nur ein paar Jahre später waren es mit Russland und Österreich-Ungarn zwei der drei Koalitionäre, die sich mit Friedrich zur Ausplünderung Polens verschworen. Diese Konstellation setzte sich im Verbund mit Großbritannien dann auch gegen das revolutionäre und dann das napoleonische Frankreich fort. Und als sie Napoleon besiegt hatten und nach Elba, später dann in den Südatlantik verfrachten ließen, scherten sie sich ebenfalls wenig um geltendes Recht oder das Völkerrecht, sondern nur darum, eine rasche Lösung für das zu empfinden, was sie als Dauerproblem ansahen.

Wenn das Völkerrecht von solch pragmatischen Überlegungen ins Abseits geschoben wird, droht Ungemach nicht den mächtigen, wohl aber den kleinen Staaten. Und daher sind alle – auch die mächtigsten Nationen – nicht nur gut beraten, sondern in der unbedingten Pflicht, das Völkerrecht zu wahren und sich für seine Durchsetzung einzusetzen. Das ist im Interesse der Kleinen, aber auch der Großen. Denn Krieg ist in niemands Interesse, nicht einmal in dem der Sieger.

Vielen Dank, dass Sie uns auf dieser kleinen Zeitreise begleitet haben. Ich kann Ihnen versprechen, es geht in den nächsten Vorträgen ähnlich spannend, aber leider auch ähnlich unerfreulich weiter.

6. Sully Lanskin: To Hell or to Connacht: Britische Okkupationspolitik in Irland

Sully Lanskin ist gewissermaßen ohnehin und sein ganzes Leben ein Grenzgänger, als Regisseur und Schauspieler, als Sohn eines englischen Vaters und einer schottischen Mutter und nicht zuletzt als linksliberaler Eigentümer einer Ranch im tiefsten Colorado. Allerdings: Ein Grenzgänger im Sinne der Akademie-Tagungen ist er nur bedingt, da er in jungen Jahren sich als Historiker versucht hat, immerhin bis zu einem Master Degree in Oxford, eh ihn dann der Ruf der Bühne ereilte und er zunächst in London, dann sehr bald auch am Broadway stürmisch gefeiert wurde. So gesehen hat er mit seinem Vortrag also auf alte Wurzeln und Kenntnisse zurückgreifen können, hat diese aber, wie wir finden, in seine geradezu tagesaktuelle Sichtweise übertragen und ein wenig bekanntes Kapitel der britisch-irischen Beziehungen allen Hörern nahebringen können.

Wir drucken Sully Lanskins Beitrag hier in der um Fußnoten und einige Erläuterungen und Vertiefungen im Text erweiterten Form, sodass auch die dem Vortrag sich anschließende Diskussion in gewissem Umfang hier berücksichtigt werden konnte. Das hat aus dem ursprünglich etwa eine Stunde umfassenden Vortrag fast ein kleines Buch werden lassen, das wir aber gern in diesen Band aufgenommen haben, da es in unserer Wahrnehmung in immer noch übersichtlichem Umfang einige Schlaglichter auf die zumeist wenig bekannte Geschichte des westlichsten Lands in der Europäischen Union wirft.

Meine sehr geehrten Damen und Herren, liebe Vertreter der Akademie, Wir hassen nicht das Fremde, sagt man, sondern das, was uns ähnlich ist. Wir hassen auch nicht das, was weit entfernt liegt, sondern unsere Nachbarn.

Die folgenden Seiten geben vielleicht einen gewissen Eindruck, in welchem Umfang Hass, Rassismus und Verachtung, aber auch Habgier und Dummheit wesentliche Elemente der englischen Okkupation Irlands waren.

6.1.   Zwei benachbarte Nationen

Irland und England waren so wie England und Schottland ursprünglich zwei separate Nationen. Irland war zergliedert in häufig über hundert Stammesherrschaften, die „Tuaithe". Sie wurden vom waffentragenden Adel geführt, den „Oenach", die aus ihrer Mitte einen „Rí" ernannten, der vor allem Heerführer in Kriegszeiten war, also nicht wirklich ein König. Auch wenn diese Bezeichnung bis heute kursiert, sollte man doch eher von einem Häuptling sprechen. Die Oenach als Adel zu bezeichnen und weitere Begriffe wie Häuptling oder König aus der kontinentaleuropäischen Verfassungstradition zu projizieren, sollte man ohnehin mit einer gewissen Zurückhaltung betreiben, da die irischen Besonderheiten den Gemeinsamkeiten mit dem restlichen Europa meist wenigstens die Waage hielten.[1]

Zudem gab es seit dem 9. Jahrhundert mit den Landnahmen der Wikinger eine zweite, sprachlich, kulturell und lange Zeit auch religiös differenzierte Bevölkerungsgruppe in Irland. Zunächst nur als Plünderer und Sklavenjäger in Irland in Erscheinung getreten, hatte spätestens seit 841 mit der Gründung von Dublin sich eine dauerhafte Besiedlung insbesondere des Ostens von Irland durch vorwiegend norwegische Wikinger etabliert.[2]

---

[1]   Zur aktuellen Diskussion detailliert https://theoenachproject.wordpress.com/

[2]   Auf dem Terrain bestand bereits eine Kirche, und etwas weiter nördlich die irische Siedlung Ath Cliath, welche den heutigen irischen Namen von Dublin lieferte.

Die Tuaithe waren in mehr oder weniger losen größeren Verbänden organisiert. Jeder Verband unterstand einem als „Ruiri" bezeichneten Anführer, was man am ehesten wohl als "Oberhäuptling" übersetzen und verstehen sollte. Die Ruiri waren ebenfalls in Gruppen organisiert und ernannten aus ihrer Mitte einen „Rí Ruirech", der aber fast keine Macht besaß, sofern er sich nicht auf eine entsprechende Macht seines Tuath stützen konnte. Meist gab es vier, manchmal auch fünf dieser Rí Ruirech, was vor allem geographischen Gegebenheiten entsprach.

Einen obersten Herrscher über die Rí Ruirech, einen „Ard Rí", was meist als „Hochkönig" übersetzt wird, gab es allenfalls zwischen 1005 und 1014 mit Brian Boru, und auch dessen Rolle war bis zu seinem Tod im Kampf gegen mehrere Rebellengruppen und ihre skandinavischen Verbündeten in der Schlacht bei Clontarf 1014 nicht unumstritten.[3] Von ihm abgesehen gab es fast immer gleichzeitig mehrere Rí Ruirech, die auch den Titel Ard Rí führten, doch war dies nie mehr als eine wirklichkeitsferne Proklamation, die kaum jemand ernst nahm. Doch gab es immer wieder mehr oder weniger jämmerliche Versuche einzelner Adliger, sich in der Nachfolge Brian Borus als Hochkönig zu etablieren.

Eine dieser Zankereien um einen wertlosen Titel unterschied sich insofern von den anderen, als der unterlegene Adlige nicht klein beigab, auch nicht erschlagen wurde, sondern nach England floh, um mit englischen Verbündeten doch noch zu triumphieren. Dieser Adlige,

---

[3]   Duffy: Brian Boru, S. 156-157. Skandinavische Truppen kämpften übrigens auch auf Brian Borus Seite, sodass der im 19. Jahrhundert entstandene Mythos eines nationalen Kampfs des irischen Volks gegen norwegische Besatzungstruppen kaum haltbar ist.

Diarmaid Mac Murchadha, war bisher Rí Ruirech von Leinster gewesen und hatte sich einen üblen Rufen als Tyrann und Mörder erworben. Zudem war er wohl auch in dieser Zeit der erste, der systematische Vergewaltigung als Kriegsmittel betrachtete.

Nach seiner Flucht wandte Diarmuid sich zunächst an den englischen König, Henry II., der aber in Frankreich gebunden war und Diarmuid lediglich erlaubte, gestützt durch ein königliches Schreiben in England und in Flandern Verbündete zu suchen.

Darauf aufbauend kamen die ersten Anglonormannen ab 1167 als Diarmuids Verbündete nach Irland und okkupierten zunächst nur ein relativ kleines Gebiet an der Ostküste. Sie wurden geführt von Maurice FitzGerald und Robert FitzStephen. Wichtiger aber wurde die zweite Eroberungswelle unter Richard „Strongbow" FitzGilbert. Dieser festigte den normannischen Brückenkopf und schloss zunächst einen brüchigen Frieden, den Diarmuid aber rasch brach. Das führte zur Hinrichtung von Diarmuids Sohn, der als Geisel gestellt worden war. Da Strongbow bereits Diarmuids Tochter Aoife, dadurch Alleinerbin, geheiratet hatte, leitete er nach Diarmuids Tod 1171 auch für sich bzw. seinen Sohn einen von Diarmuid ererbten Anspruch auf das Amt des Hochkönigs ab, obgleich für entsprechende Fälle das geltende irische Recht eigentlich einen Cousin bzw. dessen Nachfahren als jeweiligen Thronfolger vorsah.

Diese Phase der irischen Geschichte wird meist als die cambro-normannische Invasion bezeichnet. Sie bedeutete auch das Ende der Wikinger in Dublin, als 1171 durch die Anglo-Normannen die Stadt erobert wurde.[4]

Bereits die ersten Erfolge 1169 veranlassten Henry II., den Titel eines Königs von Irland für sich zu beanspruchen, was aber die rechtlichen

---

[4]   Goedheer: Irish and Norse traditions, S.118-119.

Maßgaben ebenso ignorierte wie die damaligen Machtverhältnisse in Irland. Erst in den nächsten Jahrzehnten verdrängten die normannischen Adligen in vielen Gegenden die irischen Adelsfamilien, ohne dass dies für die irische Bevölkerung nennenswerte Änderungen bedeutet hätte. Immerhin entstand eine wesentlich normannisch beherrschte östliche Region, während im Westen weiterhin die traditionellen Familien herrschten, aber auch anglonormannische Familien, die sich der englischen Herrschaft entfremdet und relativ rasch wesentliche Elemente der irischen Kultur übernommen hatten.

Zwischen beiden Gebieten kam es immer wieder zu Auseinandersetzungen, zumal die englische Krone die Okkupation weiter ausdehnen wollte, umgekehrt aber die irischen Adelsfamilien ihre zahlreichen internen Konflikte auch auf das okkupierte Gebiet auszudehnen versuchten. Diese Region fand sich daher nicht nur von Eroberungsgelüsten irischer Adelsfamilien, sondern auch von Überfällen und Plünderungen immer wieder bedroht. Deswegen beschloss Ende des 15. Jahrhundert das irische Parlament, die vier zum englischen Einflussbereich gehörenden Grafschaften, „the obedient Countys" Louth, Meath, Dublin and Kildare, mit einem Graben und einem Palisadenzaun zu sichern. Diese Palisaden gaben der Region den bis zum Ende des 16. Jahrhunderts gebräuchlichen Namen „The Pale". Zwar war die Palisade kaum geeignet, eine angreifende Armee aufzuhalten. Aber immerhin erschwerte sie plündernden Horden das Wegtreiben von Viehherden.[5]

Auch von außen fand sich die englische Okkupation in Irland immer wieder bedroht. So überfiel 1315 ein schottisches Heer unter Edward Bruce, dem Bruder des schottischen Königs Robert Bruce, die irische Ostküste, um die dort stehenden englischen Kräfte zu bedrängen, die

---

[5]   Keenan: Ireland 1170-1509, S. 497-498.

Engländer von irischen Steuern und Materiallieferungen abzuschneiden und Edward II. den dortigen Brückenkopf für eine Rückkehr nach Schottland zu nehmen. Zunächst lief der Angriff recht erfolgreich. Aber zu gleicher Zeit war auch Irland von der großen Hungersnot 1315-1317 betroffen, die in ganz Europa Auswirkungen hatte.[6] Die englische Seite vermochte dadurch, die geschwächte, sich vorwiegend aus dem Land ernährende schottische Armee nach und nach zu dezimieren und letztlich 1318 bei Faughart zu vernichten. Zugleich festigte dies die englische Dominanz vor allem an der Ostküste Irlands.[7]

Die britischen Expansionsbestrebungen gingen zurück, als zunächst der Hundertjährige Krieg, dann die Rosenkriege die Kräfte der Krone anderweitig beanspruchten. Faktisch beherrschte England jetzt nur noch den Pale, also das Land rings um Dublin, auch wenn weiterhin die Herrschaft über ganz Irland beansprucht wurde. Aber selbst im Pale schwand der Einfluss der Krone während der Rosenkriege, ehe Henry VII. begann, die englische Rolle auch in Irland wieder zu konsolidieren.

1494 erließ Henry das nach seinem Vertreter in Irland Edward Poynings benannte Poynings' Law. Demzufolge konnte das irische Parlament nur durch königliche Genehmigung zusammentreten. Englisches Recht sollte in ganz Irland irisches Recht, die Brehon Laws, ersetzen.

Mehrere normannisch-irische Familien suchten eine enge Kooperation mit der Krone. Unter diesen übernahmen insbesondere die in Kildare ansässigen FitzGeralds eine führende Rolle in Irlands Herrschaftssystem. Sie waren 1169 mit Henry II. nach Irland gekommen und hatten sich hier teils mit Gewalt, teils durch Lehensvergaben, aber auch

---

[6]   Bois: Grande dépression, S. 156-158.
[7]   Smith: Bruce Invasion, S. 14.

durch geschickte Heiraten umfangreichen Landbesitz gesichert hatten. Und die FitzGeralds sind auch ein Beispiel dafür, dass viele normannische Familien in erheblichem Umfang die lokale Kultur, Sprache, Sitten usw. übernahmen. Sie entwickelten auf dieser Basis eine eigenständige Kultur des Dazwischen, die Elemente beider Kulturen aufnahm und weiterentwickelte, aber um eigenständig entwickelte Kulturelemente erweiterte. Sie waren also im besten Sinne „translated men" im Sinne einer Zwischenkultur zwischen England und Irland.[8] Zwar war das Parlament zunächst ohnehin nur die Interessenvertretung der normannischen Grundherren im Pale und wurde vom König nach eigenem Gutdünken einberufen. Doch 1541 deklarierte Henry VIII. offiziell das irische Königreich und legte die Wahlbezirke im Pale so fest, dass faktisch nur die protestantischen Einwanderer aus England und Schottland das irische Parlament besetzten. Dies bedeutete nicht nur einen Wandel in der täglichen Praxis von Herrschaft und Ordnung in Irland. Sondern es signalisierte einen paradigmatischen Wechsel. Die englische Krone war offensichtlich willens, die mittelalterliche Welt wechselnder Grundherren auch in Irland durch eine dauerhaft stabile Einordnung in einen englisch-britischen Herrschaftskontext zu ersetzen, welcher den Wechsel von Dynastien, ja von Staatsverfassungen überdauern sollte.

6.2. Die Radikalisierung der englischen Kriegführung in der Zeit der Konfessionskriege

Was weder Henry VII. noch seinem Sohn gelang, war eine Modernisierung des irischen Fiskalsystems, zumal man aus Irland aktuell keine monetären Gewinne ziehen konnte. Edward Poyning wurde letztlich abberufen, und Henry VII. setzte wieder auf die – nach englischem

---

[8]   Rushdie: Imaginary Homelands, S. 17; Bhabha: Location, S. 112.

Maßstäben antiquierte – Feudalordnung, welche im Wesentlichen auf die anglo-normannischen Grundherren zurückgriff. Dieses Prinzip blieb auch unter Henry VIII. zunächst gültig. Als aber Thomas Fitz-Gerald, eine Entmachtung durch Henry fürchtend, 1534 rebellierte und zeitweilig den gesamten Pale mit Ausnahme von Dublin Castle kontrollierte, strebte die Krone eine Anpassung der irischen Feudalordnung an. Damit versuchte die englische Besatzungspolitik erstmals, im Sinne des oben genannten paradigmatischen Wechsels die irische Kultur an einer wichtigen Stelle zu ändern.

Das Prinzip war, dass irische Adelsfamilien unter dem Leitprinzip „surrender and regrant" ihren traditionellen Grund behalten konnten, wenn sie diesen zunächst der Krone übereigneten und dann als Lehen zurückerhielten. Dies machte das englische Recht zur Basis des irischen Lehenswesen, doch nahm es den Familien die Angst, von den Engländern entmachtet oder sogar physisch vernichtet zu werden. Es verschwand so auch das oligarchische Prinzip des irischen Feudalsystems, insbesondere was die Wahl der oberen Adelsränge aus der Gemeinschaft der Adligen heraus betraf. Es setzte zudem die Adelsfamilien auch unter kulturellen Druck, da von ihnen jetzt die Übernahme englischer Lebensart, vor allem aber der englischen Sprache erwartet wurde.

Edward VI., Henrys Sohn, forcierte in seiner kurzen Herrschaft die Ansiedlung von protestantischen Einwanderern aus Schottland und England nach Irland. Sie siedelten in den „Plantations" und drohten vor allem im Osten des Landes zur dominierenden Gruppe zu werden. Insgesamt war dies der Versuch, ein Land durch kulturelle Überwölbung und Durchdringung nicht nur zu unterwerfen, sondern dauerhaft zu assimilieren. Die Ansiedlungspolitik, die Einbindung der irisch-normannischen, dann auch der gälisch-irischen Adelsfamilien in das englische Feudalsystem und nicht zuletzt die schrittweise

Verdrängung des Gälischen aus dem Sprachgebrauch der adligen Familien sind durchweg in diesem Kontext kultureller Assimilation zu sehen.[9] Zwar gab es keinen „Generalplan", erst recht keine rassistische oder sozialdarwinistische Begründung und Rechtfertigung hierfür. Dennoch waren die Auswirkungen auf die irische Ursprungsgesellschaft deutlich spürbar.

Entsprechend regte sich Widerstand der Bevölkerung, aber auch der zumeist katholisch gebliebenen Nachfahren der normannischen Grundherren des 13. Jahrhunderts. 1569 kam es unter Führung von James FitzMaurice erstmals zu einem größeren Aufstand, der erst 1573 niedergeschlagen werden konnte. Dieser Aufstand war auch deshalb bemerkenswert, weil FitzMaurice den Konfessionsunterschied zur Propaganda heranzog und sich zum Verteidiger der katholischen Konfession in Irland erklärte.

Durch den Aufstand von 1569 trat Irland in den Kontext der Konfessionskriege des 16. Jahrhunderts, die mit bis dahin selten gekannter Grausamkeit und vor allem fast immer als Bürgerkriege ausgetragen wurden.[10] Die Antagonismen beider Seiten wurden hier aber noch wesentlich konfessionell, nicht nationalistisch begründet, da der Riss des Konfessionskonflikts mitten durch lokale Siedlungen, ja mitten durch Sippen und Familien ging.

Bereits 1579 führte der Earl of Desmond eine weitere Rebellion, deren Niederschlagung erstmals von den Zeitgenossen als Beispiel für besonders grausame Kriegführung genannt wurde. So war ein päpstlich-spanisches Hilfskontingent von etwa 600 Mann direkt nach der Landung von den Engländern eingekesselt worden. Nach zweitägiger Beschießung kapitulierten die Spanier, wurden aber trotz Zusage freien

---

[9]   Gordon: Assimilation, S. 41.
[10]   Förg/Scharnagl: Glaubenskriege, S. 95–96.

Abzugs nach Ablieferung von Waffen und Fahnen von den Engländern durch eine Henkertruppe unter dem späteren Sir Walter Raleigh geschlossen ermordet. Lediglich knapp drei Dutzend Offiziere blieben zunächst verschont, um ihnen eine Konvertierung zu ermöglichen. Wer das verweigerte, wurde gehängt, nachdem man ihm zwei Tage zuvor Arm- und Beinknochen mehrfach zertrümmert hatte.

Insgesamt verfolgte der englische Kommandeur Thomas Butler, Earl of Ormond, den man bald den „Black Earl" nannte, eine rücksichtslose Politik der verbrannten Erde. In den Gebieten der Aufständischen wurden unterschiedslos Zivilisten umgebracht, Ernten verbrannt, Vieh fortgetrieben, ganze Dörfer dem Erdboden gleich gemacht. Ormonds jüngerer Bruder hatte sich den Aufständischen angeschlossen, die Desmonds waren Nachbarn der Ormonds, es gab zahlreiche Verwandtschaftsbeziehungen, aber auch immer wieder bewaffnete Auseinandersetzungen, vorwiegend wegen Landstreitigkeiten. Das alles erklärt aber nur teilweise Ormonds exzessive Terrorkriegführung. Ein weiteres Moment war sicher der Konfessionskonflikt, der im 16. und 17. Jahrhundert fast überall in Europa mit bis dahin kaum gekannter Brutalität geführt wurde. Auch die anderen Kommandeure der Engländer, Walter Devereaux und Richard Bingham, praktizierten eine ähnliche Verwüstungstaktik, die innerhalb der englischen Geschichte dieser Zeit ein Vorbild allenfalls in Wilhelm dem Eroberer hatte. Dieser hatte 1069, um einen Aufstand in Nordengland niederzuschlagen, das gesamte Gebiet zwischen Humber und Tees verwüsten lassen. Zahllose Dörfer wurden niedergebrannt, Ernten und Viehbestände vernichtet. Seuchen, Hungersnöte, Kannibalismus und ein bis heute nachweisbarer Rückstand Northumbrias und der Midlands waren die Folge dieser Kriegsverbrechen, die gemeinhin als „Harrying of the North" bezeichnet werden.

Der Dichter Edmund Spenser erstellte 1596 eine einflussreiche Darstellung Irlands, in der er Ormonds Verwüstungstaktik als einziges Mittel zur Überwindung der irischen Probleme bezeichnete.[11] Sogar eine Ausrottung des irischen Volks insgesamt bezeichnete er als Option, auch wenn zum jetzigen Zeitpunkt noch keine Not bestünde, so drastische Mittel zu erwägen.[12]

Spensers Ausführungen sind bemerkenswert, weil er erstmals in größerem Maßstab nicht mehr nur antikonfessionell, sondern auch bereits rassistisch über die irische Bevölkerung schrieb. So forderte er auch, allen Kindern konsequent den Gebrauch des Gälischen mit allen Mitteln abzuerziehen. Sein Werk war mithin typisch für die frühe Phase eines englischen Überlegenheitsgefühls über Irland und die irische Bevölkerung, auch wenn hier noch eine puritanische sich mit ersten rassistischen Herrschaftsbegründungen verband.[13]

Ormonds, Devereauxs und Binghams Kriegsverbrechen erreichten jedoch keine Stabilisierung der irischen Sicherheitslage. Bingham, zu dieser Zeit Gouverneur von Connacht, also des Westens von Irland, versuchte vor allem 1588 eine Sicherung des Friedens, indem er alle Überlebenden der spanischen Armada, die es an die irische Westküste geschafft hatten, nach Galway verbringen und dort ermorden ließ. Als er von dieser Praxis dann abrücken wollte, ließ der neue Lord Deputy

---

11   Spenser: Veue, passim; vgl. Hadfield: Spenser, S. 334-343.

12   „...by the sworde, which I named, I doe not meane the cuttinge of of all that nacon with the sworde, which farr bee yt from me, that ever I should thinke soe desperatelie, or wishe soe uncharitablie..."; Spenser: Veue, S. 74 (Irenius 154). Hier wird mithin die Ausrottung nur als letzte, verzweifelte Lösung genannt, aber sie wird auch nicht grundsätzlich ausgeschlossen.

13   Zur zunächst vor allem religiösen Begründung der Unterdrückung anderer Völker Fredrickson: Arrogance, S. 14-15.

von Irland, William FitzWilliam, dies nicht zu und veranstaltete eine wahre Hexenjagd auf überlebende Spanier und mögliche Sympathisanten und Unterstützer in Irland. Hunderte von Iren fielen dem zum Opfer gefallen, eh daraus 1589 ein erneuter Aufstand vor allem im Westen des Landes entstand. Auch hier versuchten Bingham und Fitz-William eine Befriedung durch Terrorkriegführung zu erreichen, vor allem durch Entführung oder Tötung der Viehbestände, Niederreißen der Gehöfte und Abbrennen der Getreidefelder.

Die lokalen Revolten kamen danach nie ganz zur Ruhe, ehe es 1595 zu einem weiteren irischen Aufstand kam. Dieser wurde geführt von Hugh O'Neill, dem Earl von Tyrone, dem mächtigsten Grundherrn in Ulster, der sich von den englischen Expansionsbemühungen bedrängt sah. O'Neill setzte erstmals auf eine irische Volksbewaffnung, nachdem Elizabeth I. den von ihm angestrebten Titel eines Lord Protector von Ulster an seinen Schwager Henry Bagenal gegeben hatte.

Was folgte, war der „Neunjährige Krieg", den England erneut durch eine rücksichtslose Terrorkriegführung zu gewinnen trachtete. Charles Blount, Earl of Mountjoy, folgte der bereits von Bingham praktizierten Vorgehensweise: Er ließ vor allem Ernten verbrennen und Viehbestände vernichten, was naturgemäß eine nicht auf Söldner, sondern auf Milizen aufgebaute Armee deutlich schwerer treffen musste.[14]

Spanien unterstützte einmal mehr das irische Unabhängigkeitsstreben, teils aus einer durchaus ernstzunehmenden katholischen Solidarisierung heraus, teils, weil auch nach dem Scheitern der Armada 1588 Felipe II (Philipp II.) nicht bereit war, England das Feld zu überlassen. Doch zwei weitere Flotten, die Spanien 1596 und 1597 aussandte, scheiterten jeweils an schlechter Vorbereitung,

---

[14] Canny: Elizabethan Conquest, S. 171.

Führungsfehlern und schwerem Wetter. Felipes Nachfolger, Felipe III, sandte dann 1601 noch einmal eine Flotte aus, die aber von schwerem Wetter zerstreut wurde, sodass nur ein Teil der Schiffe Irland erreichte, während die anderen mit fast dem gesamten Pulvervorrat wieder nach Spanien zurückkehren mussten. Immerhin 4.000 Infanteristen landeten aber unter Führung von Juan del Águila bei Kinsale, wo sie einen Brückenkopf errichteten. Águila versäumte es aber, den Brückenkopf rasch auszubauen, sodass die Engländer unter Charles Blount, Lord Montjoy, die Spanier dort einkesseln konnten. Irische Unterstützung erreichte zwar den Brückenkopf nach einem Gewaltmarsch quer durch Irland, doch erwiesen sich die irischen Milizionäre einmal mehr in offener Feldschlacht den englischen Berufssoldaten als deutlich unterlegen. Am Ende musste Águila kapitulieren. Montjoy gewährte einen ehrenvollen Abzug, aber hiermit endeten faktisch die spanischen Bemühungen, die irische Unabhängigkeitsbewegung militärisch zu unterstützen.

Auf sich allein gestellt, kehrten die Iren zu einer in Teilen erfolgreichen Guerillataktik zurück, die aber erneut von englischer Seite durch Vertreibung ganzer Bevölkerungsgruppen, Niederbrennen von Gehöften und Feldern und Vernichtung der Viehbestände bekämpft wurde. O'Neill kapitulierte 1605, erhielt aber zunächst relativ milde Konditionen. 1604 kam es mit dem Londoner Vertrag zu einem Friedensschluss zwischen Spanien und England, was alle Hoffnungen der Iren auf erneute spanische Unterstützung zerschlug. Trotzdem verließ O'Neill 1607 mit zahlreichen Getreuen das Land, um in Spanien eine Armee zu rekrutieren und nach Ulster zurückzukehren. Dieser „flight of the earls" hatte jedoch nur zur Folge, dass vor allem in Ulster ein Machtvakuum entstand, das die englische Krone rasch auffüllte, indem sie 1609 die Ulster Plantation errichtete und in großer Zahl protestantische Siedler vor allem aus England, aber auch Schottland nach Irland brachte. Dadurch löste Ulster, das heutige Nord-Irland, den Pale als Hauptgebiet der englischen Okkupation von Irland nach und nach ab.

Das mit den Tudors etablierte Herrschaftsprinzip wurde spätestens ab 1782 meist als „Protestant Ascendancy" bezeichnet. Wesentliche Elemente waren

- schrittweise Enteignung katholischer Landbesitzer,
- Verkauf oder Vergabe des Lands an Protestanten, meist an bereits wohlhabende protestantische Familien aus England,
- Beschränkung der parlamentarischen Repräsentation in Dublin auf wohlhabende protestantische Familien,
- Dominanz der anglikanischen Kirche in allen religiösen Fragen.[15]

Der Ausbau der Protestant Ascendancy verlangsamte sich zunächst nach dem Ende der Tudor-Herrschaft. Durch die Katholiken-freundliche Politik unter Charles I. schien eine dauerhafte Befriedung Irlands möglich. Insbesondere Charles' Vertrauter Thomas Wentworth stand als Lord Deputy für eine entsprechende Tendenz. Dies schlug aber ins Gegenteil um, als das von puritanischen Kräften beherrschte Parlament den König unter Druck setzte, Wenthworth wegen Hochverrat vor Gericht zu stellen. Die Hinrichtung des Lord Deputy 1641 galt als Beginn einer neuen Politik von Unterdrückung und Enteignung, was zu einem weiteren Aufstand und Massakern an protestantischen Siedlern führte. Weil kurz danach der englische Bürgerkrieg begann, wurde dieser Aufstand zunächst nicht von der Krone bekämpft. Aber die stärkere Partei, die im Oktober 1642 in Kilkenny gegründete Irish Confederation, propagierte jetzt keine Lösung von England, sondern stellte sich auf die Seite des Königs. Ihr gelang die Eroberung des

---

[15]   Walsh: Making, S. 17-19.

größten Teils von Irland. Die bevölkerungsreichsten und wohlhabendsten Regionen, Ulster und der Pale mit Belfast, Derry und Dublin bekannten sich allerdings weiterhin zum Parlament. Erst mit der Niederlage der Krone 1648 und der Hinrichtung des Königs im Folgejahr wendete sich Englands Augenmerk wieder nach Westen, auch weil Oliver Cromwell, der neue Lord Protector, in Irland eine Keimzelle katholischer Unruhen vermutete. Zudem hatte die Confederation sich mit den Royalisten in Frankreich und Spanien verbündet, die den geflohenen Kronprinzen, den späteren Charles II., auf den Thron in London heben wollten. Und drittens war der Krieg des Parlaments gegen die Krone u.a. mit Krediten finanziert worden, welche jetzt mit Eroberungen in Irland kompensiert werden sollten.

1649 begann daher mit der Rückeroberung Irlands unter Cromwell ein Feldzug, der von Dublin aus in wenigen Jahren ganz Irland erneut der englischen Kontrolle unterwerfen sollte. Dieser Feldzug war von solch barbarischer Härte, das wohl selbst der Dreißigjährige Krieg, der gerade erst durch den Frieden von Münster und Osnabrück beendet worden war, nur wenig Vergleichbares aufzuweisen hatte.

Als erste Stadt fiel Drogheda am 11.09.1649 Cromwell zum Opfer. Er ließ nicht nur alle vorgefundenen Soldaten erschlagen, was - da die Stadt die Kapitulation verweigert hatte – mit dem zeitgenössischen Kriegsrecht noch vereinbar gewesen wäre. Sondern er ließ auch alle Gefangenen umbringen, Kirchen mit Geflüchteten niederbrennen und alle angetroffenen Geistlichen erschlagen. Zudem wurde ein großer Teil der Zivilbevölkerung, wahrscheinlich an die 3.000 Menschen, nach Eroberung der Stadt ermordet, andere wurden als Sklaven in die Karibik verbracht.[16] Ähnliches geschah anschließend in Wexford und im nächsten Jahr in Waterford und in Duncannon.

---

[16]   Morrill: Drogheda Massacre, S. 263-265.

Nachdem mit der Einnahme von Limerick der offene irische Widerstand zusammengebrochen war, begannen viele der Überlebenden eine Art Guerilla-Kriegführung. Es handelte sich wahrscheinlich um etwa 30.000 Mann, die in mehr oder weniger großen Trupps aus den unwegsameren Gegenden Irlands heraus operierten, vor allem aus den Moorgebieten der Wicklows im Osten der Insel und den Bergregionen der Midlands. Die englischen Truppen bekämpften dies erneut durch Terrorkriegführung, vor allem durch die Zerstörung von Ernten und das Abschlachten des Viehs sowie den Verkauf von Zivilisten – nicht nur von Kombattanten – als Sklaven nach Westindien. Es entstand eine Hungersnot, die dann auch das erneute Aufflammen der Pest ab 1650 begünstigte.

Zeitgenössische Schätzungen vermuteten, dass etwa 400.000 Menschen Opfer dieser Verwüstungspolitik wurden. Heute geht man von einer Zahl von wenigstens 200.000 Toten aus. Insgesamt wurde auf diese Weise ein Fünftel der irischen Bevölkerung ermordet. Hinzu kamen etwa 15.000 Sklaven, die vor allem in die Karibik verkauft wurden.

Nimmt man die direkt Ermordeten und die durch Hunger infolge der Landverwüstungen und Umsiedlungen Getöteten zusammen, so ist im Zuge von Cromwells Rückeroberung Irlands wahrscheinlich fast die Hälfte der damaligen irischen Bevölkerung gestorben, was Cromwell unzweifelhaft in den Kreis der großen Massenmörder der europäischen Geschichte rückt.

Die Rückeroberung Irlands durch Cromwell und die anschließenden Unterdrückungsmaßnahmen beendeten zudem faktisch irischen Grundbesitz. Irische Katholiken konnten keine englischen Bürger werden, hatten damit auch kein Wahlrecht und konnten keinen Grund erwerben oder besitzen. Vor allem aber wurde ein großer Teil der gälischen Iren gezwungen, nach Connacht umzusiedeln. Dies war das

Land westlich des Shannon und stellte damals den weitaus unfrucht-
barsten und ärmsten Teil Irlands dar. Als Motto dieser Politik galt der
Cromwell zugeschriebene Slogan „To hell or to Connacht". Das
dadurch frei gewordene Land östlich des Shannon konnte somit an
Parteigänger und Geldgeber des Parlaments, aber auch an Veteranen
von Cromwells Truppen vergeben werden, deren Sold das Parlament
sparen wollte. Die meisten neuen Landbesitzer waren Protestanten,
die bereits in Irland lebten und jetzt die Gelegenheit bekamen, zu sehr
niedrigen Preisen das Land ihrer katholischen Nachbarn aufzukaufen
und anschließend diese als Landpächter auf demselben weiter wirt-
schaften zu lassen. Dadurch fiel der Anteil des Landes in katholischer
Hand von etwa 60% auf weniger als 8%.[17] Vor allem aber näherte sich
die irische Agrarverfassung der britischen insofern an, als fast alles
Land in den Händen weniger Familien war, die ihren Besitz auf Par-
zellen aufteilten und an meist sehr arme Bauersfamilien verpachteten.
Cromwell übernahm damit die bereits erprobte Praxis der Gründung
von Plantations, also von Großgrundbesitz mit bewirtschaftenden
Pächtern und Unterpächtern. Es gab jetzt auch vermehrt kurzfristige,
manchmal nur ein Jahr umfassende Pachtverträge, was die Abhängigkeit vom Grundbesitzer noch einmal deutlich erhöhte. So entwickelte
sich vielerorts ein bettelarmes Lumpenproletariat, das nicht nur anfällig war für Alkoholismus und Kleinkriminalität, sondern auch Naturkatastrophen nichts entgegenzusetzen hatte.
Insgesamt entsprach die in Irland etablierte Agrarverfassung aber der
zu dieser Zeit auch in England und in großen Teilen Kontinentaleuro-
pas verbreiteten Situation. Vor Cromwells Umsiedlungspolitik waren
die irischen Bauern bereits Teil einer Feudalgesellschaft, in der es seit
dem Frühmittelalter fast keine Unfreien gab, sondern persönlich freie

---

[17]   Lenihan: Confederate Catholics, S. 111.

Bauern auf unfreiem Land lebten und hierfür dem Feudalherrn auf Basis eines Pachtvertrags eine entsprechende Pacht in Naturalien und Dienstleistungen entrichteten. Für die Dauer dieses ursprünglich meist zehnjährigen Pachtvertrags waren die Pächter auch schollengebunden. Was sich jetzt änderte, war nicht nur die durchschnittliche Laufzeit der Pachtverträge, auch wenn sich die Dauer von lediglich einem Jahr vielerorts nicht durchsetzen ließ. Doch jetzt waren englische Adlige die Landeigner. Sie residierten nur selten in Irland, sondern lebten in England und hatten daher in erster Linie Interesse an monetären Leistungen statt an den bisher üblichen Naturalabgaben. Es entstand daher eine Schicht von Zwischenpächtern, die Forestallers, die von den Landpächtern Naturalabgaben empfingen, aber ihrerseits an den englischen Landbesitzer monetäre Leistungen entrichteten.

Das System der Forestallers erwies sich vor allem im Zuge der Agrarrevolution als nachteilig, weil weder die Landeigner noch die Zwischenpächter interessiert waren, in eine Modernisierung der Landwirtschaft zu investieren. Auch die Landpächter hatten hieran kaum Interesse, da das ihnen zur Verfügung gestellte Land meist nur zur Grundsicherung ausreichte und oft genug nicht einmal das. Vor allem aber hatten sie an Investitionen keine Besitzrechte. Sie konnten mit Auslaufen des Pachtvertrags oder bei fehlender Pachtzahlung, etwa infolge von Ernteausfällen, unmittelbar von ihrem Land vertrieben werden. Bis dahin auf dem Land durchgeführte Arbeiten, Bauten etc. fielen entschädigungslos dem Landeigner zu.

Das Sozialgefüge der irischen Bauernschaft bestand daher zum einen aus den Pächtern größerer Höfe, die wenigstens 40 Shilling pro Jahr Ertrag nach Leistung aller Abgaben garantierten. Diese Forty Shilling Freeholders hatten das Wahlrecht für das irische Parlament, stimmten allerdings öffentlich in Anwesenheit des Landeigners oder seines

Vertreters ab, sodass selten kontroverse Wahlergebnisse zustande kamen.[18] Auf den Höfen der Forty Shilling Freeholders arbeiteten meist zahlreiche Bedienstete, deren Lohn häufig mindestens anteilig in einem Landnutzungsrecht bestand, die aber meist auch mit Heimarbeit, vor allem mit der Weberei, zusätzlich Geld verdienen mussten. Zunächst besser gestellt als diese waren die Kleinpächter, die Cottiers, welche meist als Unterpächter der Freeholders auf kleinen Höfen Subsistenzwirtschaft betrieben, aber ebenfalls in der Regel Heimarbeit, Dienste auf dem Hof des Freeholders oder z.B. auch im Straßenbau verrichteten.

6.3. Die Anglifizierung der irischen Gesellschaft im 18. Jahrhundert

Charles II. setzte zur Überraschung der Iren Cromwells Politik weitgehend fort. Insbesondere durften Iren ihre Wollproduktion nur noch nach England verkaufen, was den bisherigen Handel mit Frankreich und den Niederlanden deutlich erschwerte.

Auch nach der Glorious Revolution von 1688 verschärfte sich die Unterdrückungspolitik weiter. William III. führte seine Armee schon im Folgejahr nach Irland, weil von hier der entmachtete König James II. seinen Versuch einer Rückeroberung der englischen Krone gestartet hatte. Zwar wurde James in der Schlacht am Boyne im Juli 1690 besiegt, aber er setzte seinen Widerstand noch etwa ein Jahr fort, was zu weiteren Unterdrückungsmaßnahmen der englischen Truppen gegen die irische Bevölkerung führte.

Die militärische Unterdrückung der irischen Unabhängigkeitsbestrebungen fand ihre Entsprechung in mehreren Gesetzen, die gezielt gegen die irische Kultur, Konfession und Gleichberechtigung gerichtet

---

[18]   Keenan: Pre-Famine Ireland, S. 23.

waren. Diese Regelungen wurden meist unter dem Begriff „Penal Laws" zusammengefasst. Ihre wichtigsten Bestandteile waren

- der Education Act oder „Act to Restrain Foreign Education" von 1695, der Iren verbot, ihre Kinder im Ausland unterrichten zu lassen. Dadurch gab es nur noch protestantisch geprägte Schulen, in denen der entsprechende Katechismus gelehrt wurde und es verboten war, Gälisch zu sprechen

- der Bishops Banishment Act oder „An Act for banishing all Papists exercising any Ecclesiastical Jurisdiction, and all Regulars of the Popish Clergy out of this Kingdom" von 1697, der faktisch nicht nur ein Berufsverbot für alle katholischen Kleriker bedeutete. Sondern alle Kleriker einschließlich aller Mönche und Nonnen erhielten ein Jahr Zeit, das Land zu verlassen. Wer danach noch in Irland angetroffen wurde, sollte nach einem Jahr Haft zwangsdeportiert werden.

- der Registration Act von 1704 oder „An Act for registering the Popish Clergy", der die Regelungen des Bishops Banishment Acts wiederholte, weil dieser nicht vollständig umgesetzt worden war. Jetzt erhielten aber Priester auch eine Möglichkeit zu einer – finanziell vergüteten – Konvertierung, was es ihnen sogar erlaubte, weiter ihre bisherige Gemeinde zu führen.

- der Popery Act oder „An Act to prevent the further Growth of Popery "von 1704 und seine Ergänzung von 1709. Hierdurch wurde alle Militärangehörigen ebenso wie alle Zivilangestellten zu einer schriftlichen Bestätigung ihrer Zugehörigkeit zur anglikanischen Church of Ireland innerhalb von drei Monaten verpflichtet, was nicht nur Katholiken, sondern auch viele Presbyterianer nötigte, sich zwischen ihrer Konfession und ihrer beruflichen Stellung zu entscheiden. Faktisch galt dies aber bereits seit 1607. Des weiteren schrieb dieses Gesetz allen

Protestanten im Erbfall das Erstgeborenenprinzip und Katholiken die gleichrangige Erbteilung vor. Konvertierte aber ein erstgeborener Sohn eines katholischen Vaters, wurde er ebenfalls Alleinerbe, auch gegen den Widerstand seiner Brüder. Zudem wurden Katholiken vom Landerwerb ausgeschlossen, und sie konnten auch kein Land erben, das bis dahin einem Protestanten gehört hatte. Des Weiteren wurde ihnen Besitz und Erwerb von Waffen und die Mitgliedschaft in Milizen und Bürgerwehren verboten.[19] Ehen zwischen Katholiken und Protestanten wurden ebenfalls verboten, zudem durften katholische Familien auch dann keine Waisen bei sich aufnehmen, wenn es sich um unmittelbare Angehörige handelte.

- der Disenfranchising Act oder "An Act for the further regulating the Election of Members of Parliament, and preventing the irregular Proceedings of Sheriffs and other Officers in electing and returning such Members" von 1728. Dieser schloss Katholiken vom Wahlrecht für das irische Parlament aus.

Die Penal Laws waren vor allem die Übertragung der Regelungen der Test Act von 1673 und der ihr zugehörenden englischen Folgeregelungen nach Irland, gingen aber über deren Regelungen an vielen Stellen hinaus. Insbesondere die Regelung des Erbrechts trug zu einer raschen Verarmung irischer Familien bei und erhöhte im Gegenzug die Landsammlung in den Händen protestantischer Investoren.[20] Auch katholische Handwerkerfamilien, die es in den meisten Städten durchaus noch gab, hatten jetzt nur noch die Möglichkeit, beim Tod des Familienvaters zu konvertieren, das Unternehmen zu verkaufen und als Angestellte im ehemals eigenen Betrieb weiterzuarbeiten oder sich

---

[19]   Howell: Oppression, S. 21-23.
[20]   Lyall: Land Law, S. 171-172.

erheblich zu verschulden, damit die nicht im Geschäft verbleibenden Brüder ausbezahlt werden konnten.

Unter der englischen Herrschaft kam es zu einer fortschreitenden Verkleinerung der von Katholiken bewirtschafteten Höfe. Mitte des 19. Jahrhunderts schätzte eine Kommission des britischen Parlaments den minimalen Bedarf einer Familie auf ca. 5 Hektar, ohne Berücksichtigung der fast überall anfallenden Pachtzahlungen. Aber 24% der Höfe waren 0,4 bis 2 Hektar groß, 40% 2 bis 6 Hektar. Die wesentliche Ursache dieser Zerstückelung des Ackerlands war nicht das Erbrecht, sondern das oben erwähnte mehrstufige System der Landbewirtschaftung. Die meist lediglich auf monetäre Erträge bedachten, in England wohnenden Landeigentümer verpachteten ihr Land an Zwischenpächter, die Forestaller, zu einem festen Satz. Anders als die Forty-Cent-Freeholders hatten die Forestaller ein klares monetäres Interesse. Dabei besaßen sie die größten Spielräume, wenn ein Pachtvertrag, traditionell auf zehn Jahre geschlossen, auslief oder aufgrund fehlender Pachten vorzeitig gekündigt wurde. Dann hatte der Forestaller zum einen die Möglichkeit, im Folgevertrag die Pacht zu erhöhen, zweitens aber auch, das Pachtland zu teilen, da zwei kleine Höfe mehr Pacht erbrachten als ein größerer. Forestaller hatten aber ebenso wie der Grundherr auch das Recht, die Bewirtschaftungsform grundlegend zu ändern und die Pächter zu vertreiben, wenn z.B. Weidewirtschaft mehr Ertrag versprach. Und die in Cromwells Tagen begonnenen Bestrebungen, immer mehr Pachtverträge nur auf ein Jahr abzuschließen, wurden nun noch einmal deutlich forciert.

Die Situation der Landpächter wurde weiterhin dadurch erschwert, dass die ursprüngliche Landorganisation noch gemeinsam genutzte Flächen, ähnlich einer Allmende, gekannt hatte, wo vor allem die Schafe oder Rinder, manchmal auch Pferde der Pächter weiden konnten. Auch Moorflächen zum Torfstich oder Waldstücke zum

Holzeinschlag waren meist gemeinsam genutzt, wiewohl sie dem Landeigner gehörten. Aber auf keine dieser Nutzungen gab es ein verbrief-
tes Recht, sodass – wie ähnlich in England und auch auf dem Kontinent - viele Grundbesitzer ihr Land kurzerhand einzäunten. Diese als
„Fencing" bezeichnete Vorgehensweise entzog vielerorts den auf Sub-
sistenz ausgerichteten Pächtern einen Teil ihrer Lebensgrundlage, zumal es anders als in England auch kaum Kompensationen für das
eingebüßte Gewohnheitsrecht gab.

Auch in den folgenden Jahrzehnten kam es in Irland nicht zuletzt infolge der Penal Laws immer wieder zu Aufständen gegen die englische
Fremdherrschaft, die sich freilich – vor allem mit Blick auf französische Finanzierungen – zumeist in den Dienst der entmachteten Stuarts stellten. Deren Bemühungen konzentrierten sich zwar – insbesondere mit den Feldzügen von 1708, 1715 und 1745 – im Wesentlichen
auf Schottland. Aber sie lieferten der britischen Okkupationspolitik
die Begründung für weitere Gesetze zur Entrechtung, Enteignung und
Vertreibung der gälisch-katholischen Bevölkerungsmehrheit in Irland.
Diese wurde weiter dadurch dezimiert, dass die Grundbesitzer meist
wenig Interesse an der bisherigen Subsistenzwirtschaft hatten, sondern – vor allem, wenn sie ihren Hauptsitz in England hatten – eine
exportorientierte Agrarproduktion anordneten.

Vom Jahrtausendwinter, dem „Great Frost" 1708/1709 blieb Irland
weitgehend verschont. Aber 1740 kam es dann zur einer landesweiten
Hungerkatastrophe. Unmittelbare Ursache war eine Kälteperiode im
Rahmen der letzten kleinen Eiszeit.[21] Die Klimaschwankung betraf daher auch andere Staaten in Europa. In Irland gab aber es mehrere
Gründe, welche die Krise verschärften. Zum einen die Exportorientie-
rung der Agrarproduktion, zum anderen war Irland ein deutlich

---

[21] Post: Climatic Variability, S. 3.

milderes Klima gewöhnt. Doch Anfang 1740 fiel die Tagestemperatur über längere Zeit auf unter -10° C. Auf solche Verhältnisse war weder die Brennstoffversorgung abgestellt, noch besaßen die meisten Iren entsprechende Kleidung oder kältesichere Wohnungen. Der Kohleimport aus England konnte über die zugefrorenen Meerengen nicht stattfinden. Der Fischfang, eine wichtige Ergänzung für viele Familien, brach über Monate zusammen. Wassergetriebene Mühlen mussten ihre Arbeit einstellen, was nicht nur die Mehlproduktion betraf, sondern auch die Grundstoffe für die irischen Heimarbeiter, vor allem die Leinenweber.[22] Die Nahrungsmittelpreise stiegen rapide, sodass schon Mitte 1740 Getreide und Getreideprodukte etwa 50% teurer waren als noch 1739.[23] Zudem kannte die irische Gesellschaft kaum soziale Sicherungsmechanismen. Die katholische Kirche, der die große Mehrheit der Landbevölkerung angehörte, versagte in dieser Krise fast umfassend. Ihr wichtigster Beitrag war, angesichts der Verknappung von Getreideprodukten den Gläubigen zu erlauben, auch in der Fastenzeit vor Ostern an vier Tagen pro Woche Fleisch zu essen, was aber natürlich für die Landarmen keine sonderlich hilfreiche Entscheidung gewesen sein dürfte. Die stärker urban ausgerichtete anglikanische Church of Ireland hingegen trachtete immerhin durch minimale Unterstützungen das Aufkommen von Seuchen ebenso wie drohende soziale Unruhen zu verhindern, was aber der ruralen Bevölkerungsmehrheit ebenfalls nichts nützte.[24]

Nach dem Ende des Winters blieben die erwarteten Regenfälle fast gänzlich aus, wodurch die Getreideernte des Frühjahrs weitgehend vernichtet wurde. Es blieb kalt, aber sehr trocken, was dann auch zu

---

22 Detailliert hierzu Dickson: Arctic Ireland, S. 12-17.
23 Drake: Irish Demographical Crisis, S. 118.
24 Kelly: Coping with Crisis, S. 117.

einem Massensterben von Schafen und Rindern führte, die nicht mehr genug Gras auf den Weiden fanden. Vor allem war durch den Winter vielerorts die meist auf den Äckern gelagerte Kartoffelernte des Vorherbstes so vollständig vernichtet, dass nicht einmal Saatkartoffeln für die nächste Aussaat gesammelt werden konnten.[25] Die Landbevölkerung verfügte aber meist über kaum Bargeld noch war sie hinreichend kreditwürdig, um neues Saatgut zu erwerben.

Die Folge war eine wachsende Zahl von halbverhungerten Bettlern in fast allen irischen Städten. Diese verstärkten das Unruhepotenzial, sodass es im April zu ersten Revolten kam, die sich zunächst vor allem gegen den weiter stattfindenden Export von Nahrungsmitteln richteten. Kurz darauf ereigneten sich in Dublin bereits Plünderungen, was die Behörden mit Waffengewalt zu ersticken suchten. An anderen Orten gab es in den folgenden Monaten immer wieder vergleichbare Ereignisse, gegen die man ebenfalls meist die in Irland stationierten Truppen einsetzte.

Im Oktober 1740 sah Irland nie gekannte Schneestürme. Dem folgten am 09.12.1740 sintflutartige Regenfälle mit zahlreichen Überschwemmungen, die durch einen unmittelbar folgenden Kälteeinbruch das ganze Land lähmende Areale von dicken Eisschichten entstehen ließen. Die leichte Erholung durch die Herbsternte wurde dadurch nihiliert, zumal inzwischen auch die Milchproduktion angesichts dezimierter und geschwächter Viehbestände massiv zurückgegangen war. Erst als Mitte 1741 das Wetter sich allmählich wieder normalisierte, kam es auch wieder zu einer Rückkehr zur gewohnten Agrarproduktion. Aber trotz der schlechten Erfahrungen mit der ackergelagerten Kartoffelernte nahm der Anteil von Kartoffelpflanzungen an der irischen Agrarfläche noch einmal deutlich zu, weil die zur Ernährung

---

25   Post: Climatic Variability, S. 9.

einer Familie durch Kartoffelanbau benötigte Fläche kleiner war als die entsprechende Fläche bei Getreideanbau.

Durch die Katastrophe war wenigstens eine halbe Million Iren gestorben. Die irische Bevölkerung sank dadurch vom Januar 1740 bis zum Juli 1741 um wenigstens 15% – eine Vorahnung auf das, was hundert Jahre später geschehen sollte.[26]

Unter den Katholiken in Irland entstanden als direkte Reaktion auf die Hungersnot und die fortschreitende Verarmung diverse Geheimgesellschaften, darunter auch agrarische Organisationen, die sich vor allem gegen das rasche Steigen der Landpachten und Zwangsabgaben an die anglikanische Kirche wandten, zu denen auch Katholiken gezwungen waren.[27] Die früheste solche Organisation war wahrscheinlich die gemeinhin als Whiteboys bezeichnete Gruppe der „Queen Sive Oultagh's Children". Sie beriefen sich auf eine irische Sagengestalt, Königin Sive, die sich drei Jahre als schneeweiße Möwe vor ihren Feinden versteckt haben sollte. Die Whiteboys trugen die damals üblichen Übermäntel aus ungefärbter Wolle, was einen Bezug auf Sive vielleicht nahegelegt hatte.[28]

Ende 1761 kam es zu ersten Revolten der Whiteboys, beginnend im County Limerick. Zunächst wurden Gräben und Hecken, die bis dahin gemeinsam genutztes Land umgaben, eingeebnet oder niedergerissen. Aber rasch wurden Forderungen auch schriftlich in Umlauf gebracht, die vor allem eine Reduzierung der Pachten forderten und ein Ende der Abgaben an die anglikanische Kirche. Neu war auch die Forderung

---

26 Clarkson/Crawford: Feast and Famine, S. 62-63.
27 Smyth: Men of no Property, S. 9-10.
28 Donnelly: Irish Agrarian Rebellion, S. 295.

158

nach einer gesetzlichen Regelung, dass bei Ausbleiben der Pacht erst nach dreijähriger Karenz eine Neuvergabe stattfinden durfte.[29]

In der Folgezeit eskalierten die Aktionen, während sie sich gleichzeitig über weitere Countys ausweiteten. So stürmten Whiteboys Ende 1762 das Gefängnis in Tallow, um Gesinnungsgenossen zu befreien und Waffen zu erbeuten. Hiergegen griff die Regierung ein weiteres Mal zu einer militärischen statt einer politischen Lösung. Die Identität einiger Whiteboys war den Behörden verraten worden, andere wurden auf mehr oder weniger vagen Verdacht hin festgenommen. Insgesamt wurden in der ersten Aprilhälfte 1763 bereits etwa 150 Personen inhaftiert, eine unbekannte Zahl zudem bei diesen Verhaftungsaktionen getötet, der Priester von Clogheen wegen Hochverrats gehängt. Daraufhin floh in einigen Countys eine große Zahl von Bewohnern in unwegsames Gelände. Zahlreiche Äcker blieben unbestellt, sodass es im Westen Irlands erneut zu einer Hungersnot Anfang 1764 kam.

Auch in Armagh formierte sich mit den Hearts of Oak ab 1761 eine katholische Geheimmiliz gegen das Elend der katholischen Pächter und Leinenweber. Sie protestierten vor allem gegen das Wegegeld, das Landeigner für die Benutzung von Straßen erheben konnten, die über ihr Gebiet liefen und für deren Instandhaltung sie verantwortlich waren. Auf dem Höhepunkt der Bewegung gehörten ihr mehrere tausend Menschen an, ihre Versammlungen erinnerten eher an Volksfeste als an Aufmärsche.[30] Aber sie erreichten durch schiere Masse, also ohne nennenswerte Gewalt, dass diverse Landeigner bzw. die meist vor Ort verfügbaren Forestaller zu Zugeständnissen bereit waren.

Die Erfolge der Hearts of Oak führten dazu, dass man im County Londonderry eine Kopie ihres Vorgehens versuchte. Die Krone fürchtete

---

29 Beames: Peasants and Power, S. 31-33.
30 Donnelly: Hearts of Oak, S. 21.

jetzt einen Flächenbrand, daher wurden Truppen ausgesandten, die zahlreiche Personen töteten.[31] Nach mehreren Zusammenstößen bot die Regierung den verbliebenen Unterstützern der Hearts of Oak ein Generalpardon an, wenn sie ohne weiteren Widerstand in ihre Dörfer zurückkehrten. Daraufhin verlief sich der Bund weitgehend, doch wurden die bereits Inhaftierten wegen Hochverrats vor Gericht gestellt. Letztlich aber kam es nur zu einem einzigen Todesurteil, ansonsten zu Dutzenden von Freisprüchen, wahrscheinlich weil in den Augen der Geschworenen die Anklagen völlig überzogen waren.

Auch protestantische Bewegungen gab es, die den Hearts of Oak ähnelten und wohl auch diese zum Vorbild nahmen. So protestierten ab 1769 im County Antrim die Hearts of Steel, eine rein protestantische Bewegung, ebenfalls gegen das starke Anwachsen der Pachten und die Vertreibung bei Pachtschulden.[32] Auch diese Bewegung breitete sich rasch über die Countys in Ulster aus, bis es ihren Anhängern im März 1772 sogar gelang, das Schloss von Gilford einzunehmen. Danach kam es aber ebenfalls zu einem massiven Einschreiten von Truppen der Krone. Und wie bei den Hearts of Oak versucht man nach dem Zusammenbruch der Bewegung angesichts der massiven Gewalt diverse als Rädelsführer verhaftete Protestanten wegen Hochverrat hinrichten zu lassen. Aber erneut weigerten sich die – durchweg protestantischen – Geschworenen, auch nur einen einzigen Angeklagten schuldig zu sprechen.[33]

Mittlerweise wurde aber die zunehmende Verarmung vor allem der katholischen Landbevölkerung auch für die ärmeren Protestanten zum Problem. Denn es kamen mehr und mehr Katholiken nach Ulster, vor

---

[31] Magennis: Presbyterian Insurrection, S. 172-173.
[32] Donnelly: Hearts of Oak, S. 45-48.
[33] Maguire: Lord Donegall, S. 374.

allem in die Countys Armagh und Londonderry, und in die urbanen Zentren von Belfast, Dublin und Cork. Sie bedrohten vor allem als Leinenweber das ohnehin niedrige Lohnniveau. Dies führte aber nicht zu einer Forderung nach verbesserten Lebensverhältnissen der katholischen Landbevölkerung, sondern zur Gründung der Peep o' Day Boys, einer protestantischen Geheimgesellschaft mit Schwerpunkt in Armagh. Diese versuchten, oft mit Unterstützung lokaler Landeigner oder Forestaller, die katholischen Bevölkerungsteile, vor allem die Zuwanderer, zu terrorisieren, letztlich mit dem Ziel, eine erneute Abwanderung zu erzwingen. Ihr Name spielte auf das gewaltsame Eindringen in Häuser von Katholiken im Morgengrauen an, um nach Waffen zu suchen, deren Besitz Katholiken verboten war.[34]

Was die Krise immer wieder verschärfte, waren drei Elemente

- die fortgesetzt antikatholische Haltung der britischen Regierung,
- die zunehmend rassistische Interpretation der irischen Nation sowie der irischen Geschichte und die daraus abgeleitete rassistische Herrschaftslegitimation der britischen Besatzung,
- die diversen Regeln, die einer Emanzipation von Irland, der irischen Bürger und der katholischen Bevölkerungsmehrheit im Wege standen.

Schrittweise aufgeweicht und gelockert wurden zwar die rechtlichen Vorgaben gegen eine Emanzipation der Katholiken in Irland. Vor allem im Gefolge der Französischen Revolution kam es zu Diskussionen, ob diese Regelungen noch zeitgemäß seien. Aber die folgenden Maßnahmen zeigten, dass eine Änderung der Gesetze wirkungslos verpufft, wenn der ideologische Hintergrund dieser Regelungen – Antikatholismus und Rassismus – unverändert fortbesteht.

---

[34] Powell: Popular Disturbances, S. 250.

Die Emanzipation der katholischen Bevölkerungsteile betraf natürlich auch England und – in geringerem Maße – ebenso Schottland und Wales. Hier kam es schon 1778 zu einer ersten Lockerung durch den Catholic Relief Act, welcher die Festlegung auf die anglikanische Lehrmeinung aus dem Treueeid von Staatsbediensteten und Inhabern öffentlicher Ämter entfernte und lediglich die Absage an einen Thronfolgeanspruch der Stuarts und die Zivilgerichtsbarkeit des Papstes bestehen ließ. Dadurch war Katholiken wieder Grundbesitz in Großbritannien erlaubt. Auch konnten sie wieder in die Armee eintreten, was angesichts der Rekrutierungsengpässe für den Krieg gegen die aufständischen amerikanischen Kolonien der unmittelbare Grund für die Gesetzesänderung gewesen war.

Das irische Parlament übernahm den Catholic Relief Act noch im selben Jahr 1778, was zwar zu Unmut der protestantischen Minderheit führte. Deutlich heftiger fielen die Reaktionen aber in anderen Teilen Großbritanniens aus. So sah Glasgow 1778 erste Unruhen, als im dortigen Unterhaus eine entsprechende Regelung diskutiert wurde, und erneut 1779 nach Annahme dieses Gesetzes.[35] 1780 folgte dann der als die Gordon Riots bezeichnete Aufstand in London. In allen diesen Fällen handelte es sich letztlich um Revolten protestantischer Stadtarmer, auch wenn sich in London ein schottischer Lord, George Gordon, an ihre Spitze setzte. Der Protest richtete sich hier wie in Glasgow und Edinburgh gegen eine Besserstellung der irisch-katholischen Einwanderer. Mehr als 50.000 Menschen waren in London am Aufstand beteiligt, es kam zu Angriffen auf katholische Bürger und auf katholische Kirchen, aber auch zu Versuchen, die Stadtgefängnisse zu stürmen und die Bank of England einzunehmen, und natürlich kam es

---

[35] Black: Tumultuous Petitioners, S. 191-192. Donovan: No Popery, S. 214-215.

auch zu umfangreichen Plünderungen. Die Armee schlug den Aufstand schließlich nieder, wobei bis zu 300 Menschen getötet und Hunderte verletzt wurden.[36]

Doch während die Revolten in Schottland und England Episoden blieben, wurden die Regelungen für Irland ein wesentlicher Katalysator des bereits seit langem angelegten und nun vordringlich werdenden Konflikts. Die Peep o' Day Boys radikalisierten sich im Kontext der Regelungen von 1778, weil sie die dominierende Rolle der irischen Protestanten durch eine Emanzipation der Katholiken bedroht sahen. Dabei war es für sie am gravierendsten, dass die Emanzipation der katholischen Iren sie zu einer direkten Konkurrenz sowohl um Landpachten als auch um Lohnarbeit in der Landwirtschaft, als Leinenweber oder in der sich gerade erst entwickelnden Industrie machte.[37]

1782 erhielt Irland eine Verfassung, die vor allem dazu diente, die dominante Rolle der anglikanischen Minderheit sowohl gegenüber der katholischen Mehrheit als auch gegenüber den in Ulster angesiedelten schottischen Presbyterianern zu sichern. Doch lief die Diskussion um eine Emanzipation der Katholiken ungebrochen weiter. Und die Verfassung hatte auch den Katholiken Zugeständnisse gemacht, auch wenn diese – wie das Recht, Land zu erwerben – zunächst kaum wahrnehmbare Auswirkungen hatten.

Gegen die Peep o' Day Boys formierte sich in der Nachfolge der Whiteboys 1786 der lose Verband der Na Cosantóirí oder Defenders. Da sie aber wahrnahmen, dass die Behörden die protestantischen Terrorgruppen praktisch ungestört ließen, entfernten die Defenders sich rasch von der Idee einer Reform der irischen Situation unter britischer Herrschaft. Sie propagierten jetzt eine Abspaltung Irlands von

---

[36]   Rogers: Crowds, S. 174–175.
[37]   Babington: Military Intervention, S. 31-32.

England, stellten aber auch die Besitzverhältnisse innerhalb Irlands in Frage. Dies machte sie zu einer Bedrohung auch für die nationalistischen Kreise wohlhabender Protestanten insbesondere in Dublin und Belfast.

Die Defenders waren als militante Organisation natürlich auf Waffen angewiesen, deren Erwerb und Besitz Katholiken aber verboten war. Daher beschafften sie sich Waffen teils durch illegalen Erwerb, aber auch durch Überfälle auf Privathäuser waffenbesitzender Protestanten. Dadurch kamen zwar anscheinend nur wenige Waffen in ihren Besitz, ließ sie aber in der öffentlichen Wahrnehmung anders als die Peep o' Day Boys als regierungsfeindliche Organisation mit sozialrevolutionärer Bedrohung der wohlhabenderen Kreise erscheinen.

Schwerpunkt der Auseinandersetzungen zwischen protestantischen Peep o' Day Boys und katholischen Defenders wurde für mehrere Jahre vor allem Armagh, das recht eindeutig über einen protestantischen Nord- und katholischen Südteil verfügte. Rasch wurden diese Auseinandersetzungen nicht mehr nur nach Einbruch der Dunkelheit ausgetragen, was sie dann auch zum Problem für die lokale Wirtschaft, vor allem für die in beiden Teilen des County vorwiegend in Heimarbeit betriebene Leinenweberei machte.[38]

6.4.　Die Monetarisierung der Besatzungspolitik

Ende des 18. Jahrhunderts gab es diverse Forderungen auch auf englischer Seite und im Unterhaus, die konfliktträchtige Lage in Irland zu bessern. Religiöse Fragen hatten in der britischen Wahrnehmung an Bedeutung verloren, immer mehr Aspekte des Lebens wurden zunehmend auf ihre monetären Aspekte hin befragt, auch wenn die evangelikale Bewegung um William Wilberforce eine einflussreiche

---

[38]　Connolly: Divided Kingdom, S. 21-22.

Gegenbewegung gegen diese Haltung markierte.[39] Die ständigen Konfessionskonflikte in Irland aber wurden von Grundbesitzern wie Krone als Hindernis gesehen, wenn es darum ging, möglichst hohe Erträge aus dem besetzten Land herauszupressen.

1791 wurde dann zunächst für England und Schottland Catholic Relief Act von 1778 durch den Roman Catholic Relief Act erweitert, der zahlreiche weitere Erleichterungen für Katholiken mit sich brachte. Hierzu gehörte vor allem eine Aufhebung des Verbots katholischer Gottesdienste und katholischer Schulen sowie die Zulassung von Katholiken zum Anwaltsberuf. Kirchenglocken blieben den katholischen Kirchen aber ebenso untersagt wie die Rückkehr der monastischen Orden.

Das Parlament in Dublin übernahm diese Regelungen 1793. Anbei gewährte man ein aktives Wahlrecht immerhin grundbesitzenden Katholiken, die als Eigner oder Pächter über Land verfügten, das wenigstens 2 £ pro Jahr erwirtschaftete. Doch besserten sich die Lebensverhältnisse der katholischen Mehrheit hierdurch kaum, da die wesentliche lebenspraktische Regelung, nämlich die Änderung hinsichtlich der Zulassung zum Jurastudium, lediglich der sehr geringen Gruppe wohlhabender katholischer Familien nutzte. Aber die Peep o'Day Boys sahen hier einen weiteren Schritt zu einer Gleichberechtigung der irischen Katholiken.

Die Konflikte verschärften sich, als die Peep o' Day Boys im Nordosten Irlands begannen, die protestantischen Milizen der Volunteers zu kontrollieren. Bereits 1715 ins Leben gerufen, war die Geschichte der Volunteers von der periodischen Furcht vor einer Invasion, vor allem durch eine katholische Macht wie Spanien oder Frankreich, bestimmt.

---

[39]   Zur Monetarisierungskritik der Evangelikalen Hague: William Wilberforce, S. 72-79.

Zuletzt waren die Volunteers während des Unabhängigkeitskrieges der USA neu organisiert worden, weil durch die Verlagerung eines Drittels der sonst in Irland stationierten 13.000 Mann regulärer Truppen das Risiko einer Invasion, aber auch die Gefahr sozialer Unruhen wieder stark gewachsen schien.

Die Volunteers vertraten eine uneinheitliche Haltung zur katholischen Bevölkerungsmehrheit. Während einige Gruppen auch Katholiken aufnahmen und entgegen den gesetzlichen Vorgaben ihnen auch das Tragen von Waffen ermöglichten, hielten andere am strikt antikatholischen Geist der Penal Laws fest. Insbesondere diese Gruppen zeigten sich offen für eine Zusammenarbeit mit den Peep o' Day Boys, was dazu führte, dass die lose Kooperation der Volunteers 1793 zerbrach. Denn jetzt weigerten sich die durch die Peep o' Day Boys beeinflussten Milizen aus Armagh, Delegierte zum vierten nationalen Konvent der Volunteers zu schicken. Zudem sah die britische Regierung die Volunteers als Sympathisanten der französischen Revolution. Da traf es sich, dass mit der Einführung der Yeomanry 1793 als staatlich kontrollierte Miliz in ganz Großbritannien die Volunteers überflüssig wurden und sich entsprechend auflösten.

Die Einführung der Yeomanry war mit einem Verbot anderer milizähnlicher Verbände verknüpft. Das betraf auch die Peep o' Day Boys und die Defenders. Aber tatsächlich erhielten insbesondere die Defenders hierdurch starken Zulauf. Die prekäre Lebenssituation der meisten katholischen Familien machte sie angewiesen auf den Beitrag der Söhne, sei es auf dem selbst bewirtschafteten Land, sei es als Wanderarbeiter in der örtlichen Landwirtschaft oder in den urbanen Zentren Irlands oder auch Englands. Mit der Yeomanry führte die Krone aber faktisch eine teilweise Wehrpflicht in Irland ein. Und man glaubte, auch nach den Erfahrungen des Amerikanischen Unabhängigkeitskriegs, nicht daran, dass diese Einheiten wirklich nur in Irland zum Schutz gegen eine französische Invasion eingesetzt werden würden.

Es kam zu lokalen Revolten der Defenders, die von den Truppen der Krone erneut mit äußerster Brutalität niedergeschlagen wurden. Dies betraf vor allem den County Leitrim, wo 1793 umfangreiche Kräfte eingesetzt werden mussten, um die Defenders zu besiegen.[40] Dies erreichte man teils in offenen Gefechten, aber auch durch Übergriffe auf die Zivilbevölkerung, vor allem durch Angriffe des Militärs auf die Häuser von Landpächtern und Zerschlagung der geringen Habseligkeiten, darunter auch der Gerätschaften, die für den Ackerbau benötigt wurden.[41]

Das harte Vorgehen der britischen Truppen vor allem gegen die katholischen Milizen hatte mehrere Ursachen: Zu einen zeigen vor allem langdauernde Konflikte ohnehin eine Tendenz zu Abstumpfung und Brutalisierung der hier eingesetzten Soldaten. Zweitens waren die Kommandeure häufig Teil der grundbesitzenden Schicht in England und Irland, die sich durch jede Art sozialen Protest bedroht fanden. Dies entsprach mindestens teilweise auch der Haltung der Regierung in London, aber auch in Unter- und Oberhaus, wo viele Mitglieder beider Häuser einen nennenswerten Teil ihrer Einnahmen aus ihrem – oft nie besuchten – Landbesitz in Irland zogen. Aber drittens beschränkte sich die Parteilichkeit der Truppen nicht auf Kommandeure und Offizierskorps. Die Mannschaftsränge waren fast ausschließlich aus Kreisen irischer Protestanten rekrutiert worden, die ihre Ressentiments natürlich nicht ablegten, nur weil sie jetzt beim Militär waren. Zudem waren viele Soldaten verurteilte Straftäter, denen man die Wahl gelassen hatte zwischen Uniform und Gefängnis oder

---

[40]   Kelly: Flame, S. 31-46.
[41]   McBride: Eighteenth Century Ireland, S. 161.

Deportation nach Australien.[42] Auch wer Vater eines unehelichen Kindes war oder bis max. 30£ Schulden hatte, war bereits mit Annahme des Handgelds außer Verfolgung gestellt.[43] Und vor allem: Seit dem Catholic Relief Act von 1778 konnten auch Katholiken rekrutiert werden. Die Protestanten in der Armee fürchteten, auch innerhalb der Armee schrittweise an den Rand gedrängt zu werden, zumal man vor der massiven Truppenverstärkung der 1790er Jahre kaum die Augen verschließen konnte.[44] Auch dies erklärt das harsche Vorgehen der in dieser Zeit noch weitgehend protestantischen Truppen in Irland.

Der hohe Anteil von Strafgefangenen in den in Irland stationierten Truppen, aber auch der jammervoll niedrige Sold hatte zudem eine sehr hohe Quote von Desertation zur Folge – trotz meist drastischer Strafen. Im Irland verloren die britischen Einheiten Ende des 18. Jahrhunderts jährlich etwa ein Sechstel der Mannschaftsränge durch Desertation.[45]

Die ideologische Nähe von protestantischen Milizen wie den Peep o' Day Boys und dem Militär begünstigte weitere Ausschreitungen gegen Katholiken, vor allem in Ulster. Hier gab es nach wie vor eine Konkurrenzsituation zwischen ansässigen Protestanten und zugewanderten Katholiken um Arbeit in der Landwirtschaft und um Heimarbeit in der Leinenweberei.

Die Defenders vermochten gegen die fortgesetzten Belästigungen, physischen Attacken und nächtlichen Überfälle auf die Katholiken in Ulster keine hinreichende Verteidigung bereitzustellen.[46] In ganz Ulster,

---

[42]   Glover: Peninsular Preparation, S. 174-175.
[43]   Spiers: Army, S. 45.
[44]   Glover: Peninsular Preparation, S. 6-7.
[45]   Fortescue: Wellington, S. 7.
[46]   Miller: Armagh Troubles, S. 156.

aber vor allem in Armagh kulminierten diese Auseinandersetzungen im September 1795. Bereits im Juli hatte der Pfarrer von Dumcree die protestantische Gemeinde für ein regelrechtes Pogrom in Portadown begeistern können. Ziel waren vor allem die Wohlhabenderen unter den katholischen Landpächtern und wieder einmal die Leinenweber als direkte Konkurrenten der protestantischen Unterschicht. Erneut wurden Häuser von Katholiken gestürmt, Webstühle, Materialien und Produkte zerschlagen oder verbrannt, Dächer herabgerissen oder das ganze Haus niedergebrannt. Die Bewohner wurden verprügelt, manchmal totgeschlagen, Frauen häufig vergewaltigt. Es kam zu einem Exodus von Katholiken, zunächst aus Portadown, dann aus ganz Armagh, weil weitere Pfarrer und ihre Gemeinden die Botschaft aus Dumcree aufnahmen. Insgesamt verließen ca. 7.000 Katholiken nicht nur ihre Häuser, sondern gingen nach Connacht, woher wenigstens ein Teil von ihnen zuvor nach Ulster eingewandert war.

Die Krone sah keine Veranlassung, hier einzuschreiten oder womöglich die Mitglieder der Peep o' Day Boys zu verhaften. Auch der Agitation der protestantischen Pfarrer wurde keineswegs Einhalt geboten. Umgekehrt agitierten vereinzelt aber auch katholische Priester für einen Aufstand der katholischen Bevölkerungsmehrheit oder wenigstens für Selbstverteidigung gegen die Angriffe der Protestanten. Hier tat sich vor allem der junge Priester von Dundalk hervor, James Coigly, der schon als Student in Paris am Sturm auf die Bastille teilgenommen hatte.

In der Pogromatmosphäre vom Sommer 1797 kam es schließlich zu einer – möglicherweise im Vorfeld vereinbarten – Konfrontation von

Defenders und Peep o' Day Boys.[47] Für mehrere Tage sammelten sich Männer beider Organisationen im Diamond, einem Gebiet rund um eine Straßenkreuzung östlich von Loughgall. Diese Zusammenrottungen geschahen so öffentlich, dass auch die Krone davon gewusst haben muss. Trotzdem schritten die in Armagh stationierten Truppen nicht ein, auch nicht, als sich die lokalen Volunteers mit voller Bewaffnung den Peep o' Day Boys anschlossen und erneut Häuser von Katholiken geplündert wurden, angeblich auf der Suche nach verbotenen Waffen.[48]

Am 21. September kam es dann zu der schon seit mehreren Tagen erwarteten Auseinandersetzung, wobei die nur teilweise bewaffneten Defenders keine Chance hatten gegen die Volunteers und die Peep o' Day Boys, welche kurz vor dem Kampf auch noch von umliegenden Grundbesitzern mit weiteren Waffen und Munition versorgt worden waren. Etwa 30 Defender wurden erschossen, während die Protestanten lediglich einige Verwundete verzeichneten.[49]

Aus Stolz auf diesen Sieg und die erreichte Vertreibung einer großen Zahl von Katholiken gründeten die Peep o' Day Boys noch am Tag des Gefechts den Orange Order, der sich seitdem als die wichtigste Terrorgruppe der Protestanten in Ulster etabliert hat. Zwar versuchte relativ bald der Orden, sich von den schlimmsten Übergriffen zu distanzieren, vor allem von den Vergewaltigungen während der Überfälle.[50] Doch

---

[47] Solche Absprachen waren im 18. Jahrhundert durchaus nicht unüblich und haben sich u.a. unter britischen Hooligans bis heute erhalten; Pilz: Suche, S. 5-7.

[48] Jess: Orange Order, S. 20.

[49] Wallace: History, S. 19-20.

[50] Miller: Origins, S. 540-541. Die Distanzierung von den Peep o' Day Boys war eine Schutzbehauptung; es gibt deutliche Hinweise auf

besteht kein Zweifel, dass der Orden die Tradition der Peep o' Day Boys nahtlos fortsetzte.

Irischer Nationalstolz und Traditionalismus der Protestanten haben gleichermaßen dazu beigetragen, dass dieses kurze Gefecht nicht als Massaker, sondern als Konflikt auf Augenhöhe angesehen wurde. Doch lässt sich dies Bild nicht halten angesichts der Ungleichheit in der Kampfstärke, aber auch der massiven Unterstützung der Protestanten durch die Grundbesitzer und vor allem durch die Krone.

Die letztlich binnengesellschaftliche Gewalt des 18. Jahrhunderts war auch auf katholischer Seite allenfalls von einer diffusen antibritischen Haltung begleitet, stellte aber keine separatistische Volksbewegung dar.[51] Erst das Ende des 18. Jahrhunderts sah wieder größere irische Unabhängigkeitsbemühungen. Diese gingen diesmal freilich zunächst von begüterten Protestanten aus, welche unter dem Eindruck vor allem der Gründung der USA größeren Einfluss und eine Stärkung des irischen Parlaments durchsetzen wollten. Die katholische Seite befand sich in einer deutlich schwächeren Position, da sie zwar zahlenmäßig viel stärker war, aber es kaum wohlhabende Katholiken gab und auch weiterhin Katholiken kaum Waffen besaßen.

Unter dem Einfluss von Theobald Wolfe Tone erweiterte die irische Unabhängigkeitsbewegung ihr Programm jedoch allmählich auch um Forderungen nach Emanzipation der Katholiken.[52] Ohne auch dies zu fordern, wäre ein breiter Rückhalt in der irischen Bevölkerung nicht zu erreichen gewesen. Tone aber plädierte für eine Sammlung der Iren

---

eine Verwicklung des Orange Order in die Ausschreitungen; Bardon: History, S. 226.

[51]   Miller: Politicisation, S. 16.

[52]   Elliott: Wolfe Tone, S. 139-140.

unter einem nationalen Gedanken, was zur Gründung der Society of United Irishmen 1791 führte.

Zu gleicher Zeit hatte die Französische Revolution ihre Anfänge von 1789 bereits hinter sich gelassen. Die Society stand den Ideen der Revolution zwar positiv, jedoch nicht rückhaltlos euphorisch gegenüber. Trotzdem wurde sie verboten, als 1793 Frankreich Großbritannien den Krieg erklärte. Aber es gelang ihr, bis 1795 auf insgesamt 500.000 Mitglieder zu wachsen, was etwa 6% der irischen Bevölkerung gegen Ende des 18. Jahrhunderts entsprach.

Forderungen nach sozialen Reformen, wie sie vor allem von den katholischen Organisation wie den Hearts of Oak oder den Defenders kamen, lehnte die Society weitgehend ab. Eine Refokussierung dieser gesellschaftlichen Veränderungspotenziale auf eine nationale Unabhängigkeit oder mindestens größere Autonomie im Vereinigten Königreich machte diese also nicht nur für dieses eigentliche Ziel der Society nützlich, sondern beseitigte zugleich auch die damit verbundene Bedrohung des Besitzstands vor allem der protestantischen Grundbesitzer, also der Schicht, aus welcher heraus die Society entstanden war. Daher wollte Tone sowohl die Peep o' Day Boys als auch die Defenders in die Society integrieren.[53] Vor allem aber gelang es der Society, die Krone zu milden Zugeständnissen gegenüber den Katholiken zu bewegen, in Anlehnung an den eigentlich auf England beschränkten Roman Catholic Relief Act, den das Parlament in London 1791 verabschiedet hatte

Die geringe Kompromissbereitschaft der irischen Protestanten, welche allein nach wie vor das Parlament in Dublin innehatten, ließ Tone jedoch bald an einer Kooperation mit diesen Kräften zweifeln. Tone, selbst Protestant und Nachkomme von aus Frankreich geflohenen

---

[53] Curtin: Transformation, S. 478–479.

Hugenotten, begann, in Frankreich Verbündete für die Erringung einer irischen Unabhängigkeit zu suchen, die er und die meisten anderen Mitglieder der Society inzwischen als unabdingbare Voraussetzung einer Emanzipation der Katholiken ansahen.

Tones Bemühungen schadete jedoch, dass er durch eine Annäherung an das revolutionäre Frankreich die Unterstützung der katholischen Kirche und damit auch von weiten Teilen der irischen Landbevölkerung verlor. Insbesondere die Kirche war eher bereit, sich mit der anglikanischen Seite zu arrangieren als den als antichristlich und atheistisch verschrienen französischen Revolutionären die Hand zu reichen.[54] Dies umso mehr, als die Revolution nicht nur in Frankreich die gesellschaftliche und politische Rolle der Kirche zu beschneiden versucht hatte. Sondern es waren durch Napoleon Bonapartes Siege in Oberitalien 1796 auch wesentliche Teile des Kirchenstaats in zwei eigenständige Republiken überführt worden, eine mit den Zentren Modena und Bologna, die andere rund um Mailand und Mantua. Das verstärkte sich noch nach Gefangennahme und Absetzung von Pius VI. 1798 und Gründung der Römischen Republik. Daher verließen vor allem die wohlhabenderen katholischen Familien jetzt nach und nach die Society, was zu einer weiteren Radikalisierung beitrug.

Es mehrten sich Stimmen, die nicht länger auf eine französische Unterstützung warten wollten, sondern glaubten, die Zeit sei reif für einen autonomen irischen Volksaufstand gegen die britische Fremdherrschaft nach dem Vorbild vor allem der Schweiz und der Niederlande. Wichtigster Agitator hierfür war der 1797 aus Irland geflohene frühere Priester von Dundalk, James Coigly, der bereits zu den treibenden Kräften in Armagh gehört hatte.[55] Coigly gelang es, James

---

[54]   Pakenham: Year of Liberty, S. 31-34.
[55]   Keogh: Unfortunate Man, S. 18-24.

Napper Tandy, den Napoleon sehr schätzte, für seine radikaleren Ansichten zu gewinnen, während Tone weiterhin für eine realistische Vorgehensweise eintrat, was zu heftigen Auseinandersetzungen vor allem mit Coigly führte. Es war auch Coigly, der insbesondere Talleyrand davon überzeugte, dass es in Irland ein dichtes Netz eng zusammenarbeitender Widerstandsgruppen gebe, die nur auf ein Signal zu einem landesweiten Aufstand warteten.

Die Krone bekämpfte derweil in gewohnter Brutalität alle tatsächlichen oder vermeintlichen Sympathisanten der französischen Revolutionäre. Da einige von ihnen als Zeichen gegen den meist langhaarigen oder mit Perücken ausgestatteten Adel die eigenen Haupthaare kurz schneiden ließen, erhielten die Sympathisanten der Revolution den Spitznamen „Croppies".[56] Im Gegenzug erfand die Krone das „Pitchcapping" als Folter vor allem für die Croppies, wobei der Begriff schon bald für jeden verwendet wurde, der in Verdacht stand, mit der französischen Seite zu sympathisieren, unabhängig von der jeweiligen Haartracht.[57]

---

[56] Da hier aber z.T. wahllose Verhaftungen nach bloßem Augenschein stattfanden, überfielen Sympathisanten nun ihrerseits vor allem Protestanten und kürzten ihre Haare.

[57] Beim bis dahin unbekannten Pitchcapping wurde den Opfern eine Papiertüte mit heißem Pech auf den Kopf gedrückt. Das Pech lief dabei oft übers Gesicht und in die Augen. Nach Erkalten wurde das Pech wieder abgerissen wurden – meist mit Teilen des Haupthaars und der Kopfhaut. Auch diverse andere Foltermethoden, etwa mehrfaches, kurz vor dem Tod abgebrochenes Erhängen, wurden jetzt eingeführt oder verbreiteten sich deutlich stärker, wobei in allen Fällen diese neuen Methoden in direktem Bezug zum Guillotinieren in Frankreich dargestellt wurden.

174

Tone erreichte in Frankreich 1796 die Entsendung eines französischen Geschwaders, das jedoch von ungünstigen Winden und schwerer See zur Rückkehr nach Frankreich gezwungen wurde. Dies war Teil einer auf drei Verbände aufgeteilten französischen Invasionsstreitmacht: Ein zweiter Verband sollte in Newcastle upon Tyne an Land gehen, ein dritter Verband in Wales. Letztlich gelang es aber nur der „Légion Noire", einer französischen Strafeinheit, in Wales zu landen. Nach zwei Tagen musste die Einheit eine bedingungslose Kapitulation akzeptieren.[58]

Für 1798 wurde ein weiterer Landungsversuch beschlossen, da die französische Seite nach wie vor Tones Beteuerungen Glauben schenkte, dies werde der Zündfunke einer allgemeinen Erhebung in Irland sein. Immerhin hatte bereits begonnen, was man danach etwas überzogen als die Irische Rebellion von 1798 bezeichnet hat. Tones Idee war hier eindeutig, eine Unabhängigkeit Irlands zu erzwingen, analog zu den USA, sich also nicht mit einer Besserung der Situation der Katholiken oder politischer Partizipation zufrieden zu geben.

Der wesentliche Angriff des Aufstands sollte Dublin gelten und von da das ganze Land erfassen. Doch war dieser Ablauf im Vorfeld verraten worden, sodass es nicht einmal gelang, zum verabredeten Zeitpunkt die Streitmacht zu organisieren, da an allen vereinbarten Sammlungspunkten starke britische Truppenkontingente aufmarschiert waren.[59] Daher verlagerte sich die Rebellion an die Peripherie, vor allem nach Kildare, brach dort aber Ende Mai 1798 nach wenigen Tagen zusammen. Doch massakrierten in Wexford die Anhänger der Krone aus

---

[58] Kinross: Fishguard Fiasco, S. 109-111.
[59] Graham: Dublin in 1798, S. 72-73.

Angst vor einem ähnlichen Aufstand vorbeugend einen großen Teil der örtlichen Katholiken und verbrannten etliche Gehöfte.[60]

Inzwischen erlitten die Rebellen eine Niederlage nach der anderen, insbesondere am 21. Juni in Wexford in der Schlacht um Enniscorthy und den Vinegar Hill. Die irischen Aufständischen hatten zwar mit dem Vinegar Hill eigentlich die überlegene Position eingenommen. Sie hatten aber der britischen Artillerie nichts entgegenzusetzen, insbesondere, weil man hier erstmals auch Schrapnell-Munition verwendete, die zahlreiche Opfer forderte. Als die Iren dann durch eine kleine Lücke im Belagerungsring zu fliehen versuchten, wurden sie mit Kartätschen-Munition beschossen und in großer Zahl von britischer Kavallerie niedergeritten. Anschließend kam es zu zahlreichen Kriegsverbrechen, etwa indem die zum irischen Heer gehörenden Frauen Opfer von Massenvergewaltigungen wurden oder in Enniscorthy ein Hospital mit verwundeten Iren kurzerhand niedergebrannt wurde.[61]

Wolfe Tone und seine mehr oder weniger zerstrittenen Gefolgsleute griffen jetzt wieder zur Guerillataktik der Defenders. Doch spätestens Mitte Juli 1798 war der Aufstand weitgehend zusammengebrochen, der zu keinem Zeitpunkt die britische Herrschaft über Irland auch nur ansatzweise gefährdet hatte.

In Paris allerdings hatte man von diesem Debakel bisher nichts erfahren. Daher entsandte man zur Unterstützung der Erhebung ein kleineres Kommando nach Irland, geführt von Jean Joseph Amable Humbert. Die Einheit ging mehr als einen Monat nach dem endgültigen Scheitern des Aufstands in Mayo an Land. Nach einigen siegreichen

---

[60]   Whelan: Reinterpretating, S. 12.

[61]   Wickwire/Wickwire: Cornwallis, S. 222-225; Joannon (Soldats perdus, S. 9) geht hingegen von ca. fünfhundert im Sumpf gestorbenen Iren aus.

Scharmützeln vor allem in Connacht wurde die Truppe vom neuen Lord Lieutenant of Ireland, Charles Cornwallis, am 08.09.1798 bei Ballinamuck in einem halbstündigen Scharmützel zur Aufgabe gezwungen. Ein irisches Kontingent, welches sich Humbert angeschlossen hatte, weigerte sich zu kapitulieren und wurde in einen Sumpf getrieben, wo ca. 1.000 Mann erschlagen wurden oder ertranken.[62] Im Nachgang wurden die französischen Gefangenen wenig später gegen britische Kriegsgefangene ausgetauscht. Die gefangengenommenen Iren – noch etwa 200 Mann – wurden hingegen wegen Hochverrats gehängt. Ein zur Unterstützung ausgesandtes Schiff unter Napper Tandy erreichte zwar eine dünn besiedelte Region in Irland, doch als Tandy von Humberts Niederlage erfuhr, segelte er wieder ab. Eine zweite Hilfstruppe von knapp 3.000 Infanteristen unter Jean Hardy wurde noch auf See von den Briten abgefangen und zur Kapitulation gezwungen. Während aber die französischen Offiziere wieder nach Frankreich zurückkehren durften, wurden auch hier die gefangengenommenen Iren, darunter auch Tone, nach Irland gebracht und dort zum Tode verurteilt. Tone berief sich zwar auf ein französisches Offizierspatent, doch blieb ihm letztlich nur, sich der Hinrichtung durch Selbstmord zu entziehen.

Danach verfolgte Cornwallis rigoros die überlebenden Iren, die sich Humbert angeschlossen hatten. Auch er legte hierbei eine Brutalität an den Tag, die eher der schon erprobten Vorgehensweise der Briten in Irland entsprach als seinem Verhalten im Amerikanischen Unabhängigkeitskrieg oder in seiner Zeit als Generalgouverneur in Indien. Gleichzeitig gehörte er aber auch zu den einflussreichsten Befürwortern einer Rücknahme von Teilen der Penal Laws.

---

[62] Gribayedoff: French Invasion, S. 117; Joannon: Soldats perdus, S. 10.

Insgesamt forcierten auch nach Cornwallis' Weggang nach Indien die Briten ihre Bemühungen zur Zerschlagung aller irischen Nationalbewegungen. Bis dahin waren zwar konfessionelle Gegensätze ein Hemmnis auf dem Weg zu einer umfassenden Erhebung aller irischen Bevölkerungsgruppen gegen die britische Okkupation. Aber es gab in ganz Europa eine Tendenz zur Nationalisierung und entsprechend zur Reduzierung der Bedeutung konfessioneller Differenzen. Dies versuchte die britische Verwaltung in Irland zu verhindern, indem man nach Kräften einer Antagonisierung von Protestanten und Katholiken Vorschub leistete. Dies nützte vor allem den in Ulster ansässigen radikalen Protestanten, die sich ohnehin eher auf eine schottische oder englische als auf eine irische Ahnenreihe beriefen. So erhielt insbesondere der Orange Order weiter Auftrieb.

Die Ungleichheit innerhalb Irlands, die Ausplünderung des ohnehin geringen Wohlstands durch englische Grundbesitzer und das resultierende Massenelend, das selbst in guten Zeiten präsent blieb, waren aber die gewichtigeren Gründe für auch in der Folge aufflammende kleinere Revolten, die meist weniger von Nationalismus als von materieller Not angefacht wurden. Doch konnte keine dieser Episoden auch nur minimale Erfolge aufweisen. So glaubte ein Anhänger Wolfe Tones, fünf Jahre nach dessen Tod doch noch den Bund mit Frankreich und eine allgemeine irische Erhebung zu erreichen. Dieser junge Schwärmer, Robert Emmet, erreichte aber lediglich die Ermordung des Lord Chief Justice, ehe er gefangengenommen und im September 1803 hingerichtet wurde.

Es war klar, dass von solchen Gewaltakten keine unmittelbare Besserung der irischen Situation zu erwarten war. Leute wie Robert Emmet hofften, die britische Seite zu noch drastischeren Maßnahmen gegen die Bevölkerung zu provozieren und so einen Volksaufstand unausweichlich zu machen. Es fragte sich jedoch, welche Chancen selbst eine allgemeine Volkserhebung haben konnte angesichts der starken protestantischen Kräfte und vor allem der umfassenden Überlegenheit der britischen Besatzungsherrschaft.

Umgekehrt lieferten Gewaltakte aber durchaus nicht nur den Gegnern einer größeren irischen Autonomie gute Argumente, sondern paradoxerweise auch ihren Befürwortern. So kam es 1800 unter dem Eindruck des Aufstands von 1798 und den französischen Landungsversuchen zu den zwei Acts of Union. Fast hundert Jahre nach der entsprechenden Regelung mit Schottland wurde Irland hierdurch staatsrechtlich Teil von Großbritannien.[63] Allerdings hatte auf irischer Seite nur das Parlament in Dublin zugestimmt, für das nur ca. 5% der Bevölkerung das Wahlrecht besaßen, sodass es sich hier völkerrechtlich gesehen um den Vereinigungsbeschluss lediglich einer kleinen Kollaborationselite handelte und nicht um einen tragfähigen Volksentscheid. Und selbst diese Entscheidung, wodurch die Parlamentssitze irischer Commons und Peers obsolet wurden, hatte man durch eine intensive Korruptionskampagne zunächst erkaufen müssen.[64]

Durch die beiden Acts verschwand mithin das irische Parlament. Stattdessen sollten 100 irische Commons in das Unterhaus in London, vier Bischöfe und 28 Peers ins Oberhaus entsandt werden. Aber das war noch nicht der eigentlich angestrebte große Schritt zur Emanzipation der irischen Katholiken, den vor allem William Pitt d. J. als britischer Premierminister angestrebt hatte. Die anglikanische Minderheit in Irland fürchtete, bei einer weitergehenden Emanzipation ihre Privilegien zu verlieren. Auch die weitgehend aus Zwangsabgaben

---

[63] Drucklegung der Endfassung des entsprechenden Parlamentsbeschlusses in https://www.legislation.gov.uk/aip/Geo3/40/38/data.pdf.

[64] Wilkinson: How, S. 244-247.

finanzierte Church of Ireland wäre bei einer umfassenden Katholikenemanzipation mit großer Wahrscheinlichkeit rasch verschwunden. Georg III. berief sich daher auf seine mit dem Krönungseid zugesagte Schutzpflicht gegenüber der anglikanischen Kirche und verweigerte jede weitergehende Maßnahme zur Emanzipation, was zum Rücktritt Pitts und fast seines gesamten Kabinetts führte. [65]

Die Acts of Union hatten neben der unzureichenden Katholikenemanzipation aber noch weitere Schwächen. Zwar gab es jetzt eine parlamentarische Repräsentation der irischen Bevölkerung in London. Aber die bei einer weitergehenden Emanzipation der Katholiken erwartbare Dominanz im Parlament in Dublin war damit verloren. Das irische Parlament würde auch mittelfristig nicht mehr zur antibritischen Plattform werden oder mit katholischer Mehrheit die protestantische Bevölkerung ihrer Privilegien berauben. Zudem lag das Stimmäquivalent in Irland deutlich höher als in England, Schottland oder Wales. Den 100 Commons aus Irland standen 486 Commons aus England gegenüber sowie 27 aus Wales und 45 aus Schottland. Es lebten aber in England, Wales und Schottland laut einer 1801 durchgeführten Volkszählung 10,9 Mio. Menschen, in Irland zu dieser Zeit wenigstens 4,5 Mio. Menschen, sodass eine englische Wählerstimme ziemlich genau doppelt so viel zählte wie eine irische Stimme.[66] Zudem wurde Katholiken das passive Wahlrecht noch bis 1832 vorenthalten.

---

[65]   Evans: Forging, S. 109-110.
[66]   Dies bezieht sich auf die Gesamtbevölkerung. Legt man hingegen die Wahlberechtigten zugrunde, also vor allem grundbesitzende oder Steuern zahlende volljährige Männer, verschiebt sich aufgrund der durchschnittlich höheren Kinderzahl das Verhältnis etwas. Aber auch dann war die Stimme eines englischen Wahlberechtigten immer noch ca. 40% einflussreicher als die eines entsprechenden Iren.

Pitts Nachfolger Henry Addington sah keine Veranlassung, den Konflikt mit dem König fortzusetzen. Daher ließ anders als in England die Emanzipation der irischen Katholiken noch fast drei Jahrzehnte auf sich warten. Erst unter Georg IV. wurden 1829 mit dem letztlich dritten Catholic Relief Act Irlands Katholiken weitgehend gleichberechtigt. Und auch danach noch war die katholische Kirche in Irland zu erheblichen Abgaben an die anglikanische Kirche verpflichtet.

6.5. Geldwirtschaft, Rassismus und die Hungerkatastrophe von 1845-1852

Die konfessionelle Spaltung Irlands hatte viel stärker als sonst in Großbritannien eine ökonomische Entsprechung. Eine Reduzierung oder Beseitigung der konfessionellen Ungleichheit drohte hier auch zu einer Umverteilung der Herrschafts- und Vermögensverhältnisse zu werden. Die größere Toleranz gegen die katholische Kirche in England und Schottland war auch der Tatsache geschuldet, dass die herrschende Schicht in Großbritannien, also vor allem die Grundbesitzer, sich nicht mehr von Katholiken und Papisten bedroht fühlte. Man hatte viel mehr Angst vor Forderungen der Landarbeiter und Pächter, aber auch der erst entstehenden Industriearbeiterschaft nach Gleichberechtigung und besseren Lebensverhältnissen. Den Konfessionskonflikt betrachtete man gemessen daran zunehmend als belanglos und übertrug das zunächst auch auf Irland, wo das bei weitem nicht in dem Umfang zutraf wie im restlichen Europa und mit den Versuchen der lokalen Besatzungsbehörden kollidierte, jede Nationalbewegung durch Anstachelung konfessioneller Antagonismen zu schwächen.

1830 kam es zu als Swing-revolts bezeichneten Aufständen der Landarbeiter in ganz England. Treiber waren vor allem die durch die Einführung von Dreschmaschinen einer wichtigen Einnahmequelle beraubten Landarbeiter, doch schlossen andere soziale Gruppen, vor allem frühes urbanes Proletariat sich rasch den Aufständen an.[67]

Es zeigt die verschobene Bedeutung religiöser, konfessioneller und rassistischer Herrschaftslegitimationen, dass es im Wesentlichen die Aufständischen waren, die sich in diesem Aufstand auf konservativ-christliche Werte beriefen. Und es waren ihre Gegner, die Grundbesitzer, die in den Aufständischen rassisch minderwertige Menschen sehen wollten oder gar behaupteten, wer streike, belege dadurch, nicht von Angelsachsen und Normannen, sondern von der keltischen Bevölkerung der Spätantike abzustammen.[68]

In Irland folgten mit dem Tithe War von 1831 bis 1836 ebenfalls Bauernunruhen, in denen sich nicht nur die Armutssituation in Irland manifestierte, sondern auch ein den Swing-revolts nicht unähnlicher Dissens über die Grundlegung der menschlichen Gesellschaft und des Staats. Auslöser waren einmal mehr der Tithe, also der Kirchenzehnte, welcher von der anglikanischen Church of Ireland auch von Katholiken eingetrieben werden durfte. Die weitgehend protestantischen Polizei- und Militärkräfte gingen mit großer Härte gegen Bauern vor, die sich weigerten, diese Zahlung weiter zu entrichten. Es kam zum Massaker von Rathcormack am 18.12.1834, als 12 Menschen erschossen und 42 verletzt wurden, welche die Weigerung einer Witwe unterstützten, ihren Kirchenzehnten zu entrichten.[69] Daraufhin beschloss die Regierung, den Tithe zu reduzieren, vor allem aber seine Eintreibung in die Hände der Landeigner zu verlagern, sodass hier eine weitere Verweltlichung stattfand.

---

[67] Hobsbawm/Rudé: Captain Swing, S. 34.
[68] Foster: Politics of County Power, S. 68-71.
[69] Higgins-McHugh: Tithe Riots, S. 92.

182

Das Abrücken von einer durch die Konfession begründeten Unterdrückung entsprang aber nur zu einem Teil liberalen oder gar egalitären Ideen. Nach dem Ende der Napoleonischen Kriege hatten die intellektuellen Diskurse vor allem in England – angelehnt an französische Vorbilder – auch zu anderen als konfessionellen oder religiösen Begründungen der eigenen Überlegenheit über andere gefunden. Bisher hatte man die Unterdrückung der Iren durch deren Konfession legitimiert. Rassistische Gedanken und Theoreme waren hier zwar präformiert worden. Aber erst jetzt wurde der Rassismus zur dominierenden Geisteshaltung. Und dieser richtete sich zunächst durchaus nicht gegen Schwarze oder Inder. Sondern er richtete sich in dieser frühen Phase vor allem gegen Iren.

Die Entwicklung des Rassismus in der ersten Hälfte des 19. Jahrhunderts wird gern verwechselt mit rassischen Vorurteilen, Xenophobie usw., die man seit der frühen Antike nachweisen kann. Rassismus beruht aber auf mehreren Grundannahmen, die rassische Vorurteile und Xenophobien nicht benötigen:

- Es gibt eindeutig voneinander unterscheidbare Rassen ohne fließende Übergänge.
- Rassenunterschiede sind mehr als Unterschiede der Hautfarbe, der Augenform oder des Haarwuchses. Rassen unterscheiden sich voneinander in allen wesentlichen Belangen, aber vor allem im geistig-intellektuellen Bereich.
- Die durch die Rasse vorgegebenen Determinanten bezüglich Körper, Geist und Charakter können auch mit großer Willenskraft nur marginal beeinflusst werden.
- Die naturgegebenen und unüberwindlichen Unterschiede der Rassen machen einige Rassen auf Dauer anderen Rassen überlegen.

- Die Überlegenheit einer Rasse über eine andere legitimiert einen unwandelbaren Führungs- und Herrschaftsanspruch.

Eine ablehnende oder feindselige Haltung gegenüber anderen Menschen muss sich diese Prinzipien keinesfalls vorher zu eigen gemacht haben. Mehr noch, Rassismus erfordert nicht per se eine feindselige Haltung, sondern kann auch als wohlmeinende, hilfsbereite, mitleidsvolle Einstellung des angeblich qua Natur und somit unabänderlich Überlegenen gegenüber dem auf ewig Schwächeren auftreten.[70] In solchen Fällen kann man von benevolentem Rassismus sprechen, der sich z.B. noch 1899 in Kiplings berühmtem Gedicht zur „White Man's Burden" niederschlug.[71] Aber auch diversen Bemühungen zu einer Entwicklung und Verbesserung der Lebensverhältnisse vor allem in Indien und in Afrika lässt sich diese Haltung nachweisen, insbesondere bei den christlichen Missionaren und den in ihrem Gefolge entstehenden kirchlichen Entwicklungsprojekten.

Zu einer quasi von der Natur vorgegebenen Legitimation des eigenen Herrschaftsanspruchs konnte man erst im 19. Jahrhundert gelangen, auch wenn Ansätze hierzu sich bis in die Antike rückverfolgen lassen. Es war aber zum einen nötig, dass

- die eigene Herrschaft sich kritisch hinterfragt fand,
- militärische Überlegenheit nicht mehr als hinreichende Herrschaftslegitimation angesehen wurde,
- die Legitimation des Herrschaftsanspruchs durch theologische Argumente nicht mehr überzeugend war und man daher lieber auf eine scheinbar naturwissenschaftliche Begründung zurückgriff,

---

[70]   Harrison: Persistent Power, S. 71.
[71]   Huttenback: Racism, S. 14.

- anders als bei einer konfessionell begründeten Schlechterstellung einzelner Bevölkerungsteile deren Inferiorität infolge der rassischen Begründung als unwandelbar gelten sollte.

Mehr noch, mindestens in England war mit den Evangelikalen eine einflussreiche christliche Gruppierung zum wichtigsten Streiter gegen Sklaverei und rassisch begründete Unterdrückung geworden. Es erschien damit zweifelhaft, dass der christliche Normenkatalog noch auf lange Sicht als Legitimation von Vorherrschaft und Unterdrückung taugte. Spätestens im konservativen Großbritannien nach dem Ende der Napoleonischen Kriege kehrte man zur christlichen Lehre zurück, dass es lediglich eine Rasse gebe, da alle Menschen von Adam abstammten, wie die Bibel dies lehre.[72] Man wendete sich damit auch gegen eine eng mit der Aufklärung verbundene Vorstellung einer Einteilung der Menschheit nach mehr oder weniger wissenschaftlichen Prinzipien, wie sie seit Kant propagiert wurde.[73]

Dabei erfolgte ein wesentlicher Schritt weg vom nur deskriptiven Rassismus. Solange man nur optische oder anatomische Divergenzen von Menschen in unterschiedlichen Siedlungsräumen beschrieb, eignete sich das nicht zur Herrschaftslegitimation. Erst wenn man sagte, dass nicht nur zwei unterschiedliche Rassen vorlägen, sondern auf Basis eines mehr oder weniger deutlich ausformulierten Wertekatalogs die eine auch besser als die andere sei, kann man hieraus einen Herrschaftsanspruch ableiten. Und erst hieraus kann man auch einen exterminatorischen Rassismus definieren, der es im Sinne des Darwinismus als unabdingbar bezeichnet, dass die überlegene Rasse das Aussterben der unterlegenen Rasse aktiv herbeizuführen versucht.

---

[72] Poliakov: Racism, S. 63; Huttenback: Racism and Empire, S. 13.
[73] Zu Kants rassistischen Tendenzen Firla: Kants Thesen, v.a. S. 8; Melber: Rassismus, S. 32-33.

Entsprechend entstand der eigentliche Rassismus abseits religiöser Motive, als französischer Altadel nach dem endgültigen Sturz Napoleons in die Heimat zurückkehrte, ein Vierteljahrhundert nach der Flucht vor der Guillotine. Da war der zurückgelassene Besitz, aber auch die eigene gesellschaftliche Funktion weitgehend okkupiert vom napoleonischen Amtsadel und dem republikanischen Bürgertum. Daher berief man sich auf eine Abstammung des Altadels von den Franken, also den Germanen, während der Rest der Bevölkerung, also auch neuer Adel und Bürgertum einer Durchmischung von gallischen Kelten und einer geringen Zahl römischer Zuwanderer entstamme und somit dauerhaft unterlegen und keinesfalls zur Führung eines Landes geeignet sei.[74]

In England übernahm man dieses Argumentationsmuster, als Anfang des 19. Jahrhunderts die Inferiorität der Iren fortgeschrieben werden sollte. Die religiöse Legitimation war offensichtlich nicht mehr konsensfähig, daher konnte man 1829 auch leichthin einer Emanzipation der Katholiken zustimmen. Denn jetzt erfolgte die Rechtfertigung, indem man stattdessen eine rassische Unterlegenheit der Iren behauptete. Was die spätere Wendung des Rassismus gegen indische oder afrikanische Völker betraf, musste man zunächst eine bis dahin verbreitete Bewunderung dieser Kulturen überwinden. Das war in dieser Anfangsphase des Rassismus nicht nötig. Im Umgang mit Irland hatte es protorassistisch begründete Verachtung der einheimischen Bevölkerung spätestens seit Cromwells Terrorkriegführung gegeben. Sie trat jetzt nur in den Vordergrund und verdrängte die konfessionelle Überlegenheitsbegründung vollständig.[75]

---

[74]   Mühlen: Rassenideologien, S. 32-36.
[75]   Huttenback: Racism and Empire, S. 17.

Diese Haltung wurde vor allem von drei Gruppen aufgenommen. Einerseits von der grundbesitzenden Schicht, welche sich, mehrheitlich in England ansässig, genötigt fand, die eigenen Latifundien in Irland zu legitimieren. Und es war diese Schicht, aus der sich noch bis weit ins 19. Jahrhundert hinein die überwiegende Mehrheit der Mitglieder des Unterhauses rekrutierte.[76] Zum zweiten nahmen auch frühproletarische Kreise in den englischen Industriestädten dies bereitwillig auf, weil sie sich durch irische Zuwanderer einer massiven Konkurrenz um die Arbeitsplätze in der sich eben erst entwickelten Industrie ausgesetzt fanden oder dies mindestens befürchteten. Die dritte Gruppe waren Landarbeiter, die nach den Napoleonischen Kriegen einerseits zusätzliche Konkurrenz durch rückkehrende Veteranen, andererseits aber auch durch irische Saisonarbeiter erhielten.

Der britische Rassismus rekurrierte dabei anders als Kant zunächst weniger auf klimatologische Erklärungen rassischer Unterschied, also die Annahme, unter unterschiedlichen klimatischen Bedingungen entwickelten sich die Menschen auch unterschiedlich. Sondern man verwendete vor allem eine historische Begründung, dass die einzigartige Geschichte angelsächsischer Bauern in England, ihre Freiheitsliebe und im Gegenzug der ständige Druck von Kelten, Wikingern usw. sie in einzigartiger Weise physisch, aber auch intellektuell und politisch weiterentwickelt habe. Sie seien damit zu einer Gemeinschaft freier, eigenständiger Menschen – oder eigentlich: Männer – prädestiniert, ein Vorsprung, den die keltischen Völker Europas, erst recht Afrikaner und Asiaten niemals aufholen könnten. Rassismus und Liberalismus gingen hier also Hand in Hand, was sich etwa in den

---

[76]   Beckett: Aristocracy, S. 432-433.

Schriften des einflussreichsten Liberalen, Charles Dilke, an vielen Stellen niederschlug.[77]

Dieser zunächst innerbritische Rassismus, der sich natürlich auch gegen keltische Schotten und Waliser richtete, wurde in der Folgezeit ausgeweitet auf afrikanische und asiatische Völker. Aber er verlor nie seine im Kern gegen die keltischen Völker Großbritanniens gerichtete Dimension. Im Gegenteil, ab der Mitte des 19. Jahrhunderts erschienen mehrere Publikationen, welche die irische Bevölkerung als Nachfahren einer afrikanischen Einwanderung darstellten.[78] Und erst jetzt trat neben die historische auch eine genetische Begründung, welche eine Unwandelbarkeit der rassischen Ungleichheit behauptete und bereits an diversen Stellen daraus auch die Notwendigkeit eines Schwindens der Afrikaner oder auch der keltischen Völker aus Europa und aus der Welt ableiten wollte.[79]

Der rassistische Grundgedanke des geringeren Werts anderer Rassen, hier von Kelten und besonders von Iren, verband sich in der zweiten Hälfte des Jahrhunderts mit der sozialdarwinistischen Idee einer langfristigen Verdrängung und Ausrottung der minderwertigen Rasse. Einmal durch den Fortlauf der Natur, aber auch durch die entsprechenden Maßnahmen einer überlegenen Rasse. Er war also mindestens diffus bei dem einen oder anderen schon präsent, als nach einem Jahrhundert der nie ganz verschwundene Hunger als nationales Trauma nach Irland zurückkehrte.[80]

Aber noch ein zweites Gedankengebäude war in der ersten Hälfte des 19. Jahrhunderts in England sehr populär, das auf den Lehren von

---

[77]   Dilke: Greater Britain, S. 572-73.
[78]   Ignatiev: How, S. 21-22.
[79]   Melber: Rassismus, S. 37.
[80]   Bolt: Race, S. 130.

Thomas Robert Malthus beruhte. Dieser hatte in zwei Teilen – 1798 und 1820 – sein Hauptwerk publiziert, welches im Kern besagte, die Bevölkerung ohne entsprechendes Korrektiv wachse exponentiell und unbegrenzt, die Nahrungsmittelproduktion hingegen linear und limitiert. Daher seien Korrektive unvermeidbar, welche die Bevölkerung immer wieder auf das reduzierten, was mit der aktuellen Agrarproduktion maximal ernährt werden könne. Hungersnöte seien ein solches von Gott oder der Natur hierfür vorgesehenes Korrektiv, ebenso auch Seuchen, Naturkatastrophen und Kriege.

Schon zu Lebzeiten wiesen verschiedene Autoren Malthus grobe wissenschaftliche Fehler nach, darunter Kategorienüberträge, das Vermischen naturwissenschaftlicher und ethischer Ansätze und blanke Unkenntnis der Prinzipien technischen Fortschritts. Die Reduzierung des Menschen auf einen unbedingten Vermehrungstrieb aber hält schon einem Blick ins eigene Umfeld nicht stand. Neuere Untersuchungen zeigen, dass Bevölkerungswachstum Innovationsschübe auch in der Agrarproduktion auslöst, die Malthus nicht sehen wollte, obgleich schon zu seinen Lebzeiten die Agrarrevolution in Großbritannien längst in vollem Gange war.[81]

Dennoch wurde seine Lehre rasch extrem populär, diente sie doch als wohlfeile Rechtfertigung von allem, was zu bekämpfen bis dahin als Pflicht von Regierungen angesehen worden war. Der Liberalismus hatte bereits gelehrt, dass ungerechte Vermögensverteilung in einer Gesellschaft positiv sei, weil sie den Fortschritt befördere. Nun aber waren Regierungen auch der Pflicht entbunden, Kriege zu vermeiden. Sie hatten sie nur noch siegreich zu beenden. Hungersnöte und Seuchen zu bekämpfen erschien hingegen geradezu als Frevel an der

---

[81] Boserup: Conditions, S. 48-49.

göttlichen Ordnung der Dinge oder als kindisches Aufbegehren gegen naturgesetzlich Unvermeidliches.

Die 1845 beginnende Katastrophe wird gemeinhin als „the Great Famine" bezeichnet, was deutlich macht, dass es die schlimmste und traumatischste, aber eben doch nur eine von mehreren Hungerkatastrophen war, welche Irland unter britischer Herrschaft trafen. Der Begriff ist jedoch problematisch, weil er eine Natürlichkeit der Katastrophe suggeriert, wo diese in weiten Teilen menschengemacht war oder doch jedenfalls durch menschliches Handeln oder eben Nicht-Handeln deutlich verschärft wurde.

Jede der zahlreichen Hunger-Katastrophen in der jüngeren irischen Geschichte wurde und wird ganz im Sinne von Malthus immer auch als natürliches Korrektiv eines überzogenen Bevölkerungswachstums dargestellt, obgleich eigentlich schon die Katastrophe von 1740 gezeigt hatte, dass solche Ereignisse zur Minderung der Bevölkerungszahl ungeeignet sind. Doch auch hier legte die britische Öffentlichkeit eine geradezu erstaunliche Geschichtsblindheit an den Tag, indem insbesondere protodarwinistische Autoren die Hoffnung äußerten, die Katastrophe werde endlich die irische Rückständigkeit beenden.

Unbestreitbar war die irische Agrarwirtschaft zu dieser Zeit bereits deutlich antiquiert. Wesentliche Impulse der Agrarrevolution des 18. und der ersten Hälfte des 19. Jahrhunderts, die in England, teilweise auch Schottland, erhebliche Auswirkungen auf die Form des Landbaus, aber eben auch auf die Erträge gehabt hatten, waren in Irland bis dahin nur in geringem Maße übernommen worden.[82] Englische Eigner von Latifundien in Irland waren vor allem auf stetige Geldflüsse angewiesen, um ihren Geldbedarf zu befriedigen, und investierten ungern und zögerlich in langfristige Verbesserungen. Damit fehlte Irland

---

[82]   Keenan: Pre-Famine Ireland, S. 165.

stärker als den anderen europäischen Agrarregionen die innovative Kraft, welche vielerorts die erste Hälfte des 19. Jahrhunderts auch im Landbau geprägt hatte. Im Gegenteil, mit der Kartoffelproduktion war man auch von der mittelalterlichen Zwei- oder Dreifelderwirtschaft abgerückt. Eine Bodenverbesserung durch den Anbau von Rotklee war zudem wenig populär, da man auf Klee als Viehfutter glaubte verzichten zu können, solange die meist nur ein bis zwei Kühe je Familie auf den Gemeindeallmenden weideten und man den Boden ausschließlich für Kartoffelanbau nutzte. Zudem waren die irischen Rinder noch weitgehend Dreinutzungsrinder, also als Zugtiere, Milchgeber und Fleischlieferanten vorgesehen. Während in England unter dem Einfluss von Robert Bakewell eine Fokussierung des Rinds auf eine dieser drei Aufgaben betrieben wurde, hielten die irischen Landpächter an der traditionellen Nutzungsform fest, da eine Umsetzung von Bakewells Ideen für sie völlig unmöglich war.[83]

Wie schon 1740 begann auch diese Hungerkatastrophe ebenfalls nicht als rein irisches Problem, sondern betraf ganz Europa.[84] Aber in Irland hatten die englischen Grundbesitzer sich schlicht jeder Lehre aus der Katastrophe von 1740 verweigert, sodass eine europäische Krise sich in Irland allein zur epochalen Katastrophe ausweiten konnte. Dazu muss man sich die Lebensverhältnisse des durchschnittlichen katholischen Landpächters in Irland vor Augen führen:

- Die Höfe waren weiterhin sehr klein, die Landeigner, erst recht die Forestaller, also die Zwischenpächter, unverändert darauf aus, möglichst hohe monetäre Erträge zu erzielen, und vernachlässigten alle Ideen von Agrarrevolution, Modernisierung,

---

83   Walling: Counting Sheep, S. 45-46.
84   Donnelly Jr.: Great Irish Potato Famine, S. 17-19 und passim, auch zum Folgenden.

Melioration oder Nachhaltigkeit. Die Häuser, meist nur Lehm-hütten mit lediglich einem Raum, waren sehr klein. In ihnen lebte nicht nur die meist zahlreiche Familie, sondern auch mindestens ein Schwein, das Teil der jährlich zu entrichtenden Pacht war. Der dadurch im Wohnraum anfallende Schweine-dung wurde gesammelt, um die nächste Kartoffelsaat zu un-terstützen. Die Menschen waren unterernährt und damit frei von Abwehrkräften, Alkoholismus war weit verbreitet. Die Er-nährung bestand bei vielen Familien inzwischen fast aus-schließlich aus Kartoffeln und Regenwasser, angereichert höchstens durch Buttermilch oder gelegentliche Eier, wenn die Familie sich ein paar Hühner leisten konnte.

- Die geringe Größe der allermeisten irischen Höfe machte es zu-dem unmöglich, den neben der Fruchtwechselwirtschaft wich-tigsten Impuls umzusetzen, nämlich die Mechanisierung, wel-che erhebliche Investitionen voraussetzte. Dies war nur mög-lich, wo Grundbesitzer die Pächter verdrängten und den Acker-bau modernisierten, oder wenn die Pächter sich zu Agrarge-meinschaften zusammenschlossen, was aber natürlich beson-ders schwierig war in einem Land, wo man sich nur in Geheim-gesellschaften verbünden konnte. Ein Steinschlossgewehr mit Pulver- und Bleivorrat mochte ein katholischer Bauer vielleicht noch vor Hausdurchsuchungen durch Militär oder protestan-tische Bürgerwehren verstecken. Eine genossenschaftlich an-geschaffte Erntemaschine taugte dazu nicht.

- Und als drittes war es den meist bettelarmen Pächtern auch nicht möglich, den jetzt in ganz Europa populär werdenden Kunstdünger zu kaufen. Außer dem erwähnten Schweinekot stand selbst Stalldung kaum zur Verfügung, da die Kühe auf den Gemeindeweiden standen und angesichts des in aller Regel milden Winterwetters keine Stallzeit besaßen.

Der wesentliche Grund der Katastrophe war letztlich die nicht nur in Irland praktizierte Monokultur im Kartoffelanbau. Diese ermöglichte zunächst das erhebliche Wachstum der irischen Bevölkerung, die nach der Katastrophe von 1740 von ca. 1,5 Mio. auf jetzt über 8 Mio. gewachsen war. Die normalerweise großen Erträge eines Kartoffelackers erlaubten in guten Zeiten deutliche größere Familien als eine Getreidewirtschaft. Sie verhinderten zudem normalerweise eine dauerhaft hohe Mortalität durch lokal auftretende Hungerereignisse. Aber gerade diese zentrale Rolle hinderte die Landarmen an regelmäßigem Fruchtwechsel. Das führte zu einer Auslaugung der Böden, was umso problematischer war, als man aus der großen Zahl verfügbarer Kartoffelsorten in der Regel nur auf eine zurückgriff, den „Irish Lumper". Diese Sorte war auch auf ausgelaugten Böden noch relativ ertragreich und kam auch mit den von Natur aus nährstoffarmen Böden der irischen Westküste gut zurecht. Auch auf nassen Böden brachte die Sorte noch gute Erträge.[85] Sie hatte aber auch von allen verfügbaren Sorten die geringsten Abwehrkräfte gegen Pflanzenkrankheiten, wie sie jetzt nach Irland gelangten.[86]

An Warnungen hatte es auch nach 1741 nicht gefehlt. Die Kartoffel war zu dieser Zeit eine zwar ertragreiche, aber nicht durchgehend ertragssichere Frucht, sodass es häufig zu Ernteausfällen, oft auch zu lokal begrenzten Hungersnöten gekommen war. Ursache waren neben der Witterung auch schon in diversen Fällen Kartoffelkrankheiten gewesen. Was 1845 begann, war also auf den ersten Blick nichts grundsätzlich Neues. Entsprechend glaubte man, auch diese Katastrophe

---

[85] Choiseul/Doherty/Roe: Potato Varieties, S. 45.
[86] Ó Gráda: Great Irish Famine, S. 15-18.

lokal begrenzen und im Wesentlichen sich selbst überlassen zu können.

Der Ausbruch des Tambora hatte 1816 in ganz Europa eine Wetterverschlechterung gebracht. In den folgenden Jahrzehnten schwemmten heftige Regenfälle die irischen Böden stark aus und verdichteten insbesondere die sandigen Böden des Connacht, was bereits zu den erwähnten Missernten der Jahre zwischen 1816 und 1840 geführt hatte. 1842 trat dann aber zunächst in den USA eine Kartoffelkrankheit auf, die dort die Ernte eines Jahres fast völlig vernichtete. Es handelte sich um die Kartoffelfäule, die Folge einer Infektion mit Phytophthora infestans, einer lange Zeit irrtümlich für einen Pilz gehaltenen Verwandten der Braunalge. Für diesen Erreger zeigten sich einige Sorten, aber vor allem Monokulturen auf ausgelaugten Böden als besonders anfällig, darunter auch der erwähnte Irish Lumper. Auch Tomaten wurden von dieser Krankheit vernichtet, was in Irland allerdings fast keine Rolle spielte.

Im Herbst 1845 kam es durch die Kartoffelfäule zu Ernteausfällen in ganz Westeuropa. Insbesondere Flandern und die Niederlande, Teile von Preußen und Frankreich litten unter diesen Ereignissen. In Irland aber war wenigstens die Hälfte der Kartoffelernte vernichtet.[87] Dies verschlimmerte sich im Folgejahr, weil starke Regenfälle den Erreger übers Land verschwemmten, sodass nur etwa ein Fünftel der sonst üblichen Erträge eingebracht werden konnte. Insgesamt schätzt man den Rückgang von ca. 15.000t 1844 auf den Tiefpunkt von 2.000t 1847.

Auch die nächsten Jahre brachten keine Besserung. Zwar schwankte die Ertragsleistung in gewissem Umfang, aber die Missernten zuvor

---

[87] Vgl. Vanhaute/Paping/Ó Gráda: European Subsistence Crisis, S. 10.

194

hatten das Zurückhalten von Saatkartoffeln nicht selten verhindert, sodass viele Landpächter keine Möglichkeit hatten, in gewohntem Umfang ihre Äcker zu bestellen. Auch hier zeigte sich, dass man keine Lehren aus der Katastrophe von 1740 gezogen hatte, als die Bauern nicht aussäen konnten, weil sie keinen Kredit bekamen, um Saatgut zu erwerben.

Die Schwere der Katastrophe war in erheblichem Umfang der Art und Weise geschuldet, mit der die Regierung in London mit dieser Krise umging. Ein Exportstopp irischer Nahrungsmittel etwa kam zunächst keinesfalls in Frage. Zu Beginn hielt man die Warnrufe aus Irland, aber auch aus Kontinentaleuropa sowieso für erheblich übertrieben. Als sich dann aber das Ausmaß der Katastrophe abzeichnete, waren es neben Interessen- und Klientelpolitik vor allem ideologische Restriktionen, welche die Regierung unter Robert Peel an raschen Maßnahmen hinderten.

Die Agrarpolitik Großbritanniens war seit 1815 bestimmt vom Protektionismus, der sich vor allem in den Corn Laws manifestierte, welche die einheimische Getreideproduktion gegen billige Importe, insbesondere aus den USA, schützen sollten. Sie galten aber schon lange als Hinderns einer Entwicklung der industriellen Wirtschaft, da sie ein erhebliches Maß der Kaufkraft auf dem Binnenmarkt banden und damit den Markt für Industrieprodukte deutlich verkleinerten.[88]

Die Corn Laws anzugehen, galt vor allem auf kurze Sicht als chancenlos. Die Regierung unter Robert Peel erwarb daher zunächst lediglich zwei Schiffsladungen Mais in den USA, um die schlimmste Not zu lindern. Allerdings waren nur wenige Mühlen in Irland zur Verarbeitung der Lieferungen geeignet. Zudem wurde zur Zubereitung deutlich

---

[88]   Williamson: Impact, S. 132.

mehr Brennstoff benötigt wurde, als irischen Familien in der Regel zur Verfügung stand.

Peel stellte sich damit immerhin gegen den Protektionismus der Corn Laws. Seine Entscheidung führte daher bei den bisherigen Nutznießern der Corn Laws, also vor allem den Großgrundbesitzern, zu einer Welle der Empörung, welche zeitweise den Fortbestand der Regierung gefährdete.

Zugleich versuchte Peel aber auch, die Corn Laws aufzuheben. Dafür fand er zwar bei den Torys wenig Gegenliebe, wohl aber bei den Whigs und ihrem Führer John Russell. Mitte Dezember 1845 wollte Peel daher zurücktreten, doch gelang es Russell nicht, eine neue Regierung zu bilden, sodass Peel doch noch im Amt blieb. Aber der Kampf gegen die Corn Laws dauerte noch bis zum Juni 1846, als Peel auch vom Oberhaus Zustimmung erhielt, die Gesetze bis 1849 schrittweise zurückzufahren.

Damit fehlte aber weiterhin der von diversen Stimmen geforderte Exportstopp für irische Nahrungsmittel, wie er von anderen betroffenen Staaten, vor allem von Brandenburg-Preußen, Frankreich und Belgien, längst verhängt worden war und wie es ihn in früheren Krisen auf Beschluss des damals noch existierenden Parlaments in Dublin gegeben hatte. Ein entsprechendes Gesetz, das Peel zusammen mit der Aufhebung der Corn Laws auf den Weg bringen wollte, scheiterte im Oberhaus, sodass Peel den Weg freimachen musste für Russell, dem es diesmal gelang, eine Regierung zu bilden.[89]

Russels liberale Whig-Regierung weigerte sich nun erst recht, einem Exportstopp für irische Agrarprodukte zuzustimmen, zumal die lukrative Getreide-, Milch- und Fleischproduktion von der Kartoffelfäule nicht beeinträchtig worden war. Gleichzeitig blieben, von der über drei

---

[89] Conacher: Peel, S. 436.

Jahre ausgedehnten Aufhebung der Corn Laws abgesehen, auch alle Regelungen in Kraft, welche man gemacht hatte, um die Einnahmen der Landbesitzer zu sichern, also vor allem die weitgehende Abschottung Irlands gegen den Import von Nahrungsmitteln. Der direkte Vergleich mit der Bekämpfung der Katastrophe in Flandern, wo die belgische Regierung entsprechende Maßnahmen ergriff, zeigt, wie massiv die Untätigkeit der Regierung die Krise verschärfte und vor allem über die Folgejahre fortschrieb, sodass sie, anders als im übrigen Europa, erst 1851 allmählich zu Ende ging.

Schon während der Krise entstand die Legende, ein Exportstopp hätte die Katastrophe verhindern können. Tatsächlich wäre dies natürlich ein Beitrag gewesen. Aber zum einen hätten die meisten der von der Katastrophe betroffenen irischen Familien selbst deutlich vergünstigte Getreide- und Milchprodukte sich nicht leisten können. Zum anderen exportierte Irland in dieser Zeit nur etwa 10% der durch die Kartoffelfäule ausgefallenen Nahrungsmittelmenge. Dennoch hielt sich dieses Bild, Irland hätte im Fall eines Exportstopps nur eine sehr milde Hungerkrise durchleben müssen, bis in die Gegenwart und war ein wichtiger Baustein der irischen Unabhängigkeitspropaganda im späten 19. und 20. Jahrhundert.[90]

Die Haltung der Whigs zu Eingriffen in den irischen Markt stand offiziell vor allem unter dem Leitprinzip eines liberalen Laissez-faire. Die Lösung der offen zutage getretenen Katastrophe erhoffte man sich von den Selbstregulierungskräften des Marktes. Doch war diese Argumentation vergleichsweise fadenscheinig, da man ignorierte, dass die Abschottung Irlands von ausländischen Agrarprodukten, die unzureichende politische Repräsentation und die ungleiche Machtverteilung zwischen Landeignern und Pächtern einschließlich der

---

[90] Woodham-Smith: Great Hunger, S. 75.

zahlreichen Unterpächter einem liberalen Wirtschaftsmodell diametral entgegenstanden.

Durch die noch von Peel betriebene Konsolidierung des britischen Staatshaushalts, vor allem die Einführung des Goldstandards für das Pfund und die Reorganisation des Bankenwesens waren allerdings die Spielräume für die Regierung, etwa durch Staatsschulden die Mittel zu einer Bekämpfung der Krise aufzubringen, ohnehin deutlich geringer geworden.[91] Andererseits zeigten folgende Krisen, vor allem die militärischen Herausforderungen der Folgezeit, dass sich hierfür durchaus Wege finden ließen. Diesmal aber beließ es die Regierung bei großangelegten Arbeitsbeschaffungsprogrammen. Diese wurden durchweg aus dem Land finanziert und waren damit im Sinne eines Neustarts der irischen Wirtschaft wenig hilfreich.[92]

Schon während der Krise gab es daher Diskussionen, welche anderen Motive die britische Politik hier leiteten. Hierbei kann man zunächst sicher an eine Klientelpolitik denken. Die Eigner der riesigen irischen Ländereien lebten ja fast nie in Irland, sondern in London, saßen nicht selten im Oberhaus und waren jedenfalls mit Politik und Regierung in aller Regel gut vernetzt. Diese Kreise hatten kein Interesse daran, ihre nach wie vor lukrativen Einnahmen aus Irland zu opfern.

Aber bereits im 19. Jahrhundert wurde auch diskutiert, wie weit genozidale Ideen die britische Politik bestimmten. Die Zurückweisung dieses Ansatzes hat sich damit begnügt nachzuweisen, dass niemand in England das irische Volk ausrotten wollte.[93] Doch auch die Idee einer Dezimierung der Bevölkerung kann man durchaus als genozidal bezeichnen. Es genügt also nicht, hier von einer Art historischem

---

[91] Read: Laissez-faire, v.a. S. 413-414.
[92] Bernstein: Liberals, S. 528.
[93] Kennedy: Unhappy the Land, S. 104-105.

Betriebsunfall zu sprechen, den man halt nicht besser bewältigen konnte als durch das Aussterben oder Auswandern eines Viertels der irischen Bevölkerung.[94] Dass hier auch andere Wege beschritten werden konnten, zeigen die Beispiele aus dem kontinentalen Europa deutlich. Das Bild des überbevölkerten Irland, seiner extrem kinderreichen, bettelarmen Familien, eine drohende Zuwanderung dieses Lumpenproletariats in den englischen Arbeitsmarkt etc. waren spätestens seit der Vereinigung von 1800 in der britischen Öffentlichkeit präsent. Die konfessionelle Legitimation, auf die Cromwells Terrorkriegführung sich vielleicht noch stützen konnte, war zwar jetzt abgelöst durch eine eher rassistische und vielleicht auch schon sich dem Sozialdarwinismus annähernde Haltung. Insbesondere aber der Malthusianismus war eine willkommene Argumentationshilfe für die englischen Grundbesitzer, die skrupellose Ausplünderung eines ganzen Landes auch angesichts von vielen hunderttausend Toten einfach fortzusetzen. Dies war nur möglich, weil Regierung, Parlament und Öffentlichkeit in England einem irischen Massensterben gleichgültig bis wohlwollend gegenüberstanden. Es war zwar kein aktiver Genozid; es gab keine Massenerschießungen, keine Vertreibungen in wasserlose Todeszonen, keine Gaskammern. Aber es war ein Töten durch Unterlassen, das man teils auf Inkompetenz, teils auf Gleichgültigkeit, teils aber auch auf den Wunsch einer Reduzierung der irischen Bevölkerung zurückführen kann. Einen derartigen malthusianischen Wunsch zu erfüllen, fiel natürlich leicht, da man die Toten ohnehin als Angehörige einer minderwertigen Rasse betrachtete.

Es war daher nur folgerichtig, dass der neue Finanzminister, Charles Trevelyan, auch noch die marginalen Hilfsprogramme der Regierung

---

[94]   Ó Gráda: Black '47, S. 136–137.

Peel beendete.[95] Trevelyan hatte mehrfach geäußert, dass die Hungersnot ein gottgegebenes Mittel sei, den irischen Bevölkerungsüberschuss loszuwerden.[96] Zudem vertrat er grundsätzlich die Ansicht, entsprechende Programme würden nur den Armen beibringen, dauerhaft auf Kosten der Allgemeinheit zu leben.[97] Bereits im Januar 1848 legte Trevelyan seine Sicht in der *Edinburgh Review* dar, wobei er – irrigerweise – die Katastrophe als abgeschlossen ansah. Der zunächst anonym publizierte Beitrag wurde rasch populär, sodass er später im Jahr auch in Buchform erschien. Hierin bezeichnete Trevelyan die Katastrophe als Gottesgeschenk, um die irische Bevölkerung endlich von ihrer ineffizienten und antiquierten Lebensweise abzubringen.[98] Zugleich erteilte er allen sozialen Hilfsprogrammen eine scharfe Absage:

> *„If the Irish once find out that there are any circumstances in which they can get free government grants, we shall have a system of mendicancy such as the world never knew.“*[99]

Man kann Trevelyans Haltung durchaus als genozidal bezeichnen. Er wollte das irische Volk zwar nicht ausrotten. Aber er begrüßte die

---

[95] Grundsätzlich zu Trevelyans Schlüsselrolle während der Katastrophe und seine wirtschaftsliberale Ideologie Hart: Sir Charles Trevelyan, S. 98-101. Hingegen sah Robin Haines ihn deutlich mehr als Spielball der Londoner Politik, weniger als Überzeugungstäter; Haines: Charles Trevelyan, S. 141-143.

[96] Ó Murchadha: Great Famine, S. 5; Trevelyan: Very British Family, S. 72-73.

[97] Ó Gráda: Black '47, S. 161; Ó Murchadha: Great Famine, S. 5.

[98] Trevelyan: Irish Crisis, S. 1.

[99] Zitiert nach Ó Cathaoir: Famine Diary, S. 96.

Hungerkatastrophe, um es massiv zu reduzieren. Und der Bogen, der sich wenigstens von Spenser bis Trevelyan spannt, zeigt auch, dass die Idee einer Ausrottung des irischen Volks seit der Frühen Neuzeit immer wieder Thema in diversen englischen Diskursen gewesen ist. Trevelyan verschleppte aus dieser Haltung heraus auch das von der Regierung jetzt begonnene Arbeitsbeschaffungsprogramm, das daher erst fast ein halbes Jahr später als geplant in Kraft trat. Ohnehin war dies kaum geeignet, die irische Not zu lindern. Man folgte dem Prinzip, dass die Not des Landes aus dem Land heraus, nicht mit Unterstützung durch die Krone zu lindern sei. Die Landeigner wurden daher verpflichtet, Arbeitshäuser zu finanzieren und die Kosten für lokale Suppenküchen zu übernehmen, soweit dort Pächter von ihren Ländereien versorgt wurden. Das veranlasste viele Landeigner, von ihrem Recht Gebrauch zu machen, den Pächtern kurzfristig wegen nicht erbrachter Leistungen, also meist ausgebliebener Pachten, zu kündigen, was zu einer dramatischen Erhöhung der Wohnungslosen auf Irlands Straßen führte. Ebenso wurden viele der einjährigen Pachtverträge kurzerhand nicht verlängert. Etwa 50.000 Familien verloren so ihr Heim, was insgesamt wahrscheinlich mehr als mehr als 5% der irischen Bevölkerung zu Wohnungslosen machte. Aber nur wenige solche Fälle wurden von der Öffentlichkeit wahrgenommen, etwa der Ballinlas Incident am 13. Mai 1845, als über 300 Farmer aus ihrem Dorf vertrieben und ihre Häuser zerstört wurden, obgleich sie, wenn auch verspätet, ihre Pacht zu zahlen in der Lage und auch willens waren. Doch wollte die Eigentümerin des Landes, Marcella Gerrard, die selbst wirtschaftete, hier Rinderzucht betreiben, sodass sie sich weigerte, die verspätete Pacht anzunehmen und stattdessen Polizei und Armee zu Hilfe rief.[100]

Zudem war jede Familie von öffentlicher Hilfe ausgeschlossen, die wenigstens 0,1 Hektar Land als Eigentum besaß. Grundstücke dieser Größe waren meist nicht mehr als ein Garten oder das Land, auf dem das eigene Haus stand. Da hier aktuell keine Erträge anfielen, mussten die meisten Familien auch diese Kleinstparzellen noch verkaufen, erhielten aber in der aktuellen Situation fast nichts dafür. Sie bekamen aber dadurch das Recht, sich an den Suppenküchen anzustellen oder in einem der Arbeitshäuser tätig zu werden. Die englischen Grundherren allerdings okkupierten dadurch auch noch die letzten noch Iren gehörenden Landstücke.

Aber auch Forestaller, die stark auf die Kartoffel gesetzt hatten, konnten jetzt gezwungen werden, ihre zum Teil langfristigen Pachtverträge zu versteigern. Dazu reichte ein einfacher Antrag eines Gläubigers. Investoren aus England kauften diese Verträge, erhöhten mit dem Erwerb die Pacht der Bauern und vertrieben viele, um von Subsistenzwirtschaft auf Rinderzucht umzusteigen.

Verglichen mit der Gleichgültigkeit oder sogar positiven Haltung gegenüber der Hungerkatastrophe seitens der Regierung, beider Häuser des Parlaments in London und vor allem der Eigentümer des irischen Grund und Bodens nehmen die vereinzelten Wohltätigkeitbemühungen privater Organisationen sich zwar ehrenwert, aber auch praktisch aussichtslos aus. Bereits am 20.11.1846 wurde in Abstimmung mit

---

[100] Woodham-Smith: Great Hunger, S. 71–72. Marcella Gerrard galt als reichste Frau Irlands. Als sie 1868 starb, wurde ihr Nachlass auf ca. 300.000£ geschätzt; Synnott: Marcella Gerard, S. 42. Nach zeitgenössischen Quellen haben Marcella und ihr Ehemann John Gerard auf ihren diversen Besitzungen insgesamt mehrere tausend Familien von ihrem Pachtgrund vertrieben; ebd., S. 45.

Lord Bessborough, dem Lord Lieutenant für Irland, in allen anglikanischen Kirchen des Landes eine Heilsbotschaft verlesen, die der Bischof von Armagh als Leiter der anglikanischen Kirche in Irland verfasst hatte. Danach dankten die Gläubigen Irlands dem Herrgott, dass er durch die Hungerkatastrophe sie für ihre Sünden strafe und läutere. Am 24.03.1847 wurde im gleichen Sinn in ganz England eine Art Fasten- und Gebetstag von der Anglikanischen Kirche anberaumt. Hier sollte einerseits für die irischen Hungernden gesammelt, andererseits aber auch um Vergebung der Sünden gebetet, die als Ursache dieser angeblichen Gottesstrafe angesehen wurden. Viele irische, aber auch schottische Vertreter, die ebenfalls, wenn auch in geringerem Maße, von der Katastrophe getroffen waren, sahen hierin eine zutiefst erniedrigende Handlung, da man implizit ihren beiden Ländern vorwarf, sündiger als das kaum betroffene England zu sein, also letztlich selbst schuld an der Katastrophe.[101] Zudem praktizierten Teile der anglikanischen Kirche „Souperism", eine Wortneuschöpfung für die Praxis, Suppenspeisen an irische Kinder nur unter der Voraussetzung auszugeben, dass diese während des Essens in der anglikanischen Lehre unterwiesen würden.[102] Dies schreckte viele katholische Eltern ab, zumal auch die katholischen Geistlichen – deren eigene Rettungsmaßnahmen noch geringer ausfielen – gegen diese Praxis mit aller Macht zu Felde zogen. Von der Kanzel herab wurden die Namen der Kinder ausgerufen, sie und ihre Familien wurden als Ketzer und verlorene Seelen beschimpft. Es kam dazu, dass Soldaten die Kinder auf dem Weg zu den Suppenküchen schützen mussten.[103] Dies geschah auch dort, wo man „Souperism" gar nicht praktizierte, aber katholische

---

[101] Gray: National Humiliation, S. 195.
[102] Jordan: Ireland's Children, S. 72–75.
[103] Kinealy/MacAtasney: Hidden Famine, S. 136–137.

Geistliche und ihre Gemeinden verhindern wollten, dass es irgendwann dazu kam oder auch nur bereits die schlichte Mildtätigkeit der Protestanten die Geschlossenheit der irischen Katholiken ins Wanken brachte.

Ausländische Regierungen und private Organisationen waren deutlich stärker in der Bekämpfung der Hungersnot engagiert als die englische Regierung oder die Grundherren. Aus den USA kamen Spenden nicht nur von irischen Migrantengruppen, sondern auch von religiösen Zirkeln und von staatlichen Stellen. Besonders überraschend war dabei eine Spende vom Stamm der Choctaw. Hier spielte sicher auch die Erinnerung an den eigenen Todesmarsch, den „Trail of Tears", eine wichtige Rolle, auf den die US-Regierung den Stamm 1831 geschickt hatte und wo von 15.000 Choctaw wenigstens 2.500 umgekommen waren.[104] Aus dem Rest der Welt kamen Spenden unter anderem aus Indien, aus Russland und vom Sultan in Konstantinopel. Allerdings überredeten britische Diplomaten den Sultan, lediglich 1.000 £ statt der geplanten 10.000 £ zu spenden, da sie es inakzeptabel fanden, dass der türkische Herrscher mehr gab als die englische Königin Victoria, die 2.000 £ aus ihrem Privatvermögen gespendet hatte.[105]

---

[104] Die offiziellen Zahlen erfassen nur die Toten des eigentlichen Marschs, aber nicht diejenigen, die bereits auf dem Anmarsch zu den Sammelpunkten starben; Bowes: Trail of Tears, S. 79-83. Die Opfer der ebenfalls auf den Marsch gezwungenen Sklaven der Choctaw, wenigstens 1.000 bei Erreichen der Sammelpunkte, werden bis heute in keiner Berechnung der Opfer berücksichtigt; Faiman-Silva: Choctaws, S. 19.

[105] Die Authentizität dieses Vorgangs ist nicht zweifelsfrei belegt, scheint aber im Licht der sonstigen Vorgänge rund um die Hungerkatastrophe durchaus plausibel; Kinealy/MacAtasney: Hidden Famine, S. 115.

Ohnehin hatte die Königin, die durch ein öffentliches Schreiben ihr Volk zu Spenden für Irland aufgefordert hatte, zunächst nur 1.000 £ spenden wollen, hatte dies aber verdoppelt, als entschieden wurde, die Spenden in gleichem Umfang auch dem eigentlich deutlich weniger betroffenen Schottland zugute kommen zu lassen.[106]

Auch die katholische Kirche spendete jetzt in größerem Umfang. Allerdings verwendete sie dazu ausschließlich hierfür eingesammelte Sonderspenden, während das Kirchenvermögen unangetastet blieb. Ein wie großer Anteil der Spenden tatsächlich in Irland ankam, ist zudem bis heute stark umstritten.

Insgesamt war das Spendenaufkommen für eine Katastrophe in der Mitte des 19. Jahrhunderts sowohl in der Summe als auch in der weltweiten Anteilnahme extrem ungewöhnlich. Immerhin kamen 1,5 Mio. Pfund Sterling zusammen, nach heutiger Kaufkraft etwa 160 Mio. Euro. Wie weit dies aber die Katastrophe milderte, kann man nur spekulieren, ebenso hinsichtlich der nach und nach von der Regierung dann doch eingeleiteten Maßnahmen.

Die allmähliche Wandlung der Liberalen in London zu minimalen Hilfsmaßnahmen war wohl kaum auf einen grundsätzlichen Sinneswandel zurückzuführen. Aber die Kirchen und andere Verbände warnten eindringlich vor einer frühsozialistischen Erhebung in Irland, die womöglich ganz Europa erfassen könnte. In Berlin etwa war es zu einer u.a. durch die Kartoffelfäule ausgelösten Armenrevolte gekommen, die daher – etwas verkürzend – bis heute als Kartoffelrevolution bezeichnet wird. Sie war aber nicht die einzige derartige Revolte in Europa. Allein der Deutsche Bund verzeichnete 193 Armenaufstände, die

---

[106] Gray: National Humiliation, S. 197.

meist in Plünderungen von Markständen und Geschäften ausarteten und früher oder später niedergeschlagen wurden.[107]

Rückschauend muss man allerdings sagen, dass die Katastrophe zunächst keine Renaissance der militanten Unabhängigkeitsbestrebungen des vergangenen Jahrhunderts bewirkte. Vorkämpfer einer irischen Unabhängigkeit, meist Angehörige reicher protestantischer Familien, taten sich vor allem dadurch hervor, dass sie die Annahme britischer Hilfe als unvereinbar mit dem nationalen Stolz eines wahren Iren bezeichneten. Zwar gab es vereinzelt Revolten, die auch mit dem allgemeinen Elend begründet wurden. So spaltete sich 1848 eine Gruppe um den Unterhausabgeordneten William Smith O'Brien von der traditionellen Unabhängigkeitspartei, der 1830 gegründeten Repeal Association, ab und gründete Young Ireland.[108] Man suchte in diesem europaweiten Revolutionsjahr Kontakt zu den republikanischen Kreisen in anderen Ländern. Entsprechend entstand auf einer Reise zur Revolutionsregierung in Paris die irische Trikolore als Vereinigung des gälischen Grün mit dem Orange der ost- und nordirischen Protestanten. Daraufhin hob die britische Seite die Habeas Corpus-Akte für Irland auf, sodass jedermann jederzeit ohne richterlichen Beschluss und auf unbestimmte Zeit in Haft genommen werden konnte. Es kam zu einem Schusswechsel beim Versuch, Smith O'Brien zu inhaftieren, danach fiel der Aufstand in sich zusammen. Die Anführer von Young Ireland, darunter auch Smith O'Brien, wurden nach Tasmanien deportiert.

Während die politischen Auswirkungen der Katastrophe sich nicht unmittelbar zeigten, waren ihre bevölkerungspolitischen Folgen immens. Die irische Bevölkerung schrumpfte von 8 auf 5 Mio. Einwohner in

---

[107]   Gailus: Hungerunruhen, S. 176–177.
[108]   Sloan: William Smith O'Brien, S. 121.

diesen fünf Jahren. Wenigstens eine Million, nach einigen Schätzungen sogar anderthalb Millionen Menschen waren verhungert, in etwa dieselbe Anzahl unmittelbar zur Auswanderung gezwungen. Es gab anscheinend sogar eine große Zahl von Personen, die Straftaten beging, um verurteilt und nach Australien deportiert zu werden. Und auch wer in die USA emigrierte, wusste um die hohe Sterblichkeit auf den Auswandererschiffen, wusste auch um die gesellschaftliche Stellung und die Arbeitsbedingungen der irischen Einwanderer in die USA. Doch anders als 1740 sahen diese Menschen sich nicht nur existenziell bedroht. Sondern sie hatten auch die Hoffnung aufgegeben, dass es jemals besser werden würde. Das vor allem unterschied diese Hungerkatastrophe von der vorangegangen, erst recht von den diversen kleineren Hungersnöten der Zwischenzeit.[109]

Die Auswanderung war damit auch viel deutlicher als in den Jahren zuvor vor allem eine Push-Auswanderung, also eine „Weg-von-hier"-Auswanderung, weniger eine Pull-Auswanderung, die von einer besonderen Attraktivität des Zielorts motiviert gewesen wäre. Man müsste daher eigentlich von Geflüchteten, nicht von Auswanderern sprechen. Aber es reduzierte dies auch die Akzeptanz der Einwanderer in den USA, wo man zudem den protestantischen Grundkonsens der Gesellschaft durch die katholische Konfession der Einwanderer hinterfragt fürchtete und insbesondere innerhalb der Arbeiterschaft – zu Recht – erwartete, dass zuvorderst in den unteren Einkommensgruppen die irische Zuwanderung für eine weitere Senkung der Löhne sorgen würde.

---

[109] Vergleichszahlen gibt es u.a. für Belgien und für die Niederlande. Belgien verzeichnete 48.000 Tote, etwa 1% der Bevölkerung, die Niederlande 60.000 Tote, entsprechend knapp 2%, gegenüber den knapp 20% in Irland; Bensimon/Colantonio: Maladie, S. 33-45.

6.6.   Die Hungerkatastrophe und die irische Unabhängigkeitsbewegung

Noch während der Katastrophe, erst recht in den Folgejahren wuchs aber wie schon bei Wolfe Tone erneut die Zahl derjenigen, die eine Besserung der irischen Lage zwar nicht für unerreichbar hielten, wohl aber für unerreichbar, solange Irland Teil Großbritanniens blieb. Damit kristallisierten sich nach und nach zwei unvereinbare Positionen heraus:

- Einerseits der rassistische Narrativ vor allem in England, der die irische Problematik mit einer Grundnatur des irischen, keltischen, katholischen, Gälisch sprechenden Bevölkerungsteils erklären wollte. Negroid, faul, dumm, lernunwillig, kleinkriminell und promisk waren gängige Klischees, welche man als unwandelbare Grundeigenschaften der irischen Bevölkerungsmehrheit deklarierte. Diese Defizite seien unwandelbar, damit auch die Notwendigkeit einer rigiden Führungsrolle der angelsächsischen Rasse im Interesse aller Beteiligten. Diese Rasse sei zuvorderst durch englische Krone und Regierung repräsentiert, dann aber auch durch die in England lebenden Grundherren und die seit der ersten anglo-normannischen Invasion nach und nach in Irland sesshaft gewordenen Protestanten.

- Auf der anderen Seite die Unabhängigkeitsbewegung, welche Armut, Rückständigkeit, die wiederholten Hungerkatastrophen und die hohen Auswandererzahlen als Ergebnisse der englischen Okkupation und der damit verbundenen ungerechten Verteilung des Grundbesitzes ansahen. Dabei wurde die englische Politik mal eher als dumm und unfähig, mal vorwiegend als geldgierig und grausam geschildert.[110]

---

[110]   Bernstein: Liberals, S. 513-514.

Moderatere Stimmen, welche eine Reform der Agrarverfassung, eine Modernisierung der Landwirtschaft und eine allgemeine Gleichberechtigung als Mittel einer Besserung der irischen Situation bezeichneten, gab es durchaus, auch an einflussreicher Stelle. Sie fanden aber in England, auch im Parlament, ebenso wie in Irland zunehmend weniger Gehör.[111]

Die Ungleichheit des Wahlsystems in Großbritannien insgesamt, aber vor allem in Irland verhinderte zunächst weitgehend, dass dieser Dissens sich auch im Unterhaus spiegelte. Denn nach wie vor war die Zahl der Wahlberechtigten in Irland aufgrund des erforderlichen Mindesteinkommens sehr klein, bestand auch die unterschiedliche Gewichtung irischer und englischer Stimmen fort. Daher blieben sowohl im britischen Unterhaus als auch in Irland die Whigs die stärkste Partei. Eine Radikalisierung der Unabhängigkeitsbewegung oder eine deutlich gewachsene Unterstützung hierfür lassen sich auf Jahrzehnte nach der Katastrophe nicht nachweisen. Mit einer Ausnahme: Die Geflüchteten vor allem in den USA sahen sich als Opfer einer ignoranten und kaltherzigen britischen Politik und kritisierten entsprechend vehement die Fortdauer der britischen Herrschaft über Irland. Doch fanden sie zunächst wenig Resonanz in der irischen Gesellschaft, auch wenn diese noch über lange Zeit angewiesen war auf Geld, das von den Auswanderern zur Unterstützung ihrer in Irland verbliebenen Angehörigen überwiesen wurde.

Auch der Putschversuch der Irish Republican Brotherhood von 1867, bekannt als Fenian Rising, basierte auf Geldüberweisungen aus den USA. Er war aber so wirklichkeitsfern, von so geringem Rückhalt in der Bevölkerung und zudem so dilettantisch organisiert, dass er nach wenigen unspektakulären Ereignissen in sich zusammenbrach. Das

---

[111] Kawana: John Stuart Mill, S. 36-43.

entsprach dem vergleichbar geringfügigen Erfolg der Fenians ein Jahr zuvor und dann noch einmal im Sommer 1870, als man versuchte, durch Überfälle auf kanadisches Gebiet den Krieg von 1812 wieder aufflammen zu lassen. Man hatte auch gehofft, dass Großbritannien seine Truppen in Canada zu Lasten der Präsenz in Irland verstärken würde und so den irischen Nationalisten mehr Optionen geschaffen würden. Führend war hierbei die Fenian Brotherhood, eine US-amerikanische Organisation irischer Einwanderer, die zwar mehrere Überfälle auf britische Einrichtungen in Kanada mit Dutzenden von Toten auf beiden Seiten durchführte, aber weder in den USA noch in Großbritannien oder Kanada nennenswerte politische Reaktionen erzwingen konnte.[112]

Nach dem Aufstand wurden Tausende von Fenians von der Besatzungsmacht verhaftet, nachdem schon ein Jahr zuvor aus Angst vor einem irischen Aufstand die Habeas-Corpus-Akte für Irland außer Kraft gesetzt worden war. Es gab diverse Morde an angeblichen Informanten und in geringem Umfang auch terroristische Aktivitäten, vor allem in England bei einer erfolgreichen Befreiung von zwei Fenians aus einem Gefangenentransport in Manchester am 16.09.1867 und einem Bombenanschlag mit zahlreichen Opfern in Birmingham am selben Tag.[113]

Das bedeutendste Relikt des Aufstands von 1867 war die Ausrufung einer irischen Republik mit klarer Trennung von Staat und Kirche. Wiewohl zu diesem Zeitpunkt bedeutungslos, war die zugrunde liegende Erklärung doch ein wesentlicher Baustein der sich jetzt

---

[112] Dallsion: Turning Back, S. 113.
[113] Takagami: Fenian Rising, S. 360.

allmählich entwickelnden Perspektive einer Befreiung Irlands von der britischen Herrschaft.[114]

Insgesamt war die irische Gesellschaft nach der Katastrophe grundlegend und dauerhaft verwandelt. Das betraf nicht nur den Bevölkerungsverlust an sich oder die wachsende Bedeutung der irischen Auslandsorganisationen, vor allem in den USA. Signifikant war auch der Wandel der irischen Landessprache. Sowohl die Hungertoten als auch die Auswanderer gehörten fast ausschließlich den ärmeren, gälisch sprechenden Bevölkerungsschichten an. Durch die Katastrophe wurde Gälisch zur Sprache einer Minderheit, sodass allen Rettungsversuchen zum Trotz, die fast unmittelbar einsetzten, das Gälische bis zum Ende des Jahrhunderts durch das Englische dauerhaft verdrängt worden war.[115]

6.7. Das Zeitalter der Reformen: Besatzungspolitik nach der Hungerkatastrophe

Der oben erwähnte gesamtbritische Diskurs zur irischen Situation gestaltete sich in Irland deutlich anders, auch wenn wenige Stimmen der protestantischen Minderheit auch den rassistischen Narrativ der englischen Autoren reproduzierten. Als wesentliche Ursache des – verglichen mit anderen Staaten extrem katastrophalen – Verlaufs der Hungerkatastrophe wurden in den folgenden Jahrzehnten zunehmend vor allem das Fehlen einer eigenen Regierung und die Besitzverhältnisse in Irland diskutiert. Daraus ergaben sich drei Konsequenzen:

- Beseitigung der Begünstigung der protestantischen Siedler,

---

[114] Grundlegend hierzu Lee: Modernisation, v.a. S. 57-60.
[115] Rockel: Grundzüge, S. 88-89.

- Einführung einer „Home Rule", also wenigstens einer Rückkehr zu einem eigenen Parlament mit hinreichender Autorität unter britischer Oberherrschaft,
- Entmachtung der Großgrundbesitzer durch eine umfassende Bodenreform.

Insbesondere in einer Bodenreform sahen viele Stimmen eine Chance für eine rasche Besserung der allgemeinen Lebenssituation in Irland. Dafür bestand vor allem mit Beginn der europaweiten Agrarkrise der 1870er Jahre auch tatsächlich erheblicher Bedarf. Denn nach einer Erholung in den 1850er Jahren und einem Ansteigen der Agrarpreise kam es in den 1870er Jahren erneut zu einer Agrarkrise, die ganz Europa betraf, aber in Großbritannien besonders nachhaltige Auswirkungen hatte. Die wichtigste Ursache war, dass die USA den Mittleren Westen für Agrarexporte erschlossen. Dies geschah zum einen durch den Homestead Act von 1861, der eine rasche Besiedlung von Neuland erlaubte, aber vor allem durch den Ausbau des Schienennetzes, über das man insbesondere die Häfen an der Ostküste besser erreichte.[116] Auch Fleischproduktion aus Argentinien drängte verstärkt auf den europäischen Markt, sodass einheimische Produkte vielerorts kaum noch konkurrenzfähig waren. Diverse europäische Regierungen reagierten darauf mit protektionistischen Maßnahmen. Das gerade erst gegründete Deutsche Reich etwa erließ entsprechende Regelungen 1879, auch Frankreich und Belgien setzten dies gegen den Widerstand von Liberalen und Sozialisten durch. Erstere sahen dadurch den Freihandel bedroht, letztere fürchteten weiterhin hohe Lebensmittelpreise zum Nachteil vor allem der ärmeren Bevölkerungsschichten.[117]

---

[116] Howkins: Reshaping, S. 123-125.
[117] Vgl. Aldenhoff-Hübinger: Agrarpolitik, v.a. S. 38-41; dies.: Landwirtschaft, passim.

Insgesamt war die britische Landwirtschaft wahrscheinlich am här-
testen von der Krise betroffen, sodass ihre Folgen bis in die Mitte des
20. Jahrhunderts nachweisbar blieben. Das britische Kabinett unter
William Ewart Gladstone sah sich gezwungen, gegen den dominanten
Geist des Laissez-faire eine Politik zur Besserstellung irischer Bauern,
aber auch zum Schutz der britischen Agrarproduktion zu verfolgen.
Bereits 1869 kam es daher zu einem mehr als nur symbolhaften Akt,
als die anglikanische Church of Ireland offiziell aufgelöst wurde.[118]
Dies war eine klare Botschaft an die katholische Bevölkerungsmehrheit, dass die Vorherrschaft der protestantischen Minderheit abgebaut
werden sollte. Zudem führte das Recht der anglikanischen Kirche,
auch von katholischen Bauern den Kirchenzehnten einzufordern, immer wieder zu Konflikten, u.a. zum oben erwähnten Tithe War von
1831 bis 1836. Jetzt verlor die anglikanische Kirche dieses Recht.
Auch ihren traditionellen Sitz im Oberhaus büßten die Bischöfe ein,
wurden dafür allerdings großzügig entschädigt.

Ein zweiter, sehr viel nachhaltigerer Schritt zur Besserung der Situation in Irland war der Landlord and Tenant (Ireland) Act von 1870.[119]
Grundlage war eine 1869 durchgeführte Untersuchung der Regierung
vor allem der Situation der Landarmen in Irland. Man konnte nicht
mehr die Augen davor verschließen, dass insbesondere im Gefolge der
Hungerkatastrophe die Situation der Landpächter sich weiter ver-
schlechtert hatte. Das seit damals geltende Recht, Landeigner und Forestaller zu verdrängen, wenn diese in Zahlungsrückstand gerieten,
hatte eine neue, noch brutalere Landnutzung hervorgebracht, aber

---

[118] Irish Church Act, www.legislation.gov.uk/ukpga/1869/42/en-
        acted
[119] Beckett: Making, S. 441.

nichts zu einer Modernisierung der Landwirtschaft beigetragen.[120] Man gab daher die Hoffnung auf, die Landeigner würden aus eigenem Interesse und mithin auch unter Aufwendung eigener Mittel eine Modernisierung der irischen Agrarwirtschaft betreiben.

Dieser Wandel der Politik wurde dadurch erleichtert, dass die großen Landeigner an politischem Einfluss verloren hatten. Dafür gab es mehrere Gründe. Die eigentliche Ursache war die Verschiebung des wirtschaftlichen Schwerpunkts von der Agrarwirtschaft auf die Industrie und mithin von den ländlichen Gemeinden zu den großen Städten.[121] Dies manifestierte sich dann aber auch in den drei Wahlrechtsreformen des 19. Jahrhunderts:

- 1832: Abschaffung von 57 „rotten boroughs", also traditioneller Wahlbezirke, in denen infolge Migration oder Vertreibung fast keine Wähler mehr wohnten, sodass der Landeigner über den entsprechenden Parlamentssitz frei verfügen konnte;
- 1867: Neubemessung der Parlamentssitze auf Basis der Bevölkerungszahl;
- 1872: Einführung der geheimen Wahl, welche die bisher öffentliche, dadurch meist von den Grundherren kontrollierte Wahl der Abgeordneten des Unterhauses ablöste.

Erst die neuen Machtverhältnisse im Unterhaus erlaubten das Gesetz von 1870. Dies legte fest, dass Pächter, welche aus anderen Gründen als wegen ausstehender Pachtzahlungen vertrieben wurden, für selbst durchgeführte Verbesserungen des Lands, dort errichtete Häuser usw. entschädigt werden sollten. Vor allem aber sollten Pächter ein Darlehen des Staats erhalten, wenn sie ihre Farmen dem Landeigner

---

[120]   Bull: Land, S. 23-24.
[121]   Mori: Political Theory, v.a. S. 245-246.

abkaufen wollten. Dies Darlehen sollte über 35 Jahre laufen, zu 5% verzinst werden und maximal zwei Drittel des Kaufpreises abdecken.

Der Effekt des Gesetzes von 1870 war eigentlich enttäuschend, sieht man von seiner symbolischen Rolle ab. Die allerdings war erheblich, da klar wurde, dass die Regierung die Not in Irland wahrnahm und entsprechende Schritte einzuleiten entschlossen war. Doch gegen die mit der Wirtschaftskrise zu Beginn der 1870er Jahre beginnende neue Welle von Landvertreibungen leistete das Gesetz nichts, da es keinen Schutz gegen Vertreibung bei Ausbleiben der Pacht bot.

Zehn Jahre später untersuchte eine Parlamentskommission unter Frederick Ponsonby, Earl of Bessborough, erneut die Situation in Irland.[122] Im Ergebnis forderte der Bessborough-Bericht etwas, das als „Three F's" anschließend breite Unterstützung in der Öffentlichkeit fand: „fair rent, free sale, and fixity of tenure". Das bedeutete, man wollte vom Pachtsystem nicht abrücken, aber die Pachten einem fairen Mittelwert annähern, den Farmern einen freien Verkauf ihren Produkte eröffnen und die weitgehend willkürlichen Landvertreibungen unterbinden.

In Irland stand vor allem die 1878 auf Basis regionaler und lokaler Bauerngruppierungen gebildete Irish National Land League für eine Neuverteilung des Landbesitzes. Und es gelang ihr, über eine breite Mobilisierung der Bevölkerung erheblichen politischen Druck aufzubauen. Das gelang auch deshalb, weil bisher verschiedene

---

[122] Keenan: Ireland, S. 133. Frederick Ponsonby war der Sohn von John Ponsonby, der als Irish Secretary in den ersten zwei Jahren der Hungerkatastrophe sich dafür eingesetzt hatte, dem freien Spiel des Marktes die Überwindung der Katastrophe zu überlassen. Die Familie gehörte selbst zu den Großgrundbesitzern in Irland, nachdem ihr Ahnherr sich als Kavallerieführer in Cromwells Verwüstungsfeldzug besonders ausgezeichnet hatte.

Antagonismen zwischen England, z.T. auch Schottland einerseits, Irland andererseits nebeneinander existiert hatten, aber erst jetzt zu einer geschlossenen Kritik des Status quo zusammengeführt wurden.

Die Land League stiftete eine Identität der irischen Bevölkerungsmehrheit in der Verbindung einer Ablehnung Englands, seiner Kultur und vor allem seiner Herrschaft über Irland mit anti-urbanen Ressentiments, Hass auf die Landeigner und – wenn auch meist nur verdeckt – einer Ablehnung der anglikanischen, z.T. jedweder protestantischen Konfession.[123]

Die anti-protestantische Haltung dieser Bewegung war einer der Gründe, dass erstmals auch die katholische Kirche hier zur Unterstützerin der League wurde. Wichtiger aber war wohl die Angst der Kirche, das sich hier eine sozialistische Bewegung bilden könnte. Pius IX. hatte 1864 in „Syllabus errorum" unter anderem Protestantismus, Sozialismus und Kommunismus scharf verdammt. Die Kirche fürchtete möglicherweise eine sozialistische Radikalisierung der irischen Bauern und zog es vor, diese stattdessen auch gegen die protestantische Konkurrenz in Stellung zu bringen. Und es gelang den gemäßigten Stimmen in der irischen Unabhängigkeitsbewegung, vor allem ihrem damals wichtigsten Vertreter Charles Stewart Parnell, die ebenfalls seit langem schwelenden Spannungen zwischen Pächtern und Unterpächtern quasi zu vertagen, bis die grundlegende Frage des Landbesitzes geklärt sein würde.

Die Land League propagierte zuvorderst ein Ende der Zwangsvertreibungen von Pächtern und eine gesetzliche Verpflichtung der Landeigner auf eine angemessene Höhe der Pacht. Um dies durchzusetzen, propagierte die League ihrerseits eine als fair empfundene Höhe der Pacht. Sie forderte die Bauern auf, nicht mehr als dieses Volumen an

---

[123] Foster: Modern Ireland, S. 415.

den jeweiligen Landeigner zu bezahlen. Sollte dieser sich nicht darauf einlassen, sollten die Zahlungen treuhänderisch an die Land League gehen, welche die Pacht bewahren sollte, bis der Landeigner nachgab.[124]

Damit begann 1879 der „Land War", welcher in nie gekannter Weise eine Solidarisierung der irischen Bevölkerung sah, aber auch eine ungewöhnlich große Unterstützung durch irische Auswanderer.

Der Land War wurde ausgelöst durch die vor allem im westlichen Irland erneut schlechte Ernte Anfang 1879, die viele Pächter wieder der Gefahr einer Vertreibung aussetzte und vielerorts zu Hungerkrisen führte, sodass man fürchtete, es werde erneut zu einer landesweiten Katastrophe kommen. Die auch zuvor schon erheblichen Auswandererzahlen schnellten entsprechend nach oben. Wer aber nicht fortgehen wollte oder konnte, sah jetzt meist die einzige Chance in einer Solidarisierung. Hinzu kam, dass angesichts des Goldrauschs in Australien die Briten elf Jahre zuvor die Deportationen dorthin eingestellt hatten, sodass auch diese – verzweifelte – Option denen versperrt war, die sich die Auswanderung in die USA nicht leisten konnten, aber durch eine geringfügige Straftat sich die Fahrkarte nach Australien einhandeln konnten.[125]

An vielen Orten weigerten sich die Pächter jetzt, mehr als die von der League als angemessen erklärte Pachtsumme zu bezahlen. Zwar stießen sie auf erhebliche Widerstände, doch setzten sie sich letztlich meist durch. So wurde am bekanntesten die Weigerung der Bauern, mit einem berüchtigten Forestaller weiter Geschäfte zu machen und dessen Willkür zu akzeptieren. Dieser Mann, Charles Cunningham

---

124 McLaughlin: Competing Forms, S. 83.
125 Kercher: Perish or Prosper, S. 540.

Boycott, gab damit einer ganzen Proteststrategie unfreiwillig seinen Namen.[126]

In dieser Situation hielt Gladstone eine irische Landreform für angeraten, die vor allem die Landvertreibung der Pächter in den Griff bekommen und ein willkürliches Ansteigen der Pachten erschweren sollte. Dies war bereits das Ziel des Landlord and Tenant (Ireland) Act von 1870 gewesen. Nun sollte der 1881 in Kraft getretene Land Law (Ireland) Act eine Lösung bringen.

Wesentliches Element des Gesetzes war die Einrichtung von „Land Courts" zur Beilegung von Konflikten zwischen Pächtern und Landeignern. Sowohl Landeigner als auch Pächter hatten das Recht, das Gericht anzurufen, welches dann eine auf 15 Jahre bindende Pacht festlegte. Zudem erhöhte das Gesetz den staatlichen Kredit von zwei Drittel auf drei Viertel, sollte ein Pächter das von ihm bewirtschaftete Land erwerben wollen. Dieser Kredit sollte auf 35 Jahre bei 5% Jahreszins laufen.

Das Gesetz löste zwei wesentliche Probleme nicht. Zum einen waren die Pächter selten in der Lage, die zum Kauf notwendige Summe aufzubringen. Sie erwirtschafteten auch kaum hinreichend monetäre Überschüsse, um die Tilgung des Kredits möglich zu machen. Zweitens aber waren die meisten irischen Höfe deutlich zu klein. Daran änderte das Gesetz nichts. In den USA waren riesige, industrialisierte Farmen entstanden. Subsistenzbasierter Ackerbau war längst nicht mehr zeitgemäß, sodass die nächste Krise bereits absehbar war.

Wirklichen Nutzen hatten von dem neuen Gesetz nur Pächter in Ulster, deren Höfe meist größer waren und die daher deutlich stärker marktorientiert operieren konnten. Dadurch gehörte aber auch die kurzzeitige Solidarisierung von Katholiken und Protestanten in der

---

[126] Marlow: Captain Boycott, S. 154-155.

Land League der Vergangenheit an, was von der katholischen Kirche nachdrücklich begrüßt wurde, aber sich als unheilvolle Weichenstellung für die nächsten hundert Jahre der irischen Geschichte erweisen sollte.[127]

Parallel zum Streit um den Besitz des irischen Grunds liefen die Auseinandersetzungen um eine Einführung der Home Rule, also einer weitgehenden Selbstverwaltung Irlands und einer erneuten Einberufung eines Parlaments in Dublin. In Irland formierte sich 1873 die Home Rule Party, welche die bis dahin weitgehend den Whigs zugefallenen irischen Unterhaussitze nach und nach okkupierte.[128] Sie propagierte vor allem die Rückkehr zu einer weitgehenden irischen Selbstverwaltung und vermochte auf diese Art, von einer urbanen Partei liberaler Protestanten nach und nach zu einer deutlich stärker nationalistischen, katholisch und agrarisch geprägten Partei zu werden. 1882 umbenannt zur Irish Parliamentary Party, war ihre Fraktion im Unterhaus ein relativ verlässlicher Partner für Gladstones Reformbemühungen.

Gladstone, der bereits von 1868 bis 1874 Premierminister gewesen war, hatte dieses Amt 1880 mit Unterstützung der irischen Vertreter im Unterhaus erneut übernommen. Daher hatte er 1881 den erwähnten Land Law (Ireland) Act in beiden Häusern durchgesetzt. Er betrieb jetzt unter anderem eine Reform des britischen Wahlrechts, das als veraltet und ungerecht angesehen wurde. 1884 erfolgte eine Reform, die jedem Mann, der Land im Wert von mindestens 10 £ sein Eigen nannte oder der mindestens 10 £ Steuern pro Jahr entrichtete, eine Wählerstimme zuwies. Damit verschoben sich die Machtverhältnisse

---

[127] McLaughlin: Competing Forms, S. 110; Moran: James Daly, S. 192-193.
[128] Thornley: Irish Home Rule Party, S. 39.

vor allem zugunsten der grundbesitzenden Bauern, die bis dahin kaum an der Wahl beteiligt waren. Man schätzt, dass durch diese Reform ca. zwei Drittel aller Männer in England und Schottland nun wahlberechtigt waren und immerhin die Hälfte aller irischen Männer. Allerdings blieb die britische Besonderheit des Plural Votings noch bis 1948 auf Landesebene erhalten, wonach jemand mehrere Stimmen haben konnte, wenn er in mehreren Wahlbezirken Land besaß. Auf kommunaler Ebene hielt sich dieses Wahlrecht bis 1969, in London ist es bis heute noch nicht abgeschafft.

Gladstones Reform des Wahlrechts verschob die Machtverteilung in ganz Großbritannien. Es war klar, dass man schon mit Blick auf die irischen Wähler es nicht bei den unbefriedigenden Regelungen von 1881 belassen konnte, weil eine signifikante Besserung der Lebensverhältnisse vor allem der irischen Landbevölkerung noch immer nicht erreicht war. Dennoch gelang es der Regierung nicht, das Unterhaus für die Einführung einer Home Rule in Irland zu gewinnen.

Das lag auch daran, dass die eigentlich bedeutungslose irische Terrorgruppe der Irish National Invincibles 1882 mehr oder weniger zufällig Frederick Cavendish ermordete. Dieser war der gerade erst eingesetzte Chief Secretary for Ireland, also der Leiter der irischen Zivilverwaltung.[129] Dieser und mehrere eigentlich belanglose weitere Gewaltakte bestärkten die traditionellen rassistischen Narrative von

---

[129] Cavendish hatte das Pech, zum Zeitpunkt des geplanten Anschlags mit dem eigentlichen Ziel, dem ihm unterstellten Under-Secretary for Ireland Thomas Henry Burke durch den Phoenix Park in Dublin zu seinem Amtssitz in der Viceregal Lodge zu spazieren. Zuvor hatten die Invincibles mehrere fehlgeschlagene Versuche unternommen, den vorherigen Chief Secretary William Edward Forster zu ermorden; Molony: Phoenix Park Murders, S. 186-187.

irischer Unzuverlässigkeit und Gewaltbereitschaft. Die Abspaltung der Unionists von Gladstones Whigs etwa war auch auf Cavendishs Ermordung zurückzuführen, da sie der unmittelbare Anlass war, dass sein Bruder Spencer Cavendish, Lord Hartington, als einer der beiden Anführer der Liberal Unionists abrupt mit Gladstone und der Idee einer Home Rule brach.

Im Januar 1885 stürzte Gladstone nach dem Massaker in Khartoum und dem Tod Gen. Gordons über seine zögerliche Handhabung des Mahdi-Aufstands im Sudan.[130] Die neue Regierung unter Robert Gascoyne-Cecil, Marquess of Salisbury, war auf die Unterstützung der irischen Abgeordneten angewiesen, weshalb man in der Landfrage den Iren weit entgegenkam. Zudem hatte Salisbury auch in anderen Fällen versucht, sozialistischen Bewegungen den Wind aus den Segeln zu nehmen, indem man die schlimmsten Auswüchse des britischen Laissez-faire eindämmte. Daher änderte die konservative Regierung noch im selben Jahr mit dem Purchase of Land (Ireland) Act die Regelungen von 1881, indem jetzt ein Volldarlehen für den Erwerb von Land zur Verfügung gestellt werden sollte, mit einer neuen Laufzeit von 45 Jahren und einem Zinssatz von 4%.

Salisburys Rechnung ging dennoch zunächst nicht auf. Bei den Wahlen Ende 1885 gab es keinen eindeutigen Sieger, was die irischen Abgeordneten unter Charles Stewart Parnells Führung zum Zünglein an der Waage machte. Als Gladstone lancieren ließ, dass er einer irischen Selbstverwaltung nicht abgeneigt sei, sicherte ihm dies die irische Unterstützung. Als er dann aber versuchte, die den Iren gemachten Versprechungen durch die Home Rule Act von 1886 umzusetzen, verweigerte ihm ein Teil seiner eigenen Partei die Gefolgschaft. Die Liberal

---

[130] Zur politischen Instrumentalisierung des Todes vgl. Miller: Our Abdiel, v.a. S. 139-140.

Unionists formierten sich unter Joseph Chamberlain und Spencer Cavendish, Lord Hartington, und gingen ein Bündnis mit den Torys ein, sodass Gladstones Whigs schon nach wenigen Monaten nicht mehr regierungsfähig waren und Salisbury erneut Premierminister wurde. Inzwischen aber war es bereits in Belfast über die Frage der Home Rule zu massiven Auseinandersetzungen zwischen irischen Nationalisten und pro-britischen Anhänger des Orange Order mit über dreißig Toten, Hunderten von Verletzten und über vierhundert Festnahmen gekommen.[131] Der wesentliche Grund hierfür war, dass die große Mehrheit der Katholiken in Nordirland erst seit der Hungerkatastrophe der 1840er Jahre auf der Suche nach Arbeit in die nordirischen Industriezentren gekommen war. Bisher durch Gesetzgebung und vor allem das Vorgehen der durchweg protestantischen Polizeikräfte diskriminiert, hofften die katholischen Familien auf eine Besserung ihrer Situation durch ein eigenes irisches Parlament. Genau dies fürchteten die protestantischen Arbeiter, die ihre ohnehin nicht einfache Lebenssituation weiter unter Druck gesetzt erwarteten und entsprechend aggressiv in dieser Situation gegen die Befürworter einer Home Rule vorgingen. Aber erst die protestantischen Siegesfeiern nach Gladstones Scheitern lösten die eigentlichen Krawalle aus, als die Protestanten ihren Sieg durch Angriffe auf von Katholiken bewohnte Häuser und Wohnungen krönen wollten. Die örtliche Polizei konnte oder wollte diese Ausschreitungen nicht eindämmen, sodass aus dem übrigen Irland – jetzt vorwiegend katholische – Polizeikräfte, dann auch Einheiten des Militärs nach Belfast entsendet wurden.[132] Zusätzlich aufgehetzt von protestantischen Geistlichen, vor allem durch den sehr populären Prediger Hugh Hanna, fand hier

---

[131] Boyd: Holy War, S. 171.
[132] Boyd: Holy War, S. 150.

wahrscheinlich das erste Mal die spätere Praxis geräuschvoller Märsche durch katholische Viertel von Belfast Anwendung, was zu den seitens der Prediger, insbesondere von Hanna, eindeutig intendierten blutigen Auseinandersetzungen führte.[133]

Im Juli 1886 fanden erneut Wahlen statt, die Torys und Unionists insgesamt klar für sich entscheiden konnten. Die folgenden Jahre sahen kaum Fortschritte in der Frage einer Autonomie Irlands, weil Torys und Unionists der Regierung unter Salisbury eine relativ stabile Mehrheit sicherten. Zudem war die irische Fraktion im Unterhaus 1891 zerbrochen, als man keine Einigkeit über die weitere Rolle von Charles Stewart Parnell erreichen konnte. Hierfür gab es zwei Gründe. Zum einen unterhielt Parnell eine langjährige Affäre zu Katharine O'Shea, die auch sein wichtigster Kontakt zu Gladstone war. Als ihr Ehemann, nach jahrelangem Stillschweigen, 1889 die Scheidung verlangte, wurde die Affäre öffentlich. Große Teile der katholisch bestimmten Kreise, aber auch viele viktorianischen Moralvorstellungen verpflichtete Protestanten wandten sich daraufhin von Parnell ab.[134] Zum anderen kreidete man Parnell die Rolle der Ladies' Land League an. Diese war auf dem Höhepunkt der Land Wars entstanden, als zahlreiche Vertreter der Land League inhaftiert waren. Insbesondere Parnells Schwestern, Anna Catherine und Fanny, letztere die bekannteste nationalistische Dichterin Irlands in dieser Zeit, hatten hier eine selbstbewusste und starke Frauenorganisation aufgebaut, was Parnell zum Vorwurf gemacht wurde. Als sich die Ladies' Land League dann im Rahmen ihrer Hilfsmaßnahmen für landvertriebene Pächter finanziell übernahm, beglich die Land League auf Betreiben Parnells diese Schulden unter der Bedingung der sofortigen Auflösung der

---

[133]   Bardon: History of Ulster, S. 381.
[134]   Jordan: Irish Affair, S. 153.

Frauenorganisation. Ergebnis war, dass ihm von konservativen und klerikalen Kreisen die Gründung der Ladies' Land League, von fortschrittlichen und liberalen Stimmen deren schäbiges Ende vorgeworfen wurde.[135]

Damit waren fünfzig Jahre nach der Hungerkatastrophe die beiden entscheidenden Fragen der Irland-Politik nach wie vor ungeklärt: der Besitz des Ackerlands und Schutz der Landpächter einerseits, die politische Partizipation und letztlich Selbstverwaltung Irlands andererseits. Zwar klärte sich die Landfrage allmählich durch diverse Ergänzungen und Erweiterungen des Gesetzes von 1885. Aber die Frage der Home Rule löste das nicht.

Gladstone, inzwischen 82 Jahre alt, war nach der Wahl von 1892 wieder Premierminister einer liberalen Minderheitsregierung geworden, welche erneut auf die irischen Abgeordneten angewiesen war. Es war daher unausweichlich, dass er einen neuen Anlauf zu einer Home Rule unternahm. Doch scheiterte er diesmal nach z.T. körperlich ausgetragenen Diskussionen im Unterhaus letztlich an einer deutlichen Mehrheit im Oberhaus.

---

[135] TeBrake: Irish Peasant Women, S. 79-80; Ward: Gendering the Union, S. 84. Insbesondere Fanny Parnell hatte in den USA unter irischen Auswanderern umfangreiche Spenden einwerben können. Diese Mittel hatten wesentlich dazu beigetragen, die Hungerkrise 1879/80 abzumildern. Zudem hatten die League sehr zum Unmut beider Kirchen und der Landeigner auf eigenem Grund Holzhütten erbauen lassen, um landvertriebenen Pächtern eine Bleibe zu ermöglichen.

6.8. Die erste Phase der Gewalt: Der irische Konflikt bis zum Osteraufstand 1916

In den folgenden zwanzig Jahre war es annähernd aussichtslos, eine Home Rule gegen das Oberhaus durchzusetzen. Nach dem triumphalen Sieg der Whigs in der Parlamentswahl von 1906 sah die Regierung keine Notwendigkeit, das konfliktträchtige Thema der Home Rule, das bereits Gladstone zum Verhängnis geworden war, wieder aufzugreifen. Erst mit der Wahl von 1910 gab es erneut im Unterhaus ein Patt zwischen Liberalen und Konservativen, sodass die irischen Abgeordneten, mehrheitlich der Irish Parliamentary Party unter John Edward Redmond zugehörend, für ihre Unterstützung der Liberalen unter Herbert Henry Asquith das Thema einer Home Rule wieder auf die Tagesordnung setzen konnten. Und noch ein zweiter Aspekt hatte sich geändert. Gladstones erster Versuch war bereits im Unterhaus gescheitert. Aber sein zweiter Anlauf hatte es immerhin bis ins Oberhaus gebracht, das ein unbegrenztes Veto gegen im Unterhaus verabschiedete Gesetze einlegen konnte. Dies Vetorecht hatte zur Regierungskrise von 1909 geführt, weil die Regierung unter Lloyd George, flankiert vom jungen Winston Churchill, erstmals ein Sozialbudget im Haushalt verankern wollte. Als das Oberhaus dies verhinderte, drohte der neue König, Georg V., eine große Zahl neuer Peers zu ernennen. Um das zu verhindern, stimmte das Oberhaus schließlich der Parlamentsreform von 1911 zu. Ab da konnte das Oberhaus maximal zweimal in Folge für jeweils ein Jahr ein Gesetz verhindern. Auf diese Weise wurde es nun auch möglich, im Unterhaus die Frage einer Home Rule für Irland wieder aufzugreifen, weil diese nicht mehr dauerhaft vom Oberhaus verhindert werden konnte.[136]

---

[136] MacDonald: English Constitutional Crisis, S. 162.

Der Government of Ireland Act, 1912 in die Wege geleitet, konnte aufgrund Veto aus dem Oberhaus erst 1914 offiziell vom König unterzeichnet werden. Er wurde aber wegen des Beginns des Ersten Weltkriegs zunächst nicht in Kraft gesetzt. Die Ereignisse der nächsten Jahre hätten ihn dann endgültig zu einer bedeutungslosen Episode gemacht, wäre von ihm nicht ab 1912 ein wesentlicher Beitrag zu einer Radikalisierung des irischen Konflikts ausgegangen.

Die zweite Hälfte des 19. Jahrhunderts war in Irland nie wirklich gewaltfrei geworden. Es gab eigentlich belanglose, aber spektakuläre Attentate nationalistischer Terrorgruppen, darunter die oben erwähnten Irish National Invincibles und vor allem die Fenians, die in den USA, in Irland und z.T. auch in England Anschläge verübten. 1867 versuchte man gar, mit einer Landung in Cork eine landesweite Rebellion zu provozieren, was aber kläglich scheiterte. So blieb es bei Attentaten wie dem Bombenanschlag auf das Clerkenwell-Gefängnis in London 1867, um einen Ausbruchsversuch inhaftierter Fenians zu ermöglichen. Das scheiterte zwar, aber die Explosion tötete ein Dutzend Anwohner umliegender Gebäude und verletzte bis zu 300 weitere Personen.

Der vorwiegend nationalistische Terrorismus in Irland erreichte auch, dass alle Kräfte in Irland bewaffnete Auseinandersetzungen bis hin zum Bürgerkrieg für jederzeit möglich hielten und sich entsprechend vorbereiten. Diese Grundbereitschaft zu gewaltsamen, landesweiten Konflikten wurde allerdings erst konkret, als die Home Rule in greifbare Nähe gerückt schien.[137]

---

[137] Zur soziokulturellen Dimension des Terrorismus im Irland des späten 19. Jahrhunderts vgl. Dunning: Sociogenesis of Terrorism, passim.

Es waren wiederum die Protestanten aus Ulster, welche eine Home Rule rigoros ablehnten. Sie fürchteten den Verlust ihrer noch verbliebenen Privilegien, wenn eine gesamtirische Regierung überall eine Gleichstellung von Katholiken und Protestanten durchsetzen sollte. Bereits mit der ursprünglichen Vorlage im Unterhaus 1912 formierte sich in Ulster ein paramilitärischer Verband, die Ulster Volunteers. Die damit verbundene Rekrutierung von bewaffneten Verbänden war in aller Öffentlichkeit und ohne irgendwelche Gegenmaßnahmen der Regierung erfolgt. So paradierten schon an Ostern 1912 in Belfast etwa 100.000 Mitglieder der Ulster Volunteers vor dem britischen Oppositionsführer Andrew Bonar Law, wobei allerdings keine Waffen getragen wurden. Man entrollte die größte jemals gewebte Union Jack, und das Haupt der irischen Presbyterianer hielt ebenso eine Predigt wie der Erzbischof von Armagh, Haupt der anglikanischen Church of Ireland.

Am 28. September kam es zu einer Massenveranstaltung in Belfast, wo die Anhänger der Ulster Volunteers den Ulster Covenant unterzeichnet hatten. Dieser hatte zwei Teile, den eigentlichen Covenant, den Männer unterzeichneten, und die Declaration, die Frauen unterzeichneten. Anders als seinerzeit die Ladies' Land League unterstützte die Kirche diesmal ausdrücklich auch die Organisation der Frauen.[138] Im Covenant gelobten die unterzeichnenden Männer, mit allen Mitteln den materiellen Wohlstand Ulsters und ganz Irlands und die religiöse Freiheit zu verteidigen, die allesamt durch die Home Rule akut bedroht seien. Vor allem die Formulierung „using all means which may be found necessary to defeat the present conspiracy to set up a Home

---

[138]   Morris: Traitors, S. 28.

Rule Parliament in Ireland" ließ keinen Zweifel an der Gewaltbereitschaft der Volunteers.[139]

Weit über 210.000 Männer unterzeichneten den Covenant, mehr als 234.000 Frauen die Declaration. Auch diese klare Trennung machte klar, dass es hier nicht um eine Parteigründung ging, sondern um den Beginn einer Bürgerwehr. Im Januar 1913 wurde hieraus mit der offiziellen Gründung der Ulster Volunteer Force oder UVF eine paramilitärische Organisation mit zunächst 100.000 Mann. Obgleich diese Organisation offen für physische Gewalt und Terror, für Rebellion und letztlich Bürgerkrieg plädierte, kam es zu keinerlei Gegenmaßnahmen der britischen Regierung. Polizei und Geheimdienst blieben ebenso inaktiv wie die anglikanische Kirche. Diverse Politiker und leitende Polizei-Offiziere, aber auch führende Mitglieder der anglikanischen, Kirche erklärten sogar offen ihre Unterstützung der UVF. Mehr noch, auch die Torys, aktuell in der Opposition, erklärten auch nach dem Auftreten von Bonar Law weiterhin ihre Unterstützung der UVF, befürworteten also den bewaffneten Widerstand gegen ein vom Parlament mit Mehrheit verabschiedetes und vom König ratifiziertes Gesetz. Diese massive Radikalisierung in Ulster und vor allem die Untätigkeit der britischen Sicherheitsbehörden überraschte die irischen Nationalisten, die sich bis dahin weitgehend auf dem parlamentarischen Prozess verlassen hatten. Aber bereits seit Beginn des Jahrhunderts gab es Kritiker der in ihren Augen zu zaghaften Politik der irischen Mehrheitspartei IPP unter John Redmond. Die Gründung der Sinn Féin 1905 dokumentierte dies, auch wenn auch die Sinn Féin zunächst keine Lösung Irlands aus Großbritannien propagierte, sondern eine Doppelmonarchie nach dem Vorbild Österreich-Ungarns. Unterstützung kam jetzt auch von der Irish Republican Brotherhood oder IRB,

---

[139] Zitiert nach Mays: Nation States, S. 143.

einem lange Zeit belanglosen anti-monarchistischen Geheimbund, der eng mit den Fenians in den USA bzw. deren faktischer Nachfolge-Organisation Clan naGael kooperierte.

Anfang des Jahrhunderts hatte die IRB stärkeren Zulauf durch junge Radikale erhalten, darunter der spätere Führer der IRB, Michael Collins. Im November 1913, in direkter Antwort auf den Ulster Covenant und unter Führung der IRB bildeten sich die Irish Volunteers unter Führung Eoin MacNeills, eines renommierten Professors der Universität in Dublin. Fast gleichzeitig entstand die Irish Citizen Army oder ICA, eine gewerkschaftsnahe Truppe, die eigentlich vor allem Arbeiterrechte schützen sollte. Ihr Hintergrund war die extreme Polizeigewalt während des Dubliner Streiks der Transportarbeiter 1913. Als der Streik, nicht zuletzt wegen der Weigerung der englischen Gewerkschaft, sich mit den Iren zu solidarisieren, scheiterte, blieb die ICA zunächst bestehen und definierte sich nach und nach als sozialistische Kampftruppe, ohne jemals nennenswerten Zulauf zu verzeichnen.[140] Aber ihr Organisator, der auch in den USA aktive Sozialist James Connolly, war es, der die ICA später in den Osteraufstand führte und als Kommandeur der Dublin Brigade den faktisch einzigen Kampfverband des Aufstands befehligte.

Die Gründung der Irish Volunteers in Dublin sollte einen Gegenpart zur spektakulären Gründung der UVF in Belfast bilden.[141] Aber während sich dort bis zu 400.000 Männer und Frauen organisierten, waren es in Dublin wohl nur ca. 7.000 Personen. Und anders als in Belfast ließ das Manifest der Volunteers die Frage offen, ob es um eine Verteidigung der vom Parlament gesetzten Rechtsordnung ging oder eine Verteidigung grundlegender Nationenrechte des irischen Volks.

---

[140] Detailliert zur ICA Leddin: Labour Hercules, passim.
[141] White/O'Shea: Irish Volunteer Soldiers, S. 8.

Es blieb auch offen, ob hierzu nötigenfalls, also bei Versagen der hiermit eigentlich beauftragten britischen Ordnungs- und Sicherheitskräfte, auch physische Gewalt ausgeübt werden konnte. Dies war zwar das Verständnis der IRB, aber MacNeill machte deutlich, dass er dies nur unter sehr begrenzten Voraussetzungen akzeptieren würde

- im Fall eines nicht durch ein Gesetz gedeckten Angriffs auf die irische Nationalbewegung durch die Polizei oder das Militär;
- im Fall der Einführung einer allgemeinen Wehrpflicht in Irland, was angesichts der außenpolitisch schwierigen Situation vor allem seit der zwei Marokkokrisen 1904 und 1911 und des zweiten Balkankriegs 1913 durchaus diskutiert wurde.[142]

Noch schien es wahrscheinlich, dass die Home Rule von 1912 mit Ratifizierung durch den König 1914 in Kraft treten würde. Doch es zeichnete sich ab, dass die britischen Kräfte in Irland wenig unternehmen würden, die Home Rule auch gegen den Widerstand der Protestanten durchzusetzen. Führend hierbei war der Orange Order, doch wurde rasch deutlich, dass auch ein großer Teil der britischen Armee bis hinauf ins Oberkommando auf Seiten der Protestanten stand. So kam es 1914 zu einer indirekten Meuterei britischer Offiziere, als die Truppen des damals wichtigsten Truppenstützpunkts in Irland, Curragh, auf eine Verlegung nach Ulster vorbereitet werden sollten. Ihre Aufgabe sollte sein, britische Waffendepots bei Inkrafttreten der Home Rule gegen eine Plünderung durch die Ulster Volunteers zu schützen. Der Kommandeur des Stützpunkts, Arthur Paget, stellte es allen Offizieren frei, ihr Kommando abzugeben, was 57 von 70 Offizieren annahmen. Daraufhin zog die britische Regierung den Marschbefehl zurück, was seitens der UVF natürlich als Ermutigung verstanden wurde. Dies setzte sich fort, als die UVF im Folgemonat aus Deutschland mit wenig

---

[142] Lyons: Ireland, S. 341.

Geheimhaltung fast 25.000 Gewehre und 5 Mio. Schuss Munition importierte. Der Erfolg dieses nach dem Importhafen bezeichneten „Larne Gun Run" bestärkte die UVF, aber auch die irischen Nationalisten in ihrem Eindruck, dass Polizei und Militär auf Seiten der UVF standen, und erhöhte entsprechend den Zulauf zu den Irish Volunteers, die aber nach wie vor deutlich kleiner und vor allem viel schlechter bewaffnet waren als die UVF. Das verstärkte sich noch, als nun die Volunteers einen - erheblich kleineren – Waffenschmuggel versuchten. Es kam zu einer sehr aggressiven Verfolgung durch die Polizei, sodass die Volunteers am Ende ein paar Dutzend Gewehre und ein paar hundert Schuss Munition mit vier Toten und 38 Verwundeten erkauft hatten.[143] Immerhin aber sorgte die britische Haltung für ein starkes Wachstum der Irish Volunteers, die zuletzt etwa 150.000 Mitglieder aufwiesen, aber auch weiterhin nur über eine vergleichsweise lose Organisation und allenfalls rudimentäre Bewaffnung verfügten.

Mit Beginn des Ersten Weltkriegs wurde die Umsetzung der Home Rule auf unbestimmte Zeit verschoben. Ein großer Teil der UVF war Teil der britischen Armee und hatte katastrophale Verluste bei Gallipoli, an der Somme und zuletzt in der Michaelsschlacht von 1918 erlebt. Die Irish Volunteers hingegen zerbrachen über der Frage, wie weit man die britischen Kriegsanstrengungen unterstützen sollte. Eine Mehrheit, die der Irish Parliamentary Party unter John Redmond nahestand, trat in die National Volunteers ein, während eine Minderheit aus weniger als 10.000 Mitgliedern bei den Irish Volunteers verblieb. Doch während das britische Oberkommando bereitwillig die UVF rekrutierte, wurde nur etwa ein Fünftel der National Volunteers in die Armee übernommen. Man hielt diese Einheiten anders als die UVF für schlecht ausgebildet und kaum integrierbar, und man fürchtete auch,

---

143 Townshend: Easter 1916, S. 54-57.

hier letztlich allenfalls eine irische Unabhängigkeitsarmee auszubilden.[144]

Der verbliebene Rest der Volunteers wurde zunehmend von den Radikalen der IRB bestimmt, wobei auch ein zweiter Konflikt innerhalb der Unabhängigkeitsbewegung deutlich wurde. So waren insbesondere Teile der IRB, aber auch der Volunteers marxistisch und sozialrevolutionär orientiert und machten wenig Hehl daraus, dass man nach dem Erreichen der Unabhängigkeit Irlands sich auch gegen die bourgeoisen Kreise innerhalb der Unabhängigkeitsbewegung würde wenden müssen, anschließend wohl auch gegen die katholische Kirche. Doch zunächst propagierte die IRB gegen die Skeptiker aus den Reihen der Volunteers einen allgemeinen Volksaufstand gegen die Briten. Die Gelegenheit hierfür sei nie besser gewesen, zumal man, so argumentierte die IRB, jetzt auch auf deutsche Unterstützung hoffen könne.

Im September 1914 bildete sich innerhalb der verbliebenen Volunteers ein geschlossener Planungskreis für einen bewaffneten Aufstand, der noch während des Kriegs zwischen Großbritannien und dem Deutschen Reich ausgelöst werden sollte. Dieser Kreis agierte ohne Wissen MacNeills unter Führung von Mitgliedern des IRB, allen voran Patrick Pearse, einem Lehrer, dem jegliche militärische Vorbildung fehlte, der aber trotzdem Operationschef der Volunteers geworden war. Vor allem war es Pearse, der einer rein kalkulatorischen Berechnung von Siegeschancen eine Absage erteilte, weil nach seiner Meinung Fanatismus und Glaube an die eigene Unbesiegbarkeit auch eine deutliche zahlenmäßige Unterlegenheit ausgleichen könnten.[145]

---

[144] Bowman: Irish Regiments, S. 62.

[145] Moran: Patrick Pearse, S. 628. Etwas apologetischer vor allem O'Donnell: Patrick Pearse, S. 168-173. Hier wird vor allem auf ähnliche Ideen in zahlreichen Armeen dieser Zeit hingewiesen, wo

Um deutsche Unterstützung zu finden, kam es zu Treffen mit dem deutschen Botschafter in den USA, Johann Heinrich von Bernstorff. Dabei setzte die IRB aber auf den falschen Partner, denn Bernstorff war ein erklärter Gegner der deutschen Heeresleitung und der alldeutschen Kräften im Reichstag und kämpfte für einen Versöhnungsfrieden, den zu vermitteln er den US-amerikanischen Präsidenten Woodrow Wilson überzeugen wollte. Entsprechend unbeliebt waren seine Ideen beim deutschen Militär.[146]

Letztlich wurde lediglich die Lieferung von Waffen und Munition zur Unterstützung eines Aufstands vereinbart. Außerdem erhielten die Volunteers das Recht, unter den britischen Kriegsgefangenen auf Reichsgebiet Freiwillige für eine irische Brigade zu rekrutieren. Zunächst reiste der Leiter der Clan naGael nach Deutschland, traf aber weder wie erhofft den Kaiser noch Mitglieder der Obersten Heeresleitung, sondern lediglich den kaltgestellten ehemaligen Kanzler Bernhard von Bülow und den deutschen Botschafter in Rom, Carl von Flotow, da man sich von den Iren Einfluss auf den Papst und über diesen auf die katholischen Italiener erhoffte. Als dann später der renommierte Menschenrechtsaktivist Roger David Casement nach Deutschland reiste, traf er in Limburg/Lahn im dortigen Gefangenenlager auf etwa 2.000 Iren, die aber in ihrer großen Mehrheit der UVF angehörten. Casement konnte lediglich 52 Freiwillige rekrutieren, ehe er sich unter Lebensgefahr vor den Angriffen der Kriegsgefangenen retten musste.[147]

Fanatismus und Kampfesrausch Erfahrung, Ausrüstung und zahlenmäßige Überlegenheiten ausgleichen sollten. Zur Genese dieser Vorstellung Stang: Ritter, S. 37-38.

[146] Doerries: Tätigkeit, S. 131-137.

[147] Mitchell: Strange Chapter, S. 13.

MacNeill und die Führung der Volunteers hatten den Versprechungen einer deutschen Unterstützung zunächst Glauben geschenkt und zögernd der Idee eines Aufstands zu Ostern 1916 zugestimmt. Dies änderte sich jedoch unmittelbar vor dem geplanten Beginn. Am Karfreitag hätten die deutschen Waffenlieferungen eintreffen sollen. Die Idee, dann in zwei Tagen die Waffen zu verteilen und eine damit kaum geübte Truppe gegen die erfahrenen britischen Armee-Einheiten in den Kampf zu schicken, mutete ohnehin eher grotesk an. Die erhofften Waffenlieferungen aus Deutschland gelangten jedoch gar nicht nach Irland, da die Royal Navy das Schmugglerschiff, die als norwegisches Handelsschiff getarnte *Libau*, abfing, woraufhin der Kapitän das Schiff versenkte, damit die Waffen wenigstens nicht den Briten in die Hände fielen.[148]

MacNeill versuchte jetzt, das drohende Desaster noch zu verhindern, indem er eine Order an alle Volunteers verbreiten ließ, dass jegliche für den Ostersonntag geplante Aktion abgesagt sei. Daher beschlossen die Radikalen der IRB, die Volunteers quasi gegen deren Willen in eine Situation manövrieren, wo ein bewaffneter Aufstand sich nicht mehr vermeiden ließ. Sie erwarteten, dass unter solchen Vorzeichen sich dann die über 100.000 Mitglieder der National Volunteers ihnen doch wieder anschließen und für die irische Sache kämpfen würden. Sie waren jetzt bereit, dafür den Märtyrertod zu erleiden. Sie wollten dabei möglichst viele Opfer auf britischer Seite, aber auch in der irischen Zivilbevölkerung erreichen, sodass eine weitere Eskalation unausweichlich werden würde.

---

[148] Die *Libau* war eigentlich eine gute Wahl gewesen, da in England als *Castro* gebaut und erst umgetauft, als sie zu Beginn des Krieges im Kaiser-Wilhelms-Kanal erbeutet wurde. Detailliert zu den Gründen des Fehlschlags O'Donoghue: Failure, passim.

Zwar rieten die führenden Militärtaktiker der Volunteers, vor allem John MacBride und Michael Joseph O'Rahilly, der die Kampfausbildung der Volunteers verantwortete, entschieden ab, die Pläne weiter zu verfolgen. Doch wurden die für Sonntag vorgesehenen Aktionen lediglich auf Montag verschoben und nur in Details verändert.

Wegen MacNeills Order nahm nur ein Bruchteil der erwarteten Kämpfer an diesem Aufstand teil. Lediglich knapp 1.000 Volunteers und knapp 200 Kämpfer der ICA unter Führung von James Connolly fanden sich zunächst ein, auch wenn im Laufe des Tages noch einige hundert hinzukamen, die sich vielleicht von erster Euphorie oder von nationalem Pflichtgefühl dann doch noch hatten mitreißen lassen.

In diesem Aufstand manifestierte sich die von Pearse propagierte Absage an Vernunft und militärisches Kalkül überdeutlich, was aus diesem bis heute tragenden Nationalmythos der irischen Identität eigentlich eine blutige Farce machte.[149] Denn zu keinem Zeitpunkt besaßen die Rebellen auch nur die Spur einer Erfolgschance. Ihnen fehlte jeder Rückhalt in wesentlichen Teilen der lokalen Bevölkerung, und zahlenmäßig waren sie ohnehin massiv unterlegen. Auch ihre Ausrüstung war nach dem Ausbleiben der von Deutschland erhofften Waffen eine bunte Mischung von mehr oder weniger veralteter Leichtbewaffnung, vorwiegend alte Gewehre und Schrotflinten, verstärkt um wenige Handgranaten. Es fehlten moderne Infanteriewaffen, wie sie aktuell das Geschehen auf den kontinentalen Schlachtfeldern bestimmten, und erst recht fehlte jede Art schwerer Bewaffnung, Sprengmittel oder gar Feldartillerie. Die Uniformen bestanden oft nur aus gelben Armbändern, aber auch Männer in der uniformierten Kleidung der Volunteers oder der ICA verfügten nur hier und da über Helme oder kampftaugliche Stiefel. Vor allem aber hatten diese Einheiten nur in seltenen

---

[149] Buckley: Irish Easter Rising, S. 49.

Fällen jemals zusammen trainiert. Auch die Kommandostruktur, die dem ganzen zugrunde lag, wurde erst an diesem Osterwochenende definiert. Den Kommandeuren fehlten mehrheitlich jedwede militärische Ausbildung, erst recht jede Ausbildung zum Kommandeur von Kampfverbänden. Auch Connolly war zwar knapp sieben Jahre Soldat gewesen, hatte es aber nie zu einem Offiziersrang gebracht, eh er 1889 desertierte, um nicht mit seinem Regiment nach Indien verlegt zu werden.[150]

Mindestens den Kommandeuren muss bei aller militärischen Unkenntnis vollkommen klar gewesen sein, dass nichts anders als ein Debakel das Ergebnis des Aufstands sein würde, sofern nicht Pearse mit seiner mystischen Idee eines kontrafaktischen, vernunftfernen Siegens Recht behalten sollte. Sie waren aber offensichtlich frei von allen Skrupeln, nicht nur selbst in den Tod zu gehen, sondern auch die ihnen vertrauenden Männer und Frauen und auch Teile der Zivilbevölkerung in Dublin einem solchen Schicksal auszusetzen.

Letztlich war auch die unmittelbare operative Umsetzung des Aufstands laienhaft. Die Angriffsziele für die Hauptaktion in Dublin wurden überhaupt erst am Sonntag festgelegt – viel zu spät für eine solide Planung und logistische Absicherung. Hauptziel war, das Zentrum von Dublin zu erobern und so eine nationale Erhebung auszulösen. Zudem versäumten die wenigen Aufständischen, die taktischen Schlüsselpunkte in Dublin zu einzunehmen. In einigen Fällen scheiterte dies ohne Eingreifen von Polizei und Militär schon am Widerstand der britischen oder der unionistischen Kräfte. So verhinderten ein paar Dutzend unionistische Studenten die Einnahme des Trinity College, dessen zentrale Position im Kern der City ihm eigentlich eine wichtige

---

[150] Collins: James Connolly, S. 21.

Rolle gegeben hätte.[151] Ebenso gelang es trotz schwacher Verteidigungskräfte nicht, Dublin Castle einzunehmen. Auch das Telefon- und Telegrafenbüro blieb in der Hand der Regierungstruppen, was zeigt, wie wenig die Anführer des Aufstands begriffen hatten von der Bedeutung der Kommunikation in modernen Kriegen. Nicht nur führten die Briten auf diese Art rasch Unterstützung heran, sie bestimmten auch von Beginn an das Bild des Aufstands in der britischen und internationalen Öffentlichkeit. Das wurde zusätzlich dadurch erleichtert, dass die Rebellen mehrere unbewaffnete Polizisten erschossen. Daraufhin zog der Polizeichef seine Kräfte aus dem Straßeneinsatz ab. Die Folge waren schon am Ostermontag Plünderungen in zahlreichen Geschäften in Dublin, auch außerhalb der City, auf die sich die Kämpfe konzentrierten.

Auch die Knotenpunkte der Logistik blieben in britischer Hand bzw. wurden gar nicht erst angegriffen. Das galt sowohl für die beiden Bahnhöfe und zugehörigen Schienennetze als auch für die Häfen und Kaianlagen entlang der Liffey, sodass ein britisches Kanonenboot von dort problemlos Stellungen der Volunteers links und rechts des Flusses beschießen konnte. Vor allem aber brachte das Oberkommando in die inzwischen unter Kriegsrecht stehende Stadt ca. 16.000 Mann aus Curragh und aus Belfast, ausgerüstet mit Feldartillerie und Maschinengewehren. Und sie improvisierten aus Eisenbahnwaggons Panzerfahrzeuge, gegen die mit den Waffen der Rebellen faktisch nichts auszurichten war.

Am Dienstag okkupierten mit MGs ausgerüstete britische Truppen taktisch wichtige Positionen in den oberen Stockwerken zweiter Hotels. Die Rebellen kämpften mit dem Mut der Verzweiflung, und es kam ihnen zugute, was sich knapp dreißig Jahre später in Stalingrad,

---

[151] Townshend: Easter 1916, S. 163-164.

in Warschau oder Berlin zeigen sollte: Im Häuserkampf gegen eine ortskundige Truppe vorzustoßen war auch bei starker Überlegenheit an Männern und Waffen ein verlustreiches Unterfangen – auch wenn das Ergebnis in der Regel von vornherein feststand. Die Kämpfe dauerten bis zum Samstag; erst dann kam es zu einer bedingungslosen Kapitulation der Rebellen unter Patrick Pearse, den man inzwischen zum Präsidenten einer irischen Republik ausgerufen hatte.

In den folgenden Tagen strebte das britische Militär eine drastische Niederschlagung aller weiteren Aufstandsideen an. Treibende Kraft war der erst an Karfreitag in Irland eingetroffene neue Militärkommandeur für Irland, Gen. John Grenfell Maxwell. Er fußte nicht nur auf dem für Stadt und County Dublin verhängten Kriegsrecht, sondern vor allem auf der ersten Anwendung des Defense of the Realm Act von 1914.[152] Zum Schutz von Transport- und Nachrichtenverbindungen war es dadurch erlaubt, auch Zivilisten nach Militärrecht zu behandeln und wesentliche Teile des britischen Rechtswesens außer Kraft zu setzen.

Beginnend am 02. Mai 1916 verurteilten Militärgerichte im Schnellverfahren zahlreiche Führer des Aufstands zum Tod, darunter auch Patrick Pearse, der bereits am 03. Mai hingerichtet wurde. Der Premierminister, Herbert Asquith, rechtfertigte die Schnellgerichte zunächst noch im Unterhaus, unterstützt auch von den irischen Abgeordneten. Aber als weitere Nachrichten aus Dublin eintrafen, warnten ihn nicht nur die irischen Nationalisten, sondern auch die protestantischen Kräfte aus Ulster, dass eine Fortsetzung der rechtswidrigen Verfolgung der Rebellen die Basis eines erneuten Aufstands legen werde. Asquith

---

[152] Online-Faksimile der Erstausgabe (=MUN 5/19/221/8 (Nov 1914)) unter www.nationalarchives.gov.uk/pathways/firstworldwar/first_world_war/p_defence.htm.

verlangte danach von Maxwell eine etwas mildere Vorgehensweise, was vor allem ein Ende der Exekutionen Mitte Mai 1916 nach sich zog. Jetzt beschränkten sich die Urteile auf Haftstrafen, allerdings in vielen Fällen in Verbindung mit Zwangsarbeit, was der Defense of the Realm Act als Option eingeräumt hatte.

6.9.   Die zweite Phase der Gewalt

Gemessen an den zeitgleich laufenden Blutbädern auf den Schlachtfeldern Europas war der Osteraufstand eine Nebensächlichkeit. Die Briten hatten 143 Tote, die Rebellen 66 sowie weitere 16, die anschließend hingerichtet wurden.[153] Etwa 260 Zivilisten waren getötet worden, wahrscheinlich mehrere tausend verwundet. Zum Vergleich: Im Januar hatte die britischen Führung den Angriff auf Gallipoli nach knapp elf Monaten Belagerung als gescheitert abbrechen müssen. Hier hatte Großbritannien fast 32.000 Tote verzeichnet, insgesamt aber einschließlich Schwerkranken, Verwundeten und Gefangenen von 345.000 Mann fast 200.000 verloren. Und in der letztlich ergebnislosen Schlacht an der Somme, die zwei Monate später begann und im November 1916 endete, verlor allein die britische Seite über 150.000 Tote und Vermisste, darunter etwa die Hälfte der aus der UVF rekrutierten 36th Ulster Division.

Der Symbolcharakter des Aufstands war deutlich größer. Während des Aufstands war seitens der Bevölkerung von Dublin den Rebellen teilweise heftiger Widerstand entgegengesetzt worden, vor allem, als Anwohner gerade erst errichtete Barrikaden wieder niederrissen oder Polizei und Militär mit Informationen versorgten. Als die Gefangenen am

---

[153] Die Opferzahlen sind strittig. Einige Quellen vermuten bis zu 500 Tote auf britischer Seite, und etwa 1.000 tote Iren, wobei allerdings nicht zwischen Kombattanten und Zivilisten unterschieden wird; vgl. z.B. Bateson: Dead, S. 211-212.

Sonntag nach Ostern zu Fuß in ein anderes Gefängnis verlegt wurden, mussten sie sich Verwünschungen und Spott der Bevölkerung anhören, vereinzelt wurden auch Steine nach ihnen geworfen. Man sah in ihnen bestenfalls weltfremde Spinner, die in ihrer Arroganz den gerade auf dem Kontinent kämpfenden irischen Soldaten in den Rücken fielen und die bereits verabschiedete, aber wegen des Kriegs noch nicht in Kraft getretene Home Rule gefährdeten.

Doch in der Folgezeit wandelte sich das Bild in Teilen der irischen Bevölkerung. Zunächst führten die Schnellgerichte gegen die Anführer des Aufstands zu landesweiten Protesten. Man hatte hier nicht nur die übliche Rechtspraxis außer Kraft gesetzt, sondern auch wesentliche Regeln des Defence of the Realm Acts bzw. des Militärrechts nicht befolgt. Diese verlangten ein Gericht aus dreizehn Offizieren unter Leitung eines hauptberuflichen Richters und die Heranziehung eines akkreditierten Anwalts für den Angeklagten sowie eine öffentliche Verhandlung. Die Hinrichtung von Kranken und Verwundeten war nicht gestattet. James Connolly hatte man aufgrund seiner schweren Verwundungen aber sogar auf dem Stuhl festbinden müssen, auf dem er dann erschossen wurde.[154]

Dass Asquith diese Praxis Ende Mai stoppte, wurde zwar wahrgenommen, kam aber zu spät, um den Wandel des Meinungsbilds noch nennenswert zu beeinflussen, zumal die als unverhältnismäßig und willkürlich empfundenen Maßnahmen damit nicht zu Ende waren. Unmut erregte z.B., dass in der Folgezeit etwa 3.000 Gefangene, darunter auch etliche irische Nationalisten ohne nachweisbare Verwicklung in den Aufstand, in walisische Gefangenenlager verbracht wurden, die sie übrigens erst nach dem Ende des Ersten Weltkriegs verlassen konnten. Aber wichtiger noch waren Meldungen über

---

[154] Nevin: James Connolly, S. 721.

Kriegsverbrechen der britischen Truppen, die sie während, aber auch noch nach der Niederschlagung des Aufstands begangen hatten. Dies betraf insbesondere die – von der Anzahl der Opfer gesehen fast belanglosen – Erschießungen von Zivilisten im Rahmen der „Portobello Killings" und des „North King Street Massacre". Entscheidend war auch hier die unbefriedigende britische Reaktion. Der Anführer einer Gruppe plündernder britischer Soldaten, Cpt. John C. Bowen-Colthurst, wurde für die Erschießung eines bekannten irischen Pazifisten und zweier Journalisten in der Portobello-Kaserne zwar vor Gericht gestellt, aber mangels Zurechnungsfähigkeit lediglich für knapp zwei Jahre in ein Sanatorium überwiesen. Die Ermordung von 15 Zivilisten in der North King Street blieb hingegen gänzlich ungesühnt. Zwar kam eine Untersuchung zu dem Ergebnis, dass hier durch Soldaten des South Staffordshire Regiment eindeutig ein Kriegsverbrechen begangen worden sei. Es bestünde aber keine Möglichkeit, einzelne Soldaten den Taten zuzuordnen, sodass eine Strafzuweisung nicht möglich sei.[155]

Die Verhaftungen und Verurteilungen gingen aber unverändert weiter. Als dann 1917 etliche irische politische Gefangenen in einen Hungerstreik traten, wurden sie zwangsernährt, was erneut Abscheu in der Öffentlichkeit erzeugte, zumal derlei Praktiken eigentlich seit 1913 verboten waren.[156] Ein Gefangener, Thomas Ashe, starb kurz nach der Zwangsernährung am 25.09.1917. Ein Untersuchungsbericht des behandelnden Krankenhauses wies die alleinige Schuld den brutalen Methoden des Wachpersonals zu, was aus Ashe einen weiteren

---

[155] Coogan: 1916, S. 151-155.
[156] Flynn: Pawns, S. 86-88.

landesweiten Märtyrer machte, zu dessen Beerdigung über 30.000 bewaffnete Anhänger der Sinn Féin durch Dublin marschierten.[157]

Es war insgesamt also nicht der Osteraufstand selbst, sondern die einmal mehr drakonische britische Reaktion hierauf, was das Jahr 1916 faktisch zum Geburtsjahr der irischen Unabhängigkeit machte. Irland einte sich nicht, wie MacNeill gehofft hatte, durch die Idee einer starken, unabhängigen irischen Nation, noch, wie Connolly vielleicht erwartete, unter der Fahne einer antikapitalistischen Erhebung. Sondern die Nation einte sich, wenn überhaupt, in ihrer Abscheu angesichts des britischen Vorgehens, zumal man zeitgleich wusste, wie skrupellos die eigenen Soldaten, die auf dem Kontinent kämpften, von der britischen Führung bei Gallipoli oder ein Vierteljahr nach dem Aufstand an der Somme verheizt wurden. Anders als in der historischen Rückschau standen dabei Inkompetenz und Rückständigkeit zahlreicher Offiziere der britischen Armee nicht im Vordergrund.[158] Stattdessen mutmaßten viele Kommentatoren, hier sollten gezielt irische Soldaten zur Schlachtbank geführt werden, um Irlands Widerstandskraft in der Zeit nach dem Krieg entscheidend zu schwächen. Und tatsächlich wurden, insbesondere in der Dritten Flandernschlacht ab dem Sommer 1917, bevorzugt irische Soldaten beider Konfessionen in „Trench Raids" eingesetzt, also verlustreichen Sturmangriffen kleiner Einheiten auf deutsche Grabenstellungen. Hier spielte auch das – wohl nur in geringem Umfang zutreffende – Bild

---

[157] O'Connor: Michael Collins, S. 124.

[158] Der heute verbreitete Topos „Lions led by Donkeys" wurde bereits seit dem Krimkrieg immer wieder verwendet, um die Inkompetenz des britischen Offizierskorps anzukreiden. Er wurde aber erst in den 1960er Jahren zur dominierenden Erklärung der Ereignisse vor allem bei Gallipoli und an der Somme; vgl. Clark: Donkeys, S. 9.

eine Rolle, dass man nur so die angeblich geringe Disziplin in den irischen Einheiten festigen könne.[159]

Inzwischen aber entstand auch noch aus anderer Richtung Druck zu einer Revision der britischen Irlandpolitik. In den USA gehörten die irischen Einwanderer und ihre Nachfahren in erheblichem Umfang zu den Stammwählern der Demokraten. Auch aufgrund entsprechend aufgemachter Zeitungsberichte war hier das Bild des Osteraufstands und vor allem seiner Niederschlagung noch stärker mit realitätsfernen Mythen überladen als in Irland. Jugendliche, strahlende Helden standen demnach einem blutrünstigen Regime gegenüber, gegen das sie einen vielleicht aussichtslosen, aber nicht minder heroischen Aufstand gewagt hatten. Zweitausend Helden, die eine ganze Stadt eine Woche lang gegen die geballte Militärmacht des britischen Empire verteidigt hatten, zweifellos ein Stoff für Heldenepen und Hollywood. Woodrow Wilson konnte das nicht ignorieren, und so verwendete er sich bei David Lloyd George, der im Dezember 1916 Asquith als Premierminister abgelöst hatte, nachdrücklich für eine Umsetzung der Home Rule. Zwar waren die USA noch nicht in den Krieg eingetreten. Großbritannien wäre aber ohne die US-amerikanischen Exporte und vor allem ohne die gigantischen Kredite, welche diese Exporte finanzierten, in äußerste Schwierigkeiten geraten. Und natürlich nahm der Druck noch einmal zu, als 1917 die USA Deutschland den Krieg erklärt hatten.

Lloyd George hatte 1916 als Minister im Kabinett Asquith Verhandlungen in Dublin unternommen, um eine von Protestanten wie Katholiken getragene Lösung zu finden. Die Idee war, die protestantischen Countys Antrim, Armagh, Down, Fermanagh, Londonderry und Tyrone von einer Umsetzung der Home Rule auszunehmen. Das wäre der

---

[159] Grundlegend hierzu Haslhofer: Kampfmoral, S. 61-64.

Beginn einer irischen Spaltung gewesen. Zudem ignorierte der Vorschlag die Interessen einer großen Zahl von Katholiken in diesen Countys, aber auch der Protestanten im übrigen Irland, die fast durchweg Unionisten waren.

John Redmond, Führer der Irish Parliamentary Party, stimmte dieser Regelung dennoch zu, ebenso der Führer der irischen Protestanten im Unterhaus, Edward Carson. Dann aber wurde bekannt, dass Lloyd George Carson schriftlich zugesagt hatte, dass dies eine dauerhafte Regelung sein werde, nicht, wie Redmond angenommen und öffentlich vertreten hatte, nur eine Übergangsregelung.[160] Damit scheiterte der Kompromiss. Aber vor allem waren Redmond und seine Partei in der irischen Öffentlichkeit unglaubwürdig geworden.

Im Juni 1917 setzte Lloyd George, jetzt als Premierminister, die Irish Convention in Dublin ein, um eine Umsetzung der Home Rule für Irland zu erarbeiten.[161] Angesichts ihrer jüngsten Wahlerfolge wurden auch Vertreter der Sinn Féin hierfür benannt. Sie verweigerten aber ihre Teilnahme, da sie der Prämisse, eine Home Rule für Irland innerhalb der britischen Herrschaft zu erarbeiten, nicht zustimmen wollten. Beteiligt waren dadurch seitens der Nationalisten nur die bisherigen Führer der Irish Parliamentary Party unter John Redmond.[162]

Die Irish Convention erarbeitete in langwierigen Verhandlungen eine Umsetzung der Home Rule, welche im April 1918 dem Kabinett übermittelt wurde. John Redmond war inzwischen verstorben, sein Nachfolger als Führer der Irish Parliamentary Party stand der Sinn Féin deutlich näher. Der erarbeitete Vorschlag hätte vielleicht sogar eine

---

160 Maume: Long Gestation, S. 182–183.
161 Hennessey: Dividing Ireland, S. 134-141. Zur US-amerikanischen Wahrnehmung Geiser: Irish Convention, S. 292-296.
162 Beckett: Making, S. 499.

friedliche Lösung für Irland bedeuten können. Aber Lloyd George machte einen weiteren schweren Fehler, der auf Dauer die Idee einer Home Rule unmöglich machte: 1918 beschloss die Krone, in Irland eine Allgemeine Wehrpflicht einzuführen, wie sie im übrigen Großbritannien bereits seit Anfang 1916 in Kraft war. Dies war eine Reaktion auf die dramatische Entwicklung in Flandern. Deutschland hatte hier noch einmal alle Kräfte gebündelt, um im Rahmen der Operation Michael die Entente zu einem Frieden zu zwingen. Möglich war dies, weil Anfang 1918 die Ostfront durch die Friedensschlüsse mit der Ukraine, mit Sowjetrussland und mit Rumänien annähernd befriedet war und daher große Truppenkontingente von dort nach Westen verlagert werden konnten. In wenigen Wochen starben allein auf britischer Seite noch einmal etwa 250.000 Soldaten, die dringend ersetzt werden mussten.[153]

Lloyd George verband jetzt Home Rule und Wehrpflicht.[164] Damit stieß er sowohl die Katholiken vor den Kopf, weil eine bereits vom König unterzeichnete Setzung auf einmal an ganz neue Bedingungen geknüpft wurde. Er zog sich damit aber auch den Unmut der Protestanten zu, sodass letztlich der Versuch, eine Wehrpflicht einzuführen, komplett scheiterte. Stattdessen kam es – zumeist mit offener Unterstützung der katholischen Bischöfe – zu zahlreichen Protestmaßnahmen gegen die Wehrpflicht. Fast genau zwei Jahre nach dem Osteraufstand, am 23.04.1918, begann ein Generalstreik, der außer in den protestantischen Countys im Nordosten von einer breiten Mehrheit getragen wurde – trotz massiver Drohungen der Krone.[165] Dies verdeutlichte, wie sehr das Stimmungsbild in der Bevölkerung sich in diesen

---

[163] Greenhalgh: David Lloyd George, S. 397–421.
[164] Ward Lloyd, S. 126-128; O'Day: Irish Home Rule, S. 285.
[165] Cahill: Forgotten Revolution, S. 11.

zwei Jahren gewandelt hatte. Also ließ der Lord Lieutenant of Ireland, John French, kurzerhand die Sinn Féin verbieten und ihre gesamte Führung unter der abstrusen Anklage einer Verschwörung mit dem Deutschen Reich verhaften. Zuvor hatte er Lloyd George versichert, die Einführung der Wehrpflicht werde zwar für etwas Unmut sorgen, aber andererseits Irland auch von zahllosen „überflüssigen und untätigen jungen Männern" befreien, was nichts anderes ausdrückte als eine Malthusianische Euphorie angesichts des Massensterbens auf den aktuellen Schlachtfeldern – als hätte sich seit der Hungerkatastrophe von 1845 nichts geändert.[166]

Inzwischen aber war das Kriegsende absehbar. Mit Beginn der Hundred Days Offensive hatte die Entente, jetzt endlich unter einem gemeinsamen Oberkommando, zum Gegenschlag angesetzt, nachdem die Operation Michael und ihre Folge-Operationen stecken geblieben waren. Die Deutschen wurden großflächig zurückgedrängt, ihre Rückhaltstellung, die Hindenburglinie, an diversen Stellen durchbrochen, sodass ein Zusammenbruch der gesamten Front absehbar war. Vor allem aber wurde den Alliierten die inzwischen sehr schlechte Moral der gegnerischen Soldaten deutlich. Unterernährt, von der beginnenden Grippe-Pandemie unvorbereitet getroffen, mit minderwertigem Nachschub versorgt, waren diese Deutschen, Österreicher, Ungarn in die Frühjahrsoffensive mit dem Versprechen getrieben worden, diese werde den Krieg siegreich beenden. Nach deren Scheitern war den Soldaten klar, dass sie jetzt auf verlorenem Posten kämpften.[167]

Die hier gewonnenen Eindrücke veranlassten die britische Führung, das ursprünglich erst für Ende 1919 erwartete Kriegsende noch bis Ende 1918 für machbar zu halten. Als es dann im November 1918 zur

---

[166]   Holmes: Little Field Marshal, S. 326.
[167]   Keegan: First World War, S. 286.

Revolution in Deutschland kam, war klar, dass es im gesamten Empire eine Rückkehr zur Zivilgesellschaft geben würde. Hierfür war aber eine Lösung der irischen Frage unabdingbar. Und zwischen 1916 und 1918 hatte die britische Politik die Bereitschaft der katholischen Bevölkerung in Irland, sich mit einer britischen Herrschaft – und sei es auch im Rahmen einer Home Rule – abzufinden, weitgehend verspielt. Zudem kam es in London gegen Ende des Krieges zu einer erneuten Diskussion um das Wahlrecht. Hierbei ging es sowohl um die Einführung eines Frauenwahlrechts als auch darum, dass Millionen Soldaten aufgrund der bisherigen Beschränkung auf Besitzbürger kein Wahlrecht besaßen. Auch angesichts des erheblichen Beitrags von Frauen in der Rüstungsindustrie und von Männern ohne Wahlrecht an allen Fronten war dies nicht mehr zeitgemäß.[168] Daher verabschiedeten beide Häuser im Sommer 1917 den „Representation of the People Act". Durch diesen erhielten alle Männer über 21 das Wahlrecht. Frauen erhielten Wahlrecht, wenn sie über 30 waren und Land oder eine sonstige Einrichtung mit einem Wert von wenigstens 5 £ oder ein Wohnhaus besaßen oder mit einem entsprechendes Eigentum aufweisenden Mann verheiratet waren. Auch Frauen, die dem Lehrkörper einer Universität angehörten, waren jetzt wahlberechtigt.

Es ist strittig, ob es der Beitrag der Frauen in der britischen Rüstungswirtschaft war, der den Sinneswandel im Unterhaus zu einem Frauenwahlrecht bewegte. Viel wahrscheinlicher ist, dass man – auch unter dem Eindruck der Revolution in Russland – ein zu großes Gewicht der Stimmen aus der Arbeiterschaft vermeiden wollte. Daher wurden jetzt auch Frauen zugelassen, aber nur, wenn sie wenigstens einigermaßen zu den wohlhabenderen und bürgerlichen Kreise gerechnet werden konnten. Durch die Beschränkung des Wahlrechts auf Frauen

---

[168] Hume: National Union, S. 281

ab 30 wurde gleichzeitig verhindert, dass es angesichts von ca. 750.000 gefallener Männer zu einem deutlichen Übergewicht der Frauen bei der Wahl kam. [169]

Die erste Wahl auf Basis der neuen Regelungen fand erst am 14.12.1918 statt, da für die Dauer des Krieges alle Wahlen in Großbritannien ausgesetzt waren. In Irland erhöhte sich die Zahl der Wähler durch die Neuerungen um ca. 50%, wobei insbesondere die besitzlosen Männer mehrheitlich die Kandidaten der Sinn Féin wählten. In Irland erreichte diese dadurch einen erdrutschartigen Sieg. Die Irish Parliamentary Party brachte es nur noch auf sechs Sitze im Unterhaus, die protestantischen Unionists auf 26 Sitze. Aber 73 Sitze gingen an die Sinn Féin, wobei es in 25 Wahlkreisen nicht einmal einen Gegenkandidaten gegeben hatte.[170] Zudem gab es nur 69 Parlamentarier der Sinn Féin, da das Wahlrecht eine Kandidatur in mehreren Wahlkreisen zuließ und vier der renommiertesten Anführer der Partei gleich zwei Mandate gewonnen hatten. Zu diesen vier gehörte Éamon de Valera, der im Osteraufstand einer der Kommandeure gewesen war und – vor allem aufgrund seiner US-amerikanischen Staatsbürgerschaft – einer Hinrichtung gerade noch entgangen war.[171] Seit 1917 Anführer der Sinn Féin, war er etwa ein Jahr nach dem Aufstand durch eine Amnestie freigekommen, aber im Zuge der Verhaftungswelle im Mai 1918 erneut inhaftiert worden.[172]

Die Sinn Féin hatte ihre Pläne und Prinzipien für die Zeit nach der Wahl in einem nur unter der Hand kursierenden Manifest

---

169 Pugh: Politicians, S. 372; Hume: National Union, S. 281-283.
170 Beckett: Making, S. 502.
171 Coogan: De Valera, S. 71.
172 Bromage: Prisoner, S. 446-447.

formuliert.[173] Hier wurde deutlich, dass man von den gerade beginnenden Pariser Vorortgesprächen eine europäische Friedensordnung auf Grundlage eines „consent of the governed" erwartete, was auch das Kernelement der US-amerikanischen Unabhängigkeitserklärung gewesen war. Auf dieser Basis weigerten sich die Abgeordneten der Sinn Féin, nach London zu reisen, soweit sie nicht ohnehin wie de Valera noch im Gefängnis saßen. 27 Abgeordnete, die nicht inhaftiert waren, trafen sich am 21.01.1919 in Dublin. Auch die anderen irischen Parlamentarier waren eingeladen worden, hatten aber ihre Teilnahme abgelehnt. Zwei Abgeordnete der Sinn Féin, Michael Collins und Harry Boland, wurden als anwesend registriert, um zu tarnen, dass sie sich gerade in England befanden, wo sie eine gewaltsame Befreiung de Valeras vorbereiteten.[174]

Die Versammlung deklarierte vor einer großen Zahl von Unterstützern ihre Zusammenkunft als Dáil Éireann zum neu konstituierten Parlament vor Irland, was natürlich die übrigen gewählten Vertreter kurzerhand außer Acht ließ. Es fehlte dadurch von Beginn an eine hinreichende Legitimation, um als Stimme des irischen Volkes aufzutreten. Noch am 21.01.1919 erklärte dieses Parlament eine Unabhängigkeit Irlands. Die 1916 verkündete Unabhängigkeitserklärung wurde jetzt durch das Parlament ratifiziert. Vor allem aber wurde die britische Präsenz in Irland zur Invasion einer fremden Macht erklärt und entsprechend zur Vertreibung des britischen Militärs aus Irland

---

[173] Manifesto to the Irish People, https://digital.library.villanova.edu/Item/v udl:448847#?c=&m=&s=&cv=2&xywh=-2074%2C-248%2C6074%2C1928

[174] Tatsächlich entkam de Valera allerdings durch einen in mehreren Anläufen zurechtgefeilten Schlüssel aus einer unbeachteten Seitentür des Gefängnisses; Forester: Michael Collins, S. 134-135.

aufgefordert. Anders als im Manifest wurde zudem eine irische Unabhängigkeit als Voraussetzung, nicht als Teil einer europäischen Friedensordnung bezeichnet.

6.10. IRA, Auxies, Black and Tans: Die Eskalation Anfang 1919

Im Februar war de Valera zurück und wurde im April zum Vorsitzenden des Dáil gewählt. Er ging dann rasch in die USA, um Geld für die eigene Sache einzuwerben, aber auch politische Unterstützung zu finden.[175] Das gestaltete sich zwar fast als Triumphzug. Aber die erwartete Unterstützung aus dem Weißen Haus, gar die geforderte Rolle in den Pariser Friedensgesprächen, zeichnete sich nicht ab.

Auch andere Staaten sahen eine einseitige Unabhängigkeitserklärung einer Handvoll von Parlamentariern nicht als ausreichenden Grund für eine Anerkennung der neuen Republik. Selbst Staaten, auf die man in Dublin eine gewisse Hoffnung gesetzt hatte, also neben den USA vor allem Deutschland und die junge UdSSR, sahen sich nicht in der Lage, die irische Sache zu unterstützen.[176]

Die britische Seite betrachtete die Unabhängigkeitserklärung vom Januar 1919 als Polizeisache. Hätte man in der Unabhängigkeitserklärung eine militärisch zu beantwortende Kriegserklärung gesehen, hätte das eine Anerkennung einer irischen Unabhängigkeit de facto bedeutet. Zudem waren am Tag, an dem sich das Parlament in Dublin konstituierte, zwei Polizisten von Irish Volunteers in Soloheadbeg

---

[175] Coogan: De Valera, S. 121.

[176] Lenin und Trotzki waren durchaus Befürworter der irischen Unabhängigkeit und hielten den Osteraufstand für eine proletarische Revolte. Aber man strebte ein Handelsabkommen mit Großbritannien an, sodass es lediglich zu einer – Jahrzehnte anhaltenden – monetären Unterstützung der IRA kam; Wiel: Irish Factor, S. 231.

ermordet worden.[177] Dies geschah zwar unabhängig von den Vorgängen in Dublin, gab der britischen Polizei aber eine Handhabe, nicht nur die wenig später in Irish Republican Army umgetauften Volunteers zu verfolgen, sondern kurzerhand auch das Parlament zur kriminellen Organisation zu erklären und ins Gefängnis zu bringen.[178]

Zunächst aber blieb die Umsetzung der britischen Entscheidungen halbherzig, vor allem mit Rücksicht auf die öffentliche Meinung in den USA. Am 06.06.1919 hatte der Senat einstimmig die US-amerikanischen Vertreter in Paris aufgefordert, dafür zu sorgen, dass die irischen Vertreter ihre Sache dort vortragen konnten. Sie hatten auch die Forderung des irischen Volks nach einer eigenen Regierung unterstützt, sich aber nicht dazu verstanden, eine Unabhängigkeit Irlands zu fordern.

Es kam zu einer faktischen Parallelregierung in ganz Irland. Einige Countys, vor allem in Nordirland, wurden weiterhin eindeutig von der Krone beherrscht, andere von der Sinn Féin. Aber in etlichen Countys existierten beide auch nebeneinander.

Diese Situation führte zu wachsenden Auseinandersetzungen zwischen Sinn Féin und der IRA einerseits, den nordirischen Unionisten und der Irish Royal Constabulary auf der anderen Seite. Es kam zu Verhaftungen, aber diverse Vertreter der Sinn Fèin, darunter die Bürgermeister von Cork und Limerick, wurden auch bei zweifelhaften Polizeiaktionen erschossen.

Die Polizei organisierte ab dem Januar 1920 zwei schlecht ausgebildete, dafür extrem gewaltbereite paramilitärische Hilfstruppen, die Royal Irish Constabulary Special Reserve und die Auxiliary Division der Royal Irish Constabulary oder ADRIC, meist als Auxies bezeichnet.

---

[177]   Cillin: Cathal Brugha, S. 146.
[178]   Ambrose: Seán Tracy, S.90-91.

Insbesondere erstere Truppe erlangte unter dem Spitznamen „Black and Tans" traurige Berühmtheit.[179] Beide Einheiten operierten mit Duldung der britischen Behörden weitgehend eigenständig und versuchten, durch offenen Terror die irische Unabhängigkeitsbewegung zu brechen. So brannten sie im Sommer 1920 u.a. diverse Gebäude in Tuam nieder und ermordeten etliche Opfer in Städten und Dörfern der katholischen Countys.[180] Am 20.09.1920 wurden etwa fünfzig Wohnhäuser in Balbriggan niedergebrannt, mehrere Einwohner ermordet oder schwer verwundet, was erstmals im Unterhaus zu kritischen Fragen an die Regierung angesichts dieser Maßnahmen führte.[181] Am 11.12.1920 brannten dann Black and Tans, Auxies und reguläre Soldaten das gesamte Stadtzentrum von Cork nieder, insgesamt mehr als 300 Wohnhäuser und ca. 40 Geschäftsgebäude, wobei Feuerwehrleute zusammengeschlagen oder angeschossen wurden, wenn sie die Brände löschen wollten.[182]

Insgesamt haben Angehörige der Constabulary mit ihren Hilfstruppen, den Black and Tans und den Auxiliaries, vielfach aber auch gemeinsam mit regulären Truppen in den wenigen Jahren des irischen Unabhängigkeitskriegs wenigstens 38.000 Häuser ohne Gerichtsbeschluss durchsucht, viele davon geplündert und niedergebrannt und Hunderte von Personen verhaftet und ermordet. Eine weit größere Zahl wurde ohne Gerichtsurteil interniert. Viele vegetierten unter katastrophalen Bedingungen in Gefängnissen und Lagern. Dabei waren

---

[179] Die inoffizielle Hymne der IRA und der Sinn Féin, „Come out, ye Black and Tans" von Dominic Behan, bezieht sich auf diese Truppe; Hughes: Defying, S. 198.
[180] Reynolds: 46 Men Dead, S. 134-137.
[181] Coogan: Ireland, S. 83.
[182] Townsend: British Campaign, S. 246-247.

die Verhältnisse wahrscheinlich am schlimmsten auf dem Gefängnisschiff HMS *Argenta*, das bei Belfast vor Anker lag.[183]

Nach den Zerstörungen und Morden in Balbriggan lehnte das Unterhaus in London mit knapper Mehrheit eine Untersuchung dieser Vorgänge ab. Hingegen setzte der Senat in Washington eine solche Kommission ein.[184] Erst die Ereignisse in Cork zwangen auch das Unterhaus zu einer Reaktion, nachdem die Regierung jede Verantwortung für die Brände zurückgewiesen hatte und die Sinn Féin verdächtigte, die Feuer selbst gelegt zu haben. Der Strickland-Report, benannt nach dem Leiter der Untersuchung, Gen. Peter Strickland, sah in den Ereignissen eine nicht legitimierte Racheaktion, geführt von einer Einheit der Auxiliary Division. Die britische Regierung untersagte daraufhin eine Veröffentlichung des Berichts und hielt noch bis 1922 daran fest, die Sinn Féin oder die IRA hätten die Brände gelegt.[185]

Die Aktionen der IRA nahmen sich demgegenüber oft bescheiden aus. Meist gelang es äußerstenfalls, einzelne Angehöriger der Hilfspolizei oder Informanten aus der irischen Bevölkerung zu ermorden. Eine erste spektakuläre Ausnahme bildete der „Bloody Sunday" in Dublin am 21.11.1920. IRA-Kräfte unter Führung von Michael Collins ermordeten in einer konzertierten Aktion insgesamt fünfzehn britische

---

183 Das Schiff war für 250 Gefangene ausgelegt, trug aber ab 1923 bis zu 700 Männer an Bord. Immer fünfzig Gefangene waren in einem Käfig zusammengesperrt, ohne Tische oder Stühle, mit oft überlaufenden Toiletten; Kleinrichert: Republican Internment, S. 35.

184 White/O'Shea: Burning of Cork, S. 61–64.

185 Seedorf: Lloyd George Government, S. 62. Strickland war während der Ereignisse selbst in Cork stationiert und hatte als Kommandant der 1st Infantry Division gerade erst einen Anschlag der IRA unbeschadet überstanden.

Vertreter, vor allem Armee-Offiziere, die man verdächtigte, einer gegen die IRA gerichteten Spionage-Einheit, der Cairo-Gang, anzugehören.[186] Es kam zu einer Panik britischer Offizieller in Dublin, die Zuflucht in Dublin Castle suchten. Die Briten reagierten mit einer Polizeiaktion während eines Irish Football-Spiels im Croke Park.[187] Eine größere Gruppe von Menschen wurde zusammengebracht, dann – anscheinend ohne expliziten Grund – eröffneten Polizei und Black and Tans das Feuer, wobei vierzehn Menschen, darunter zwei Kinder erschossen und wenigstens 60 weitere verwundet wurden. Zudem wurden zwei in die Vorbereitung der Mordaktion unter Michael Collins verwickelte Angehörige der IRA und ein wahrscheinlich unbeteiligter Teenager, Conor Clune, die alle drei bereits am Abend des 20.11. verhaftet worden waren, nun in Dublin Castle von der Polizei zu Tode geprügelt bzw. in halbtotem Zustand erschossen.

Dieses letzte Ereignis war unmittelbarer Anlass, dass im Dezember 1920 der Erzbischof von Perth, Patrick Clune, nach Irland reiste und versuchte, einen Frieden zu vermitteln. Denn von seiner irischen Herkunft und dem internationalen Entsetzen über das britische Vorgehen abgesehen war er auch der Onkel des erschlagenen Jungen. Zudem genoss er auch in London hohes Ansehen, da er sich während des Krieges deutlich für die Umsetzung der Wehrpflicht in Australien eingesetzt hatte.[188] Clune führte Gespräche mit Lloyd George und Michael Collins wie auch diversen anderen Protagonisten des Konflikts. De Valera war aktuell in den USA, aber Clune sprach mit seinem Stellvertreter, Arthur Griffith. Doch Lloyd George machte eine Entwaffnung

---

[186] Dwyer: Squad, S. 91-95.
[187] Dolan: Killing, S. 791-792.
[188] Dowd: Faith, S. 94-98.

der IRA zur Vorbedingung von Verhandlungen, was die Mission des Erzbischofs letztlich scheitern ließ.

Bis ins Jahr 1921 hinein mehrten sich die Erfolge der IRA, wenn auch mitunter unter erheblichen Verlusten. So gelang es am 25.05.1921 das Zollamt von Dublin niederzubrennen, aber fünf Kämpfer der IRA wurden dabei getötet und 84 gefangen genommen.[189] Auch die gelegentlichen militärischen Siege gegen britische Truppen erzeugten zwar auf britischer Seite erhebliche Beunruhigung, belasteten aber letztlich überproportional die schwindenden Waffen- und Munitionsvorräte der IRA und brachten immer mehr ihrer Mitglieder in die britischen Internierungslager und Gefängnisse. Michael Collins entwickelte daher die Idee, den Krieg nach England zu tragen, das nicht unter Kriegsrecht stand und entsprechend deutlich wehrloser mindestens einer ersten Welle terroristischer Anschläge gegenüberstehen würde.[190]

6.11.   Der Anglo-Irische Vertrag von 1921

Gleichzeitig aber war auch die britische Seite am Ende ihrer Möglichkeiten angelangt. Der Krieg in Irland erwies sich als einer jener Kriege, die der Feind gewinnt, wenn er sie nicht verliert, aber die man selbst verliert, wenn man sie nicht gewinnt. Und es schien offensichtlich, dass der Guerillakrieg der IRA mit Gewalt nicht zu brechen war. Lloyd George sah sich Druck seitens der Liberalen unter seinem Vorgänger John Asquith ausgesetzt, aber auch seitens der rasch an Einfluss gewinnenden Labour Party und der Gewerkschaften. Auch die laufenden Verhandlungen mit den USA über eine Stundung der immensen britischen Kriegsschulden spielten hier eine wesentliche Rolle.

---

[189]   Foy: Michael Collins's Intelligence War, S. 214–218.
[190]   English: Armed Struggle, S. 197-198.

Im November 1920 hatte das Unterhaus eine Teilung Irlands mit dem vierten Gesetz zur Home Rule beschlossen. Treibende Kraft waren dabei die nordirischen Unionisten innerhalb der Torys gewesen.[191] Diese Regelung trat im Mai 1921 in Kraft und teilte erstmals Nordirland vom übrigen Land. Für dieses, als Southern Ireland bezeichnete Gebiet, wurden im Mai 1921 Wahlen abgehalten, in denen die Kandidaten der weiterhin verbotenen Sinn Féin 124 von 128 Mandaten errangen. Diese weigerten sich nun aber, ein Parlament nach britischen Vorstellungen zu bilden. Stattdessen erklärten sie sich in Nachfolge des verbotenen Parlaments vom Januar 1919 zum zweiten Dáil der Irischen Republik. Entsprechend wurde de Valera zum Chef einer irischen Regierung proklamiert.

Inzwischen hatte George V. deutlich gemacht, dass er die Konfrontationspolitik seiner Regierung nicht mehr mittragen würde. Zusammen mit Jan Smuts, dem Premierminister Südafrikas, setzte er gegenüber Lloyd George und dann mit dessen Hilfe im Kabinett eine zu wesentlichen Teilen von Smuts entworfene Eröffnungsansprache für das eigentlich aus der Wahl resultierende Parlament durch. Diese Rede propagierte eine nationale Versöhnung.[192] In ihrem Gefolge kam es zu ersten Friedensgesprächen, wobei insbesondere die nordirischen Unionisten dies als Möglichkeit sahen, ein Scheitern der IRA und der Sinn Féin anzulasten und anschließend alle vielleicht noch vorhandenen Restriktionen einer unbeschränkten Kriegführung gegen den Süden aufzugeben.

Am 11.07.2021 trat ein – zunächst brüchiger – Waffenstillstand in Kraft, nachdem de Valera ein Verhandlungsangebot von Lloyd George angenommen hatte. Zugleich begannen Friedensgespräche in London.

---

[191]   Fair: Anglo-Irish Treaty, S. 134.
[192]   Mowat: Britain, S. 84–85; Hopkinson: Irish War, S. 317-318.

Anfangs vertrat de Valera die irischen Interessen, doch diese erste Runde wurde ergebnislos abgebrochen. Zu einer zweiten Runde reisten Michael Collins und de Valeras Stellvertreter, Arthur Griffith, nach London. Die britische Seite zeigte sich aber wenig kompromissbereit. Lloyd George machte kaum ein Hehl daraus, dass eine Revolte der Unionisten innerhalb der Torys seinen Sturz erzwingen würde, wenn ein Friedensabkommen mit der irischen Unabhängigkeitsbewegung nicht auch eine Ausnahmeregelung für die nordirischen Countys beinhalten würde.[193] Ein großer Teil der Torys sammelte sich um Bonar Law als wichtigstem Sprecher, der noch 1912 offen die Gründung der paramilitärischen Ulster Volunteers unterstützt hatte. Diese Gruppe wollte keine Rücknahme der faktischen Teilung des Landes vom Mai 1921 akzeptieren.[194] Andere Kreise sahen in einem Ausscheiden Irlands aus der Union mit England und Schottland eine historische Unmöglichkeit.[195]

Das Ergebnis war der Anglo-Irische Vertrag vom 06.12.1921. Er stellte es den sechs nordirischen Countys frei, aus der irischen Republik auszuscheiden. Das restliche Irland sollte als „Irish Free State" ein Dominion werden wie Kanada oder Südafrika, sodass der König Staatsoberhaupt bliebe und in Irland durch einen Generalgouverneur vertreten werden sollte. Jeder Abgeordnete des irischen Parlaments sollte einen zweiteiligen Treueid schwören, einerseits auf die Republik, andererseits auf Georg V. bzw. seinen Erben und Nachfolger. Großbritannien behielt die Kontrolle über drei irische Häfen, Berehaven und Cobh im Süden und den Hafen am Lough Swilly im Norden der Insel. Wichtig war zudem, dass die Regelungen dieses Vertrags Vorrang haben

---

[193] Fair: Anglo-Irish Treaty S. 140-141.
[194] Blake: Unknown Prime Minister, S. 431-435.
[195] Blake: Conservative Party, S. 186.

sollten auch gegenüber den Bestimmungen einer noch zu erstellenden Verfassung des Irischen Freistaats.

Collins und Griffith waren sicher, angesichts der noch nicht offen zutage getretenen Entkräftung der IRA das maximal Mögliche aus den Verhandlungen herausgeholt zu haben. Für Michael Collins war das wesentliche Risiko nicht eine unmittelbar bevorstehende Niederlage, sondern dass die britische Seite trotz des Drängens seitens des Königs und von Teilen der Öffentlichkeit keine Not mehr sehen würde, hier zu einem Abkommen zu gelangen. Collins sagte aber auch einem der britischen Vertreter, dass dieser Vertrag praktisch sein eigenes Todesurteil werden würde. Und er warf de Valera vor, die erste Runde absichtlich zum Fehlschlag manövriert zu haben, um hinterher Griffith und Collins die Schuld für das faktisch Unvermeidbare zuschieben zu können – eine Einschätzung, die angesichts des großen Aufwands, den de Valera betrieb, um ein möglichst positives historisches Bild abzugeben, nicht von der Hand zu weisen ist.[196]

Aber de Valera stand mit seiner fast unmittelbar einsetzenden Kritik am Vertrag vom 06.12.1921 nicht allein. Viele Iren sahen hier einen unbefriedigenden Kompromiss: Irland wurde nicht unabhängig, und seine Einigkeit wurde ebenfalls aufgegeben. Das Abkommen führte heftigen Auseinandersetzungen innerhalb der Sinn Féin. De Valera sagte, man hätte sicher auf eine vollständige Unabhängigkeit verzichten können, um die Einheit des Landes zu wahren, oder diese opfern, um jene umfassend zu erringen. So aber habe man weder das eine noch das andere erreicht, weshalb er jedenfalls das Abkommen so nicht mittragen könne.[197] Daher legte er auch unmittelbar die Leitung

---

[196]   Coogan: De Valera, S. 201.
[197]   Murray: Obsessive Historian, S. 69.

des Executive Council nieder, also der inoffiziellen irischen Regierung. Griffith wurde sein Nachfolger.

Noch im Dezember wurde im irischen Parlament über den Vertrag abgestimmt, und es kam mit knapper Mehrheit zu einer Annahme. Die Sinn Féin zerbrach darüber, als nach der Abstimmung de Valera und die Gegner des Vertrags das Parlament verließen.

In den hundert Jahren, die seit dem Abschluss des Vertrags vergangen sind, ist dieser immer wieder diskutiert und kritisiert worden. War es richtig, dass Collins und seine Unterstützer den Krieg für beendet erklärten und sich mit einer Kompromisslösung einverstanden erklärten, die wesentliche der ursprünglichen Ziele opferte? Der König blieb irisches Staatsoberhaupt, der Irish Free State als Dominion Teil des Empire. Das Parlament leistete einen Treueid auf den König, ein Generalgouverneur besaß wenigstens formal die Oberhoheit über das irische Parlament.[198] Großbritannien behielt drei wichtige Häfen in Irland. Vor allem aber: Das Land wurde gespalten, und die von den linken Gruppierungen in der IRA geforderte Wirtschafts- und Sozialreform blieb aus.

Zugunsten von Michael Collins ist angeführt worden, dass ihm besser als allen anderen klar war, dass die IRA militärisch ausgeblutet und nicht mehr in der Lage war, den Kampf weiterzuführen. Die britische Seite hingegen hätte – derlei Drohungen gab es durchaus – eine Fortdauer des Krieges zum Anlass für eine massive Eskalation nehmen können.

Dagegen muss man allerdings sagen, dass der Kampf der IRA ohnehin militärisch nicht zu gewinnen war. Es war dies allenfalls ein Kampf, der als Treibsatz einer anderen, einer politischen Auseinandersetzung dienen konnte. Hierzu musste die IRA nur in ihren konspirativen

---

[198]   Sexton: Ireland, S. 29-34.

Strukturen und Netzwerken fortbestehen, nicht notwendig in ihren paramilitärischen Formationen. Wenn die IRA auf dieser Basis den Kampf noch eine gewisse Weile fortgesetzt hätte, hätten sich vielleicht größere britische Zugeständnisse erreichen lassen.

Für die Regierung in London bestand das Risiko einer Signalwirkung, vor allem für die unruhigen Kolonien in Indien und Südafrika. Aber es ist ohnehin wenig wahrscheinlich, dass die Regierung die angedrohte Eskalation tatsächlich hätte riskieren können. Das Volk vor allem in England war kriegsmüde, die Staatsfinanzen ausgeblutet, die Schuldenlast erdrückend. Das Unterhaus hätte sich einer größeren Militäraktion wahrscheinlich verweigert, auch der König hätte das wohl kaum befürwortet. Und die internationalen Reaktionen, insbesondere in den USA, wären verheerend gewesen. Großbritannien benötigte aber gerade jetzt die Unterstützung der USA. Am 15.11.1921, also annähernd parallel zu den Friedensverhandlungen in London, hatte die Washingtoner Flottenkonferenz begonnen. Die britische Regierung fürchtete ein neues Wettrüsten im Marinebereich.[199] In den USA ebenso wie in Japan deutete sich eine Auseinandersetzung um die Vorherrschaft in China als größtem Absatzmarkt in Ostasien an.[200] Bei einem Rüstungswettlauf zwischen diesen beiden hätte Großbritannien nicht mithalten können, was mittelfristig den gesamten Kolonialbesitz von Indien über Singapur bis Hongkong zur Disposition gestellt hätte. Großbritannien wollte daher auf der Washingtoner Konferenz erreichen, dass nur die USA eine der britischen Flotte vergleichbare Marine haben durften.

Die britische Seite verwirklichte dieses Ziel mit dem Washingtoner Flottenabkommen und drei flankierenden Verträgen, u.a. einem

---

[199] Kitching: Britain, S. 23-24.
[200] Asada: Japan's Special Interests, S. 63.

Abkommen, in dem Japan, die USA, Frankreich und Großbritannien einander den Verzicht auf jede weitere territoriale Expansion im Pazifik zusagten.[201] Dieser große außenpolitische Erfolg der britischen Regierung wäre durch eine Eskalation in Irland mit Sicherheit verhindert worden. So aber wurde exakt ein Vierteljahr nach dem Ende des Anglo-Irischen Kriegs, am 06.02.1922, das Washingtoner Flottenabkommen unterzeichnet.

Insgesamt ist also nicht auszuschließen, dass eine Fortsetzung des Konflikts in Irland Erfolg gehabt hätte. Mit Rücksicht auf die USA hätte die britische Regierung mindestens auf eine Eskalation verzichten müssen. Sie hätte aber sich auch einer landeseinheitlichen Home Rule nicht viel länger verweigern können, die ja eigentlich ohnehin bereits Gesetzescharakter erlangt hatte.

Andererseits hätte selbst eine kurzfristige Verlängerung des Kriegs gegen die britische Besatzungsmacht auch weitere massive wirtschaftliche Verluste, eine zunehmende Spaltung der Gesellschaft, vor allem aber deutlich mehr Opfer bedeutet. Und: Man hätte diesen Krieg nur gegen den Willen der Bevölkerung fortsetzen können, die in großer Mehrheit den Londoner Kompromiss befürwortete. Auch die katholische Kirche plädierte für eine Annahme des Kompromisses, zumal sie fürchtete, dass andernfalls die sozialistischen und antiklerikalen Kräfte in der IRA die Oberhand gewinnen würden. Zudem war für die Kirche eine Abspaltung der vorwiegend protestantischen Regionen im Norden der Insel durchaus attraktiv.[202]

Schließlich kann man auch fragen, was eigentlich passiert wäre, wenn Irland als geschlossener Staat in die Unabhängigkeit entlassen worden wäre. Mit großer Wahrscheinlichkeit wäre ein langer, extrem

---

[201] Dingman: Power, S. 217-221.
[202] Fulton: Tragedy of Belief, S. 298.

brutal geführter Bürgerkrieg zwischen Protestanten und Katholiken die Folge gewesen. Das muss auch de Valera und seinen Gefolgsleuten klar gewesen sein, die trotzdem kategorisch verlangten, den Vertrag nicht zu ratifizieren und den Kampf fortzusetzen, womöglich auszuweiten, indem man ihn auch – in Guerillamanier – nach England, vor allem nach London brachte.

In den Tagen nach der Ratifizierung des Abkommens scheiterten alle Versuche, den Vertrag juristisch auszuhebeln. De Valera argumentierte vergeblich, die Parlamentarier auf eine Irische Republik geschworen hätten, nicht auf den jetzt erreichten Status eines Teils der Insel als Freistaat innerhalb Großbritanniens. Auch die von ihm betriebene Bildung einer Gegenregierung blieb Episode, zumal nicht einmal er selbst eine breite Unterstützung auch nur seitens der katholischen Bevölkerungsgruppen für wahrscheinlich hielt.[203]

Michael Collins, der neue irische Anführer, erklärte die IRA für aufgelöst. Stattdessen sollte eine reguläre Polizei und Armee geschaffen werden. Diese Irish Defence Forces rekrutierten einen großen Teil der bisherigen IRA. Aber neben Teilen der Truppe, die jetzt ins Zivilleben zurückkehrten, gab es auch eine große Fraktion, die de Valeras Haltung zum Friedensvertrag teilte und entsprechend nicht bereit war, in Collins Armee einzutreten. Organisator und Stabschef dieser neuen IRA wurde Liam Lynch, der sich schon zuvor profiliert hatte, indem er die von ihm kommandierte 1st Southern Division angesichts wachsender Dominanz der Briten auf eine Guerillakriegführung umgestellt hatte. Am 14.04.1922 besetzten Teile dieser neuen IRA unter Rory O'Connor das Four Courts, also den Sitz des Supreme Courts.[204] Zwei Monate lang versuchten Griffith und Collins, zu einer friedlichen Lösung zu

---

[203] Kissane: Politics, S. 90.
[204] Younger: Ireland's Civil War, S. 258-259.

gelangen. Collins hoffte, den Briten wenigstens den Treueid der Parlamentsangehörigen auf die Krone ausreden zu können, was ein wesentlicher Kritikpunkt gewesen war. Aber London zeigte keinerlei Verhandlungsbereitschaft, sondern drohte stattdessen, angesichts der Besetzung der Four Courts den Vertrag aufzukündigen und mit massivem Truppeneinsatz Ruhe und Ordnung in Dublin wieder herzustellen.

Am Ende musste die Sinn Féin dem Druck sowohl der eigenen Kräfte als auch der britischen Seite nachgeben. Am 16.06.1922 war unter den Maßgaben des Anglo-Irischen Vertrags das Parlament neu gewählt worden. Es bestand Einigkeit, dass dies Parlament eine Verfassung für den Irish Free State erarbeiten sollte. In den 26 südirischen Wahlkreisen, die den Free State bilden sollten, hatten die Befürworter des Friedensvertrags 58 von 128 Parlamentssitzen errungen, gegenüber 36 Sitzen für die Gegner des Vertrags, geführt von de Valera.[205]

Erst jetzt, nach der für sie verlorenen Wahl, boykottierten die Gegner des Vertrags das neue Parlament. Collins aber stellte mit dem Wahlerfolg im Rücken am 27.06.1922 den Besetzern der Four Courts ein Ultimatum, das Gebäude sofort zu räumen. Die britische Seite unterstützte die irischen Truppen mit Artillerie und Munition, möglicherweise auch durch ein Kontingent von Soldaten.[206]

Für Collins und die Mehrheit der Sinn Féin, die den Vertrag unterstützte, muss es einem grotesken Albtraum gleichgekommen sein, mit den Waffen ihrer erklärten Feinde Männer zu töten, mit denen sie jahrzehntelang gegen genau diese Feinde gekämpft hatten. Das erklärt in

---

[205] Drittstärkste Fraktion war mit 17 Sitzen die 1912 von James Connolly gegründete Labour-Partei, die mit wenigen Ausnahmen ebenfalls zu den Befürwortern des Vertrags gehörte; Puirseil: Irish Labour Party, S. 43.

[206] Coogan: Michael Collins, S. 288-289.

gewissem Maß die offenkundige Wut, mit dem vor allem in der Folgezeit dieser Konflikt ausgetragen wurde.

Nach der Bombardierung und anschließenden Eroberung der Four Courts gingen die Kämpfe in der Stadt weiter, zumal sich jetzt auch die Reste der ICA den Aufständischen anschlossen, vielleicht in der vagen Hoffnung, es werde doch noch zu einem sozialistischen Aufstand in Irland kommen, den sie bereits 1916 erhofft hatten. Doch auch diese Kämpfe gingen rasch zu Ende, als die Regierungstruppen von der britischen Seite neben Artillerie nun auch gepanzerte Fahrzeuge entliehen.

Lynch, erst noch skeptisch gegenüber einer so frühen Aktion, war seit Mitte Juni ebenfalls einer der Besetzer der Four Courts gewesen, aber in der Endphase von hier entkommen. Er war die treibende Kraft, als die IRA in Munster die kurzlebige Munster Republic als Keimzelle eines unabhängigen Gesamtirland ausrief. Dies brach in sich zusammen, als Collins reguläre Truppen und von den Briten entliehene Artillerie ins Feld führte. Lynch verweigerte sich danach der Idee, den Krieg weiter konventionell fortzusetzen, und entschied sich stattdessen erneut für eine landesweite Guerillataktik.

Collins versuchte erfolglos, jetzt mit de Valera eine Einigung zu finden, um dem Land einen langen Kleinkrieg zu ersparen. Als dann am 22.08.1922 Collins in einen Hinterhalt geriet und von einem Scharfschützen getötet wurde, gab es auf Seiten der Regierung zunächst einen Übergang, der alle Friedensbemühungen für Monate lahmlegte. Denn auch Griffith war inzwischen tot; er war zehn Tage zuvor einer Hirnblutung erlegen. Sein Nachfolger als Parlamentspräsident und damit Leiter des Executive Council wurde William Thomas Cosgrave. Cosgrave machte Richard Mulcahy zum Verteidigungsminister, der anders als Collins nichts von einer Verständigung mit der IRA hielt. Stattdessen ordnete er an, dass IRA-Kämpfer sofort hinzurichten seien, sofern sie bei ihrer Gefangennahme noch ihre Waffen besaßen.[207]

In den folgenden Monaten trug Lynch zu einer Brutalisierung der Kriegführung beider Seiten erheblich bei. Am 30.11.1922 erließ er die von der Gegenseite so bezeichneten „orders of frightfullness". Hier wurde explizit zur Ermordung von Zivilisten, insbesondere Abgeordneten und Richtern, aber auch Journalisten des neuen irischen Freistaats aufgefordert.[208] Dies entsprach seiner sonstigen Haltung, da er bereits im Anglo-Irischen Krieg gefordert hatte, für jeden vom Militärgericht zum Tode verurteilten und hingerichteten Kämpfer für die irische Unabhängigkeit sollte ein wahllos ausgewählter Kriegsgefangener oder ein unionistisher Zivilist erschossen werden.[209]

Die auch zuvor schon signifikante Gewaltbereitschaft aller Truppen nahm jetzt noch einmal deutlich zu. Zudem kam es zu zahlreichen Exekutionen verhafteter IRA-Mitglieder. Insgesamt 81 offizielle Hinrichtungen gab es bis zum Ende des Konflikts 1923, viermal so viel, wie die Briten während des Anglo-Irischen Kriegs hingerichtet hatten.[210] Hinzu kam eine unbekannte Zahl mehr oder weniger spontaner Erschießungen vor allem unmittelbar nach der Kapitulation gegnerischer Kräfte in allen Kampfabschnitten.[211]

Als am 10.05.1923 Lynch getötet wurde, stand die Undurchführbarkeit weiterer Aktionen der IRA deutlich vor Augen. Der Bürgerkrieg endete am 30.04.1923 mit der Weisung von Lynchs Nachfolger Frank Aiken an die IRA, bis auf Weiteres alle Kampfhandlungen einzustellen

---

[207] Hopkinson: Green Against Green, S. 191.

[208] Hopkinson: Irish War of Independence, S. 379.

[209] Dorney: Civil War, S. 16-17.

[210] McConville: Irish Political Prisoners, S. 697

[211] Hopkinson: Green Against Green, S. 215

und die Waffen zu verstecken. Bis dahin hatte der Krieg auf Seiten der Regierungtruppen etwa 800 Tote gefordert, auf Seiten der IRA und der Zivilbevölkerung eine unbekannte Zahl von Opfern einschließlich der 81 offiziell Hingerichteten und einer großen Zahl von gleich nach der Gefangennahme Erschossenen. Und wenigstens 11.000 Angehörige der IRA befanden sich in Gefängnissen der neuen Regierung.

6.12.   Das Ende der Gewalt: Der irische Bürgerkrieg und seine Folgen

Der Bürgerkrieg hatte deutlich gemacht, dass ein Guerillakrieg nicht führbar ist, wenn die Zivilbevölkerung in großer Mehrheit dies nicht unterstützt.[212] Daher war der Kampf gegen die neue Ordnung nicht aussichtsreicher als der Osteraufstand von 1916. Das de Valera und seine Gefolgsleute das Land trotzdem in dieses blutige Abenteuer manövrierten, macht die wachsende Verbitterung auf Seiten der Regierung und ihrer Truppen in gewissem Umfang nachvollziehbar.

Am 27.08.1923 kam es auf Basis der inzwischen erarbeiteten Verfassung und noch unter dem Eindruck der Entscheidung im Bürgerkrieg erneut zu Wahlen im Irish Free State. De Valera akzeptierte für den Augenblick die neue Situation und erreichte mit einer aus der abgespalteten Minderheit der Sinn Féin gebildeten Partei 44 von 153 Sitzen. Die Mehrheit der Sinn Féin nannte sich jetzt nach einer ihrer Vorgängerparteien Cumann na nGaedheal und errang 63 Sitze, sodass sie auch die nächste Regierung unter William Cosgrave stellte.[213]

Es gab im Vorfeld der Wahl keine nennenswerte Diskussion, wie denn de Valera, der wesentliche Drahtzieher des gerade erst zu Ende gegangenen Bürgerkriegs, nun als Führer der stärksten Oppositionspartei im Parlament sitzen könne, statt vor Gericht gestellt zu werden. Die

---

[212]   McConville: Irish Political Prisoners, S. 79.
[213]   Laffan: Resurrection, S. 25-26.

Regierung war offensichtlich so froh, den Konflikt hinter sich gelassen zu haben, dass eine juristische Aufarbeitung nie erfolgte. Mehr noch, man verzichtete auch im Nachgang darauf, die versteckten Waffen der IRA aufzuspüren, welche diese eigentlich hatten abgeben sollen.

Durch diese Zurückhaltung der Regierung kam es aber auch zu keiner Aufarbeitung der Ereignisse des Bürgerkriegs, geschweige denn der gesamten Zeit wenigstens seit dem Osteraufstand. Die gewaltsamen Auseinandersetzungen, die 1916 begannen und im Wesentlichen 1923 mit dem Ende des Bürgerkriegs vorüber waren, bilden daher bis heute das Geburtstrauma des irischen Staats. Die Aufspaltung des Landes und das wirtschaftliche Ungleichgewicht zwischen Nordirland und Irland verlängerten zudem diese Gewaltlinie bis mindestens zum Karfreitagsabkommen 1998. Erst hier gelang es, auch Nordirland in einen – wenn auch gelegentlich fragilen – Friedenszustand zu leiten.

Der Mythos des Osteraufstands wiederum ist für Irland selbst auch mehr als hundert Jahre später noch so bedeutend, dass man sich meist nur zögernd zu einer kritischen Bewertung seines geringen Rückhalts in der Bevölkerung, seiner dilettantischen Vorbereitung und Planung und desaströsen Durchführung äußert. Ebenso ist bis heute eine kritische Bewertung der Rolle der katholischen Kirche und einzelner Kleriker weitgehend ausgeblieben.

Freilich muss man die Ereignisse zwischen 1916 und 1923 auch im internationalen Kontext sehen, was sie in gewissem Umfang relativiert. Dies gilt nicht nur für einen Zusammenhang der Ereignisse in Irland mit den Verhandlungen in Washington zu einem breit aufgestellten Flottenabkommen Ende 1921. Sondern es gilt auch für die Gewalt in Irland zwischen 1916 und Ende 1923. Der Erste Weltkrieg hatte die post-napoleonische Ordnung Europas zerschlagen, das Gewalterleben der Schlachtfelder an allen Fronten eine gewisse Abstumpfung und Brutalisierung insbesondere der Heimkehrer bewirkt.

Dadurch erlebten zahlreiche europäische Staaten – auch solche, die als Staat über eine lange Tradition verfügten – blutige Geburtswehen. Dies umfasste in Deutschland vor allem die Revolution von 1918, den Spartakusaufstand, die Münchener Räterepublik, den Kapp-Putsch, den Hitler-Ludendorff-Putsch und den rechten Terror der Organisation Consul. Die unabhängig gewordenen Staaten des Baltikums, vor allem Lettland, wurden zum Schlachtfeld der anti-sowjetischen Intervention der westlichen Alliierten und anschließend der deutschen Versuche, Lettland zu okkupieren. Litauen erlebte 1920 die Okkupation von Vilnius durch Polen, das auch die Ukraine überfiel und im Mai 1920 Kiew eroberte. In Ungarn kämpfte die Räterepublik unter Béla Kun 1919 einen letztlich aussichtslosen Kampf gegen diverse innere und äußere Feinde, in Italien stürzte Mussolini 1922 durch den „Marsch auf Rom" nicht nur die Regierung, sondern beendete auch die italienische Demokratie. Griechenland erlebte das Desaster des Griechisch-Türkischen Kriegs und die Zwangsaussiedlung der Griechen aus der Türkei, etliche Putschversuche und endlich ab 1925 die kurzlebige Diktatur unter Theodoros Pangalos. In Spanien regierte seit 1923 nach diversen inneren Konflikten Miguel Primo de Rivera als Militärdiktator, Portugal versank im Chaos diverser Aufstände und Putschversuche einschließlich der „Lissabonner Blutnacht" von 1921, eh 1926 eine Militärdiktatur an die Macht gelangte. Und das ehemalige Russische Zarenreich taumelte 1917 in einem jahrelangen Bürgerkrieg, an dessen Ende die Gewalt aber nur institutionalisiert wurde und dann rasch in das stalinistische Terrorregime überging, welches schon lang zuvor nicht nur in Russland, sondern vor allem in Finnland bereits in riesigen Gefangenenlagern erprobt worden war. Und auch jenseits des Atlantiks explodierte insbesondere die rassistisch und antisozialistisch motivierte Gewalt in einer Fülle von Einzelmorden und Pogromen, beginnend mit dem „Red Summer" von 1919, dem allein wahrscheinlich eine deutlich dreistellige Zahl von Personen zum Opfer fiel. Im folgenden Jahr gab es ebenfalls eine Fülle rassistischer Morde, vor allem das Massaker von Ocoee mit etwa 40 Toten Anfang November 1920. Trauriger Höhepunkt war das Tulsa Massacre, als Ende Mai 1921 wenigstens 300 Schwarze ermordet, an die tausend weitere Opfer zum Teil schwer verletzt wurden und man den gesamten Stadtteil Greenwood plünderte und ca. 1.200 Gebäude niederbrannte. Aber auch in den Folgejahren rissen die Gewaltakte, Lynchmorde und Pogrome gegen die schwarze Bevölkerung nicht ab.

Eins wird bei der Bewertung dieser Gewaltexzesse gern vergessen. Auch die verbreitete Literatur zur irischen Geschichte zwischen 1918 und 1923 hat sich bisher hierfür nur in geringem Maße geöffnet. Es ist dies die schlichte Tatsache, dass eine große Zahl der im Bürgerkrieg kämpfenden Iren zuvor zwei Jahre und mehr auf den Schlachtfeldern in Frankreich und Belgien verbracht hatte. Ihre Wahrnehmung interpersoneller Gewalt – ausgeübt, aber auch erlebt – war hier ohnehin deutlich verschoben worden. Aber 1917 und vor allem 1918 war mit der Taktik von Stoßtrupps bzw. Shock Troops zunächst auf deutscher, dann auch britischer Seite diese ohnehin vorhandene Tendenz noch einmal verschärft worden. Denn diese Einheiten, in denen die britische Seite vor allem irische Soldaten einsetzte, praktizierten, ja zelebrierten Gewaltexzesse im Rahmen dieser Einsätze. Sie stürmten mit wenig Deckung über offenes Feld, sprangen in Unterstände und Bunker und erschlugen, erstachen, erschossen binnen weniger Momente oft jeden, den sie fanden. Sie machten keine Gefangenen, machten keine Beute, sicherten nicht die eroberte Stellung, sondern stürmten weiter, um möglichst viele Tote zu hinterlassen, wenn sie sich wieder in die eigenen Stellungen zurückzogen.

Die Soldaten dieser Trupps hatten nach dem Krieg oft ein Problem, in die Zivilgesellschaft zurückzufinden. Nicht nur waren ihre moralischen Werte praktisch pulverisiert worden, sie hatten oft auch eine Art Adrenalinsucht entwickelt, die sie nach Wiederholung solcher Exzesse gieren ließ.[214]

Dies für deutsche Kriegsheimkehrer recht gut untersuchte Phänomen dürfte irische Soldaten nicht minder betroffen haben. Shock Troops waren, wie oben geschildert, die wichtigsten Träger der „Trench Raids", also jener Gewaltexzesse, welche die deutsche Seite als Stoßtrupp-Attacken bezeichnete. Mit solchen Männern war eine regelkonforme Kriegführung – erst recht in der emotional und ideologisch aufgeheizten Situation seit dem April 1922 – kaum zu machen. Sie hätten aber auch bei der Rückkehr in die Zivilgesellschaft sachkundiger Hilfe bedurft. An dieser fehlte es in Irland so gut wie in Deutschland. In Deutschland ließ das die Mordgesellen der SA und SS, als schlimmsten von allen aber einen Dirlewanger und, auf Seiten der Künstler, einen Ernst Jünger, einen Ernst von Salomon entstehen. Was in Irland geschah, ist hingegen weitgehend unerforscht. Aber die Gewalt der Black and Tans, erst recht die des Bürgerkriegs, mag hier eine weitere Ursache haben. Und die Tabuisierung des Bürgerkriegs im öffentlichen Diskurs der folgenden Jahre ließ diese Männer, ließ aber auch die Frauen und Kinder mit dem erlebten Schrecken meist allein. Aber im Gegenzug erreichte man, dass der Konflikt um die Frage, wie weit man die britische Okkupation von Nordirland weiter akzeptieren sollte, nicht dauerhaft die irische Zivilgesellschaft entzweite.

Der Bürgerkrieg war durch die Kapitulation der IRA 1923 letztlich nicht beendet, er war nur an die vermeintliche Peripherie rund um Belfast abgeschoben. Dieser scheinbare Kompromiss, den die britische Seite hier erzwang, war letztlich ein klassisch patriarchales Verhalten: Die Kinder zanken ständig, also steckt man sie in zwei

---

[214]   Stang: Ritter, S. 157-158.

verschiedene Zimmer. Aber was bei Kindern vielleicht noch legitim sein mag, ist im Miteinander von Nationen indiskutabel. Man stelle sich vor, während des Sonderbundskrieges 1847 oder in seinem direkten Gefolge hätten die europäischen Großmächte beschlossen, die katholischen und die reformierten Kantone der Schweiz würden sich auch in Zukunft nicht vertragen und hätten daher aus den acht Kantonen des Sonderbunds einen eigenen Staat gemacht, womöglich eine Kolonie Frankreichs oder Österreich-Ungarns. Man würde selbstverständlich von einem völkerrechtlich schweren Vergehen sprechen und das Selbstbestimmungsrecht der Völker hier geltend machen. Aber die andauernde Okkupation eines Teils von Irland findet kaum entsprechende Beurteilung und wird weiterhin mit der patriarchalen Begründung vertreten, anders sei auf der Insel nun einmal ein Frieden zwischen den zankenden Kindern nicht zu gewährleisten.

6.13. Fazit: Leitprinzipien der englischen Okkupationspolitik in Irland nach Cromwell

Das Motiv bleibt, seine Herleitung nuanciert. So kann man vielleicht Kontinuität und Wandel in fast vierhundert Jahren britischer Kolonialherrschaft über Irland beschreiben. Wirtschaftliche Ausplünderung und eine Bevölkerungspolitik, der man durchaus Neigung zu aktiver Dezimierung oder doch mindestens Völkermord durch Unterlassen unterstellen kann. Cromwells Gründe mögen in der Eroberung des Landes und einer scharf antikatholischen Religiosität zu suchen sein. In ihrer Konsequenz aber schuf er einen Präzedenzfall exterminatorischer Kriegführung, die dann vor allem in den beiden großen Hungerkatastrophen eine zivile Entsprechung fand. Und Cromwell bzw. dem Wunsch des Parlaments, sich kostengünstig aus der Verantwortung für die Veteranen des Bürgerkriegs zu stehlen, fehlte es mithin auch nicht an der schlicht monetären Dimension, welche auch in den folgenden Jahren ein wichtiges, häufig das wesentliche Moment der britischen Okkupationspolitik blieb. Zudem machte die erzwungene Vereinigung von 1801 die irischen Stimmen häufig zum Zünglein an der Waage im Unterhaus in London. Da aber das Wahlrecht über lange Zeit fast ausschließlich grundbesitzenden Protestanten zukam, verschob sich das ohnehin wenig repräsentative Meinungsbild im Unterhaus weiter zugunsten der entsprechenden Klientel. Dies fand im Oberhaus seine Entsprechung, vor allem, solange dort im Wesentlichen Grundbesitzer vertreten waren, die häufig auch Herr über riesige Latifundien in Irland waren.

Insgesamt ist die Geschichte der englischen Okkupation Irlands eine Geschichte von fortgesetztem Bruch des Völkerrechts, exterminatorischen Tendenzen und gedankenloser Ausplünderung. Eine Geschichte zudem, die sich von diesen Altlasten erst befreien könnte, wenn das irische Volk nicht mehr daran gehindert würde, in einem Staat zusammenzuleben und seine unbestreitbaren Konflikte im Diskurs zu lösen, wie andere Nationen dies selbstverständlich dürfen. Statt wie zwei bissige Hunde in getrennte Zwinger gepfercht zu leben und immer noch als die Whiskey-verliebten Verrückten vom vergessenen Ende Europas angesehen zu werden.

Ich danke Ihnen für Ihre Geduld und Aufmerksamkeit.

6.14.   Bibliografie

Aldenhoff-Hübinger, Rita: Agrarpolitik und Protektionismus: Deutschland und Frankreich im Vergleich 1879-1914, Göttingen (Vandenhoeck & Ruprecht) 2002

Aldenhoff-Hübinger, Rita: Landwirtschaft im Spannungsfeld von Nationalisierung und Globalisierung. Getreidehandel und Agrarkrisen in Westeuropa, 1850-1914, in: Themenportal Europäische Geschichte, 2007, <www.europa.clio-online.de/essay/id/fdae-1404>

Ambrose, Joe: Seán Treacy and the Tan War, Cork (Mercier Press) 2007

Asada, Sadao: Japan's 'Special Interests' and the Washington Conference, in: American Historical Review, Vol 67/1961, S. 62-70

Babington, Anthony: Military Intervention in Britain: From the Gordon Riots to the Gibraltar incident, London, New York (Routledge) 1990

Bardon, Jonathan: A History of Ulster, 2. Aufl., Netwonards (Blackstaff Press) 2005

Bardon, Jonathon: A History of Ulster, Belfast (Blackstaff Press) 2001

Bateson, Ray: The Dead of the Easter Rising 2016, in: Dublin Historical Record, Bd. 69/2016, S. 211-222

Beames, Michael: Peasants and Power: The Whiteboy Movements and Their Control in Pre-Famine Ireland, New York (St. Martin' Press) 1982

Beckett, James Camlin: The Making of Modern Ireland 1603-1923, London (Faber) 2008

Beckett, John V.: The Aristocracy in England 1660-1914, New York (Blackwell) 1986

Beiner, Guy: Disremembering 1798? An Archaeology of social forgetting and remembrance in Ulster, in: History and Memory, Nr. 25/2013, S. 9-5

Beiner, Guy: Modes of memory: Forgetting and remembering 1798, in: Oona Frawley (Hrsg.): Memory Ireland, Bd. 1, Syracuse (Syracuse UP) 2010, S. 66-82

Beiner, Guy: Remembering the Year of the French: Irish Folk History and Social Memory. Madison (Wisconsin UP) 2006

Bensimon, Fabrice, Laurent Colantonio: La maladie de la pomme de terre et les victimes de la Grande Famine, Paris (Presses Universitaire de France) 2014

Bernstein, George L.: Liberals, the Irish Famine, and the Role of State, in: Irish Historical Studies, Nr. 29/1995, S. 513-536

Bhabha, Homi K: The Location of Culture, London, New York (Routledge) 1994

Black, Eugene Charlton: The Tumultuous Petitioners: The Protestant Association in Scotland, 1778-1780, in: Review of Politics, Nr. 25/1963, S. 183-211

Blake, Robert: The Conservative Party from Peel to Churchill, London (TBS) 1970

Blake, Robert: The Unknown Prime Minister: The Life and Times of Andrew Bonar Law, 1858-1923, London (Eyre and Spottiswoode) 1955

Bois, Guy: La grande dépression médiévale : XIVe-XVe siècles : le précédent d'une crise systémique, Paris (Presses universitaires de France) 2000, S. 156-158

Bolt, Christine: Race and the Victorians, in: C. C. Elridge (Hrsg.): British Imperialism in the Nineteenth Century, London (Palgrave Macmillan) 1984, S. 126-147

Boserup, Ester: The Conditions of Agricultural Growth. The Economics of Agrarian Change under Population Pressure. London 1965

Bowes, John P.: The Trail of Tears: Removal in the South, New York (Chelsea House) 2007

Bowman, Timothy: Irish Regiments in the Great War, Manchester (Manchester UP) 2003

Boyd, Andrew: Holy War in Belfast, Belfast (Pretani Press) 1987

Bromage, Mary C.: Prisoner into Politician. A Biographical Study of de Valera in 1917, in: The Review of Politics, Bd. 11/1949, S. 433-448

Buckley, Maureen: Irish Easter Rising of 1916, in: Social Science, Bd. 31/1956, S. 49-55

Bull, Philip: Land, Politics and Nationalism: A Study of the Irish Land Question, Dublin (Gill & Macmillan) 1996

Cahill, Liam: Forgotten Revolution: Limerick Soviet 1919, Dublin (O'Brien Press) 1990

Canny, Nicholas P.: The Elizabethan Conquest of Ireland: A Pattern Established, 1565-76, London (Barnes & Noble) 1976

Choiseul, James, Gerry Doherty, Gabriel Roe: Potato Varieties of Historical Interest in Ireland, Dublin (Dpt. of Agriculture, Fisheries and Food) 2008

Clark, Alan: The Donkeys: A History of the British Expeditionary Force in 1915, London (Hutchinson) 1961

Clarkson, Leslie, Margaret Crawford: Feast and Famine: Food and Nutrition in Ireland 1500-1920, Oxford (Oxford UP) 2001

Collins, Lorcan: James Connolly, Dublin (O'Brien Press) 2012

Conacher, James Blennerhasset: Peel and the Peelites, 1846-1850, in: English Historical Review, Nr. 73/1958, S. 431-452

Connolly, Sean J.: Divided Kingdom: Ireland 1630-1800, Oxford (Oxford UP) 2008

Coogan, Tim Pat: 1916 - The Easter Rising, London (Phoenix) 2005

Coogan, Tim Pat: De Valera: Long Fellow, Long Shadow, London (Hutchinson) 1993, S. 71

Coogan, Tim Pat: Ireland in the 20th Century, New York (Random House) 2009

Coogan, Tim Pat: Michael Collins: A Biography, London (Hutchinson) 1996

Cullen, Louis M.: The United Irishmen in Wexford, in: Dáire Keogh, Nicholas Furlong (Hrsg.): The mighty wave: the 1798 rebellion in Wexford, Portland (Four Courts Press) 1996, S. 48-64

Curtin, Nancy: The Transformation of the Society of United Irishmen into a mass-based revolutionary organisation, 1794-6". Irish Historical Studies. 24/1985, S. 463-492

Dallsion, Robert L.: Turning back the Fenians: New Brunswick's Last Colonial Campaign, Fredericton (Goose Lane Editions) 2006

Dickson, David: Arctic Ireland: The Extraordinary Story of the Great Frost and Forgotten Famine of 1740-41, Belfast (White Row Press) 1997

Dilke, Charles: Greater Britain, London (Macmillan) 1869

Dingman, Roger: Power in the Pacific: The Origins of Naval Arms Limitation 1914-1922, Chicago (University of Chicago Press) 1976

Doerries, Reinhard R.: Die Tätigkeit des Botschafters Johann Heinrich Graf von Bernstorff in Washington vor dem Eintritt der Vereinigten Staaten von Amerika in den Ersten Weltkrieg. Düsseldorf (Pädagogischer Verlag Schwann) 1975

Dolan, Anne: Killing and Bloody Sunday, November 1920, in: The Historical Journal, Bd. 49/2006, S. 789-810

Donnelly Jr., James S.: The Great Irish Potato Famine, Stroud (Sutton Publ.) 2001

Donnelly, James S.: Hearts of Oak, Hearts of Steel, in: Studia Hibernica, Nr. 21/1981, S. 7-73

Donnelly, James S.: Irish Agrarian Rebellion: The Whiteboys of 1769-76, in: Proceedings of the Royal Irish Academy, Nr. 83C/1983, S. 293-331

Donovan, Robert Kent: No Popery and Radicalism: Opposition to Roman Catholic Relief in Scotland 1778-1782, New York (Garland) 1987

Dorney, John: The Civil War in Dublin: The Fight for the Irish Capital, 1922-1924, Newbridge (Merrion) 2017

Dowd, Christopher: Faith, Ireland and Empire: The Life of Patrick Joseph Clune, CSSR 1864-1935, Archbishop of Perth, Western Australia, Strathfield (St. Pauls Publ.) 2014

Drake, Michael: The Irish Demographical Crisis of 1740-41, in: Historical Studies, Nr. 6/1968, S. 101-124

Duffy, Seán: Brian Boru and the Battle of Clontarf, Dublin (Gill & Macmillan) 2014

Dunne, Tom: Rebellions: Memoir, Memory and 1798, Dublin (Lilliput Press) 2004

Dunning, Michael: The sociogenesis of terrorism as part of English-Irish relations during the nineteenth century, in: Human Figurations, Nr. 6/2017, http://hdl.handle.net/2027/spo.11217607.0006.103

Dwyer, T. Ryle: The Squad and the Intelligence Operations of Michael Collins, Cork (Mercier Press) 2005

Elliott, Marianne: Partners in Revolution: The United Irishmen and France, New Haven and London (Yale University Press) 1982

Elliott, Marianne: Wolfe Tone, 2.üb. Aufl., Liverpool (Liverpool UP) 2012

English, Richard: Armed Struggle: A History of the IRA, London (MacMillan) 2003

Evans, Eric J.: The Forging of the Modern State: Early Industrial Britain, 1783-1870, 2. Aufl., London, New York (Routledge) 1996

Faiman-Silva, Sandra: Choctaws at the Crossroads. Lincon (University of Nebraska Press) 1997

Fair, John D.: The Anglo-Irish Treaty of 1921: Unionist Aspects of the Peace, in: Journal of British Studies, Bd. 12/1972, S. 132-149

Firla, Monika: Kants Thesen vom „Nationalcharakter" der Afrikaner, seine Quellen und der nicht vorhandene ‚Zeitgeist', in: IWK-Mitteilungen, 3/1997, S. 7-17

Flynn, Barry: Pawns in the Game Irish: Hunger Strikes 1912-1981, London (Collins) 2011

Forester, Margery: Michael Collins: The Lost Leader, Dublin (Gill Books) 2006

Fortescue, John William: Wellington, New York (Dodd, Mead & Co.) 1925

Foster, Robert Fitzroy: Modern Ireland: 1600-1972, London (Allen Lane) 1988

Foster, Roy: Remembering 1798, in: Ian McBride (Hrsg.), History and Memory in Modern Ireland, Cambridge (Cambridge UP) 2001, S. 67-94

Foster, Ruscombe: The Politics of County Power: Wellington and the Hampshire Gentlemen 1820-52, New York 1990,

Foy, Michael T.: Michael Collins's Intelligence War, Cheltenham (History Press) 2013

Fredrickson, George M.: The Arrogance of Race: Historical Perspectives on Slavery, Racism and Social Inequality, Middleton (Wesleyan UP) 1989

Fulton, John: The Tragedy of Belief: Division, Politics, and Religion in Ireland, Oxford (Clarendon Press) 1991

Furlong, Nicholas: A Halloween scare, 'Tom the Devil' and the Pitchcap, www.sligoheritage.com/archpitchcaptomthedevil.htm

Furlong, Nicholas: Local or Cosmopolitan? The strategic importance of Wexford in 1798, in: Dáire Keogh, Nicholas Furlong (Hrsg.): The mighty wave: The 1798 rebellion in Wexford, Portland (Four Courts Press) 1996, S. 139-156

Gahan, Daniel: The military planning of the 1798 Rebellion in Wexford, in: Dáire Keogh, Nicholas Furlong (Hrsg.): The mighty wave: the 1798 rebellion in Wexford, Portland (Four Courts Press) 1996, S. 109-117

Gahan, Daniel: The People's Rising: Wexford 1798, Dublin (Gill & Macmillan) 1995

Gailus, Manfred: Hungerunruhen in Preußen, in: derselbe und Heinrich Volkmann (Hrsg.): Der Kampf um das tägliche Brot: Nahrungsmangel, Versorgungspolitik und Protest 1770-1990, Opladen (Westdeutscher Verlag) 1994, S. 176-199

Geiser, Karl F.: The Irish Convention, in: American Political Science Review, Bd. 12/1918, S. 292-296

Glover, Richard: Peninsular Preparation: The Reform of the British Army 1795-1809, Cambridge (Cambridge UP) 1963

Goedheer, Albertus Johannes: Irish and Norse traditions about the battle of Clontarf, Haarlem (Tjeenk Willink & Zoon) 1938

Gordon, Milton Myro: Assimilation in American Life: The Role of Race, Religion and National Origins, New York (Oxford University Press) 1964

Graham, Thomas: Dublin in 1798: the key to the planned insurrection, in: Dáire Keogh, Nicholas Furlong (Hrsg.): The Mighty Wave: The 1798 Rebellion in County Wexford, Blackrock, Portland (Four Courts Press) 1996, S. 65-78

Graham, Thomas: Dublin in 1798: The key to the planned insurrection, in: Dáire Keogh, Nicholas Furlong (Hrsg.): The Mighty Wave: The 1798 Rebellion in Wexford, Dublin (Four Courts Press) 1996, S. S. 65-78

Gray, Peter: National Humiliation and the Great Hunger: Fast and Famine in 1847, in: Irish Historical Studies, Nr. 32/2000, S. 193-216

Greenhalgh, Elizabeth: David Lloyd George, Georges Clemenceau, and the 1918 Manpower Crisis, in: Historical Journal, Bd. 50/2007, S. 397-421

Gribayedoff, Valerian: The French Invasion of Ireland in '98, Dublin 1890

Hague, William: William Wilberforce: The Life of the Great Anti-Slave Trade Campaigner, London (HarperPress) 2007

Hadfield, Andrew: Edmund Spenser: A Life, Oxford (Oxford UP) 2012

Haines, Robin: Charles Trevelyan and the great Irish Famine, Dublin (Four Courts Press) 2005

Harrison, Faye V.: The Persistent Power of "Race" in the Cultural and Political Economy of Racism, in: Annual Review of Anthropology, Nr. 23/1994, S. 47-74

Hart, Jenifer: Sir Charles Trevelyan at the Treasury, in: The English Historical Review, Nr. 75/1960, S. 92-110

Haslhofer, Johannes: Die Kampfmoral irischer Regimenter der britischen Armee im Ypernbogen (1914-1918) unter besonderer Berücksichtigung von Trench Raids, MA-Thesis, https://othes.univie.ac.at/43775/1/45884.pdf

Heinz-Jürgen Förg, Hermann Scharnagl: Glaubenskriege: Führer und Verführte, Würzburg (Echter) 2001

Hennessey, Thomas: Dividing Ireland: World War I and Partition, London, New York (Routledge) 1998

Higgins-McHugh, Noreen: The 1830s Tithe Riots, in: William Sheehan, Maura Cronin (Hrsg.): Riotous Assemblies: Rebels, Riots & Revolts in Ireland, Cork (Mercier Press) 2011, S. 80-95

Hobsbawm, Eric, George Rudé: Captain Swing, Harmonsworth (Penguin Books) 1973

Holmes, Richard: The Little Field Marshal: A Life of Sir John French, London (Weidenfeld & Nicolson) 1981

Hopkinson, Michael: Green Against Green: The Irish Civil War, 2. üb. Aufl., Dublin (Gill Books) 2004

Hopkinson, Michael: The Irish War of Independence, Dublin (Gill & Macmillan) 2002

Howell, Samantha: From Oppression to Nationalism: The Irish Penal Laws of 1695, in: Hohonu, Nr. 14/2016, S. 21-23

Howkins, Alun: Reshaping Rural England: A Social History 1850-1925, London (HarperCollins Academic) 1991

Hughes, Brian: Defying the IRA?: Intimidation, coercion, and communities during the Irish Revolution, Liverpool (Liverpool UP) 2016

Hume, Leslie: The National Union of Women's Suffrage Societies 1897–1914, London, New York (Routledge) 2016

Huttenback, Robert A.: Racism and Empire: White Settlers and Colored Immigrants in the British Self-Governing Colonies 1830-1910, Ithaca, London (Cornell UP) 1976

Ignatiev, Noel: How the Irish Became White, London, New York (Routledge) 1995

Jess, Mervyn: The Orange Order, Dublin (O'Brian Press) 2007

Joannon, Pierre: Les soldats perdus de l'armée d'Irlande, in: journals.openedition.org/rha/4463, S. 9

Jordan, Jane: An Irish Affair, Stroud (Sutton) 2005

Jordan, Thomas Edward: Ireland's Children: Quality of Life, Stress, and Child Development in the Famine Era, Santa Barbara (Greenwood) 1998

Kawana, Yuichiro: John Stuart Mill and the Politics of the Irish Land Question, in: Kyoto Economic Review, Nr. 79/2010, S. 34-54

Keegan, John: The First World War, London (Cassell) 1999

Keenan, Desmond: Ireland 1170-1509: Society and History, Bloomington/Ind. (Xlibris) 2010, S. 497-498

Keenan, Desmond: Ireland 1850-1920, Bloomington/Ind. (Xlibris) 2005

Keenan, Desmond: Pre-Famine Ireland: Social Structure, 2. erw. Aufl. Bloomington/Ind. (Xlibris) 2019

Kelly, James: Coping with Crisis: The response to the Famine of 1740-41, in: Eighteenth-Century Ireland, Nr. 27/2012, S. 99-122

Kelly, Liam: A Flame now Quenched: Rebels and Frenchmen in Leitrim 1793-98, Dublin (Lilliput Press) 1998

Kennedy, Liam: Unhappy the Land: The Most Oppressed People Ever, the Irish?, Dublin (Irish Academic Press) 2016

Keogh, Dáire, Nicholas Furlong (Hrsg.): The Mighty Wave: The 1798 Rebellion in County Wexford, Blackrock, Portland (Four Courts Press) 1996

Keogh, Dáire: An Unfortunate Man, in: The United Irishmen, Nr. 6/1998, S. 18-24

Kercher, Bruce: Perish or Prosper: The Law and Convict Transportation in the British Empire, 1700-1850, in: Law and History Review, Nr. 21/2003, S. 527-584

Kinealy, Christine, Gerard MacAtasney: The Hidden Famine, London (Pluto Press) 2000

Kinross, John S.: Fishguard Fiasco: Account of the Last Invasion of Britain, London (H. G. Walters) 1974

Kinsella, Anna: 1798 claimed for Catholics: Fr. Kavanagh, Fenians, and the centenary celebrations, in: Dáire Keogh, Nicholas Furlong (Hrsg.): The mighty wave: The 1798 rebellion in Wexford, Portland (Four Courts Press) 1996, S. 139-156

Kissane, Bill: The Politics of the Irish Civil War, Oxford (Oxford UP) 2005

Kitching, Carolyn J.: Britain and the Problem of International Disarmament: 1919-1934, London (Taylor & Francis) 1999

Kleinrichert, Denise: Republican internment and the prison ship Argenta 1922, Dublin (Irish Academic Press) 2001

Ladurie, Emmanuel Le Roy: Histoire du climat depuis l'an mil, Paris (Flammarion) 1967

Laffan, Michael: The Resurrection of Ireland: The Sinn Féin Party 1916-23, Cambridge (Cambridge UP) 2012

Leddin, Jeffrey: The 'Labour Hercules': The Irish Citizen Army and Irish Republicanism, 1913-23, Newbridge (Merrion Press) 2019

Lee, Joseph: The Modernisation of Irish Society 1848-1918, Dublin (Gill & Macmillan) 2008

Lenihan, Padraihg: Confederate Catholics at War, Cork (Cork UP) 2000

Lyall, Andrew: Land Law in Ireland. Dublin (Round Hall Sweet & Maxwel) 2000

Lyons, Francis Stewart Leland: Ireland Since the Famine, London (Weidenfeld & Nicolson) 1971

MacDonald, William W.: The English Constitutional Crisis of 1909-1911 and the House of Lords, in: Journal of Thought, Nr. 4/1969, S. 154-163

Magennis, Eoin F.: A 'Presbyterian Insurrection'? Reconsidering the
    Hearts of Oak Disturbances of July 1763, in: Irish Historical
    Studies, Nr. 31/1998, S. 165-187

Maguire, William A.: Lord Donegall and the Hearts of Steel, in: Irish
    Historical Studies, Bd. 21, Nr. 84/1979, S. 351-376

Manifesto to the Irish People, https://digital.library.villa-
    nova.edu/Item/vudl:448847#?c=&m=&s=&cv=2&xywh=-
    2074%2C-248%2C6074%2C1928

Marlow, Joyce: Captain Boycott and the Irish, New York (Saturday
    Review Press) 1973

Maume, Patrick: The Long Gestation: Irish Nationalist Life 1891-
    1918, Dublin (Gill & Macmillan) 1999

Mays, Michael: Nation States: The Cultures of Irish Nationalism,
    Lanham (Lexington Books) 2007

McBride, Ian: Eighteenth Century Ireland: The Isle of Slaves, Dublin
    (Gill Books) 2009

McBride, Ian: Memory and forgetting: Ulster Presbyterians and 1798,
    in Thomas Bartlett, David Dickson, Dáire Keogh and Kevin
    Whelan (Hrsg.): 1798: A Bicentenary Perspective, Dublin
    (Four Courts Press) 2003, S. 478-496

McConville, Seán: Irish Political Prisoners 1848-1922: Theatres of
    War, London, New York (Routledge) 2002

McConville, Sean: Irish Political Prisoners 1920-1962: Pilgrimage of
    Desolation, London, New York (Routledge) 2013

McLaughlin, Eoin: Competing forms of cooperation? Land League,
    Land War and cooperation in Ireland, 1879 to 1914, in: Ag-
    ricultural History Review, Nr. 63/2015, S. 81-112

Melber, Henning: Rassismus und eurozentrisches Zivilisationsmo-
    dell: Zur Entwicklung des kontinentalen Blicks, in: Otger
    Autrata et al. (Hrsg.): Theorien über Rassismus, Hamburg
    (Argument) 1989, S. 29-62

Miles Byrne: United Irishmen, Irish exiles and Beau Savreur /
    Thomas Bartlett --

Miller, Brook: Our Abdiel: The British Press and the Lionization of
    'Chinese' Gordon, in: Nineteenth-Century Prose, Nr.
    32/2005, S. 127-143

Miller, David W.: Politicisation in Early Revolutionary Ireland: The
    Case of the Armagh Troubles, in: Irish Economic and Social
    History, Nr. 23/1996, S. 1-17

Miller, David W.: The Armagh Troubles: 1784-1795, in: Samuel
    Clark, James S. Donnelly Jr. (Hrsg.): Irish Peasants:

Violence and Political Unrest: 1780-1914, Madison (University of Wisconsin Press) 1983, S. 155-191

Miller, David W.: The Origins of the Orange Order in County Armagh, in: A. J. Hughes, William Nolan (Hrsg.): Armagh: History and Society, Dublin (Geography Publ.) 2001, S. 538-608

Mitchell, Angus: 'A Strange Chapter of Irish History': Sir Roger Casement, Germany and the 1916 Rising, in: Field Day Review, Bd. 8/2012, S. 4-21

Molony, Senan: The Phoenix Park Murders, Cork (Mercier Press) 2006, S. 186-187

Moran, Gerard: James Daly and the Rise and Fall of the Land League in the West of Ireland, 1879-82, in: Irish Historical Studies, Nr. 29/1994, S. 189-207

Moran, Seán Farrell: Patrick Pearse and the European Revolt Against Reason, in: Journal of the History of Ideas, Bd. 50/1989, S. 625-643

Mori, Jennifer: The Political Theory of William Pitt the Younger, in: History, Bd. 83/1998, S. 234-248

Morrill, John: The Drogheda Massacre in Cromwellian Context, in: David Edwards, Pádraig Lenihan, Clodagh Tait (Hrsg.): The Age of Atrocity: Violence and Political Conflict in Early Modern Ireland, Dublin (Four Courts Press) 2007, S. 242-265

Morris, Nicola K.: Traitors to Their Faith? Protestant Clergy and the Ulster Covenant of 1912, in: New Hibernia Review / Iris Éireannach Nua, Bd. 15/2011, S. 16-35

Mowat, Charles Loch: Britain Between the Wars, 1918-40, London (Methuen) 1956

Mühlen, Patrik von zur: Rassenideologien: Geschichte und Hintergründe, Berlin, Bonn (J. H. W. Dietz) 1977

Murray, Patrick: Obsessive Historian: Eamon de Valera and the Policing of His Reputation, in: Proceedings of the Royal Irish Academy: Archaeology, Culture, History, Literature, Bd. 101C/2001, S. 37-65

Nelson, Bruce: Irish Nationalists and the Making of the Irish Race, Princeton (Princeton UP) 2012

Nevin, Donal: James Connolly, A Full Life: A Biography of Ireland's Renowned Trade Unionist and Leader of the 1916 Easter Rising, Dublin (Gill Books) 2005

Ó Cathaoir, Brendan: Famine Diary, Dublin (Irish Academic Press) 1999

Ó Cillin, Micheál: Cathal Brugha 1874-1922, in: Dublin Historical
        Record, Bd. 38/1985, S. 141-149
Ó Gráda, Cormac: Black '47 and Beyond: The Great Irish Famine in
        History, Economy, and Memory", Princeton (Princeton UP)
        1999
Ó Gráda, Cormac: The Great Irish Famine, Cambridge (Cambridge
        UP) 1995
Ó Murchadha, Ciarán: The Great Famine: Ireland's Agony 1845-
        1852, Hambledon (Continuum) 2011
O'Day, Alan: Irish Home Rule 1862-1921, Manchester (Manchester
        UP) 1998
O'Keefe, Timothy J.: The 1898 efforts to celebrate the United Irish-
        men: The '98 centennial, Éire-Ireland, Nr. 23, 1988, S. 51-
        73
O'Keefe, Timothy J.: Who fears to speak of '98?: The rhetoric and rit-
        uals of the United Irishmen centennial, 1898. Éire-Ireland
        27/1992, S. 67-91
O'Connor, Ulick: Michael Collins and the Troubles, London (Main-
        stream Publ.) 2001
O'Donnell, Ruán: Patrick Pearse, Dublin (O'Brien Press) 2016
O'Donoghue, Florence: The Failure of the German Arms Landing at
        Easter 1916, in: Journal of the Cork Historical and Archaeo-
        logical Society. Bd. 71/1966, S. 49-61
Pakenham, Thomas: The Year of Liberty: The Story of the Great Irish
        Rebellion, London: (Weidenfeld and Nicholson) 1997
Pilz, Gunter A.: Die Suche nach dem Abenteuer: Hooliganismus als
        Modernisierungsrisiko - Hooligans als Avantgarde eines
        neuen Identitätstyps?, in: Sozial Extra, Nr. 6/1991, S. 5-7
Poliakov, Léon: Racism from the Enlightenment to the Age of Imperial-
        ism, in: Robert Ross (Hrsg.): Racism and Colonialism, Den
        Haag (Springer) 1982, S. 55-64
Post, John D.: Climatic Variability and the European Mortality Wave
        of the Early 1740s. in: Journal of Interdisciplinary History,
        Nr. 15/1984, S. 1-30
Post, John D.: Climatic Variability and the European Mortality Wave
        of the Early 1740s. in: Journal of Interdisciplinary History,
        Nr. 15/1984, S. 1-30
Powell, Martyn J.: Popular Disturbances in Late Eighteenth-Century
        Ireland: The Origins of the 'Peep of Day' Boys, in: Irish His-
        torical Studies Bd. 34, Nr. 135/2005, S. 249-265

Pugh, Martin: Politicians and the Women's vote 1914-1918", in: History, Bd. 59/1974, S. 358-374

Puirseil, Niamh: The Irish Labour Party 1922-73, Dublin (Dublin UP) 2007

Read, Charles: Laissez-faire, the Irish famine, and British financial crisis, in: Economic History Review, Nr. 69/2016, S. 411-434

Reynolds, John: 46 Men Dead: The Royal Irish Constabulary in County Tipperary, 1919-22, London (Gill & Macmillan) 2016

Rockel, Martin: Grundzüge einer Geschichte der irischen Sprache, Wien (Verlag der Österreichischen Akademie der Wissenschaften) 1989

Rogers, Nicholas: Crowds, Culture and Politics in Georgian Britain, Oxford (Clarendon Press) 1998

Rushdie, Salma: Imaginary Homelands, London (Penguin Books/Granta) 1991

Seedorf, Martin Frederick: The Lloyd George Government and the Strickland Report on the Burning of Cork, 1920, in: Albion, Bd. 4/1972, S. 59-66

Sexton, Brendan: Ireland and the Crown, 1922-1936: The Governor-Generalship of the Irish Free State, Dublin (Irish Academic Press) 1989

Sloan, Robert: William Smith O'Brien and the Young Ireland Rebellion of 1848, Dublin (Four Courts Press) 2000

Smith, Brenda: The Bruce Invasion and County Louth, 1315-18, in: Journal of the County Louth Archaeological and Historical Society, Bd. 22/1989, S. 7-15

Smyth, Jim: The Men of no Property: Irish Radicals and Popular Politics in the Late Eighteenth Century, London (MacMIllan) 1992

Spenser, Edmund: A Veue of The Present State of Ireland: Discoursed by way of a Dialogue betwene Eudoxus and Irenius, https://celt.ucc.ie//published/E500000-001/

Spiers, Edward M.: The Army and Society 1815-1914, London, New York (Longman) 1980

Stang, Knut: Ritter, Landsknecht, Legionär: Militärmythische Leitbilder in der Ideologie der SS, Frankfurt/M. (Peter Lang) 2009

Synnott, David: Marcella Gerard's Estate, in: Journal of the Galway Archaeological and Historical Society, Vol. 57/2005, S. 38-64

Takagami, Shin-Ichi: The Fenian Rising in Dublin, March 1867, in: Irish Historical Studies, Nr. 29/1995, S. 340-362

TeBrake, Janet K.: Irish Peasant Women in Revolt: The Land League Years, in: Irish Historical Studies, Bd. 28/1992, S. 63-80

Thornley, David: The Irish Home Rule Party and Parliamentary Obstruction, 1874-87, in: Irish Historical Studies, Nr. 12/1960, S. 38-57

Townsend, Charles: The British Campaign in Ireland 1919-1921, Oxford (Oxford UP) 1975

Townshend, Charles: Easter 1916: The Irish Rebellion, London (Penguin Books) 2006

Trevelyan, Charles: The Irish Crisis, London (Longman, Brown, Green, and Longmans) 1848

Trevelyan, Laura: A Very British Family: The Trevelyans and Their World, London, New York (I.B. Tauris) 2012

Vanhaute, Eric, Richard Paping, Cormac Ó Gráda: The European subsistence crisis of 1845-1850: a comparative perspective (2006), www.helsinki.fi/iehc2006/papers3/Vanhaute.pdf (auch web.archive.org/web/20170417175737)

Wallace, Robert Hugh: History of the Orange Order: The Formative Years 1795-1798, Belfast (GOLI) 1994

Walling, Philip: Counting Sheep: A Celebration of the Pastoral Heritage of Britain, London (Profile Books) 2014

Walsh, Patrick: The Making of the Irish Protestant Ascendancy: The Life of William Conolly, 1662-1729, Woodbridge (Boydell & Brewer) 2010

Ward, Alan J.: Lloyd George and the 1918 Irish Conscription Crisis, in Historical Journal, Bd. 17/1974, S. 107-129

Ward, Margaret: Gendering the union: imperial feminism and the ladies' land league, in: Women's History Review. Bd. 10/2001,S. 71-92

Whelan, Kevin, Reinterpreting the 1798 rebellion in County Wexford, in: Dáire Keogh, Nicholas Furlong (Hrsg.): The Mighty Wave: The 1798 Rebellion in County Wexford, Blackrock, Portland (Four Courts Press) 1996, S. 9-36

Whelan, Kevin: Reinterpretating the 1798 Rebellion in County Wexford, in: Dáire Keogh, Nicholas Furlong (Hrsg.): The Mighty Wave: The 1798 Rebellion in County Wexford, Blackrock, Portland (Four Courts Press) 1996, S. 9-36

Whelan, Kevin: The Tree of Liberty: Radicalism, Catholicism and the Construction of Irish Identity 1760-1830, Cork (Cork UP) 1996

White, Gerry, Brendan O'Shea: Irish Volunteer Soldiers 1913-23, Botley (Osprey Publishing) 2003

White, Gerry, Brendan O'Shea: The Burning of Cork, Cork (Mercier Press) 2006

Wickwire, Franklin, Mary Wickwire: Cornwallis: The Imperial Years. Chapel Hill (University of North Carolina Press) 1980

Wiel, Jérôme aan de: The Irish factor 1899-1919: Ireland's strategic and diplomatic importance for foreign powers, Dublin (Irish Academic Press) 2008

Wilberforce, William: William Wilberforce papers, 1782-1837 and undated, Duke University, https://archives.lib.duke.edu/catalog/wilberf

Wilkinson, David: How Did They Pass the Union? Secret Service Expenditure in Ireland, 1799-1804, in: History, Nr. 82/ 1997

Williamson, Jeffrey G.: The impact of the Corn Laws just prior to repeal, in: Explorations in Economic History, Nr. 27/1990, S. 123-156

Woodham-Smith, Cecil: The Great Hunger: Ireland 1845-1849, New York (Harper & Row) 1991

Younger, Calton: Ireland's Civil War, London (Muller) 1968